AF238409

Lunatics
Virginia Woolf & Lytton Strachey

Christiane Henke

Lunatics

Virginia Woolf & Lytton Strachey

Roman

ebersbach & simon

Für Günther und Miriam

1. Teil

1

Traum: Ein Zimmer mit zugezogenen Vorhängen – dämm-rig und in ein dunkelgrünes Licht getaucht. Lytton ist da. Er steht nah am Kamin, vor einer vom Feuer erleuchte-ten regenbogenfarbenen Skulptur, die in ihrer Form an ei-nen Leuchter erinnert. Menschen kommen und gehen. Ei-nige sprechen Lytton an, der irgendwie heller aussieht als die anderen, und er antwortet ihnen, als sei das die natür-lichste Sache von der Welt. Sie selbst hat eine unerklärliche Scheu, das Wort an ihn zu richten.

2

Mit einem lauten Rums schlagen die Fensterflügel zu – kurz darauf stößt der Wind sie wieder auf. Draußen rauscht der Regen. Sie ist längst wach, fühlt sich aber noch nicht in der Lage, aufzustehen. Mit der nächsten Windböe regnet es ins Zimmer herein. Der Regen platscht auf die Bettdecke, auf ihr Gesicht. Blitze zucken über den Himmel, gefolgt von krachendem Donner. Draußen schlagen die Hunde an. Scharfes, unregelmäßiges Gebell. Sie schließt das Fenster, legt sich wieder in das durchnässte Bett. Ihre Beine rudern unter der Decke, als wolle sie vor etwas weglaufen.

3

Nach dem Frühstück verlässt sie das Haus. Sie friert, weil sie den Mantel vergessen hat, will aber nicht umkehren. Der Himmel ist bedeckt von tief hängenden grauen Wolken, hinter denen sich Lichtfächer zeigen. Der Regen hat aufgehört. Es riecht nach Frühling. Das Leben geht weiter, als sei nichts geschehen. Es ist aber etwas geschehen, etwas Unumkehrbares, Nichtwiedergutzumachendes, das ihr Leben unterbrochen hat. Eine Tür ist zugefallen und kann nicht mehr geöffnet werden. Das heißt, eigentlich sind es zwei Türen. Die Tür hinter ihr, hinter der ihre Vergangenheit mit Lytton liegt, und die Tür vor ihr, hinter der bis vor Kurzem noch ihre Zukunft lag. Und sie ist jetzt eingeschlossen in diesem engen, leeren Raum, abgeschnitten vom Fluss des Lebens, abgeschnitten von allem.

Sie folgt einem großen, dünnen Mann mit Bart, der eine goldene Metallbrille trägt, bis zum Gordon Square, dann einem anderen in einem hellen Anzug mit einem Panamahut auf dem Kopf. Der Parkwächter sieht ihr nach, als sie zum zweiten Mal den Platz umrundet. Sie bemerkt sein Befremden, registriert automatisch, mit dem Blick der Schriftstellerin, die rote Uniform, die goldenen Knöpfe – und erschrickt, als sie plötzlich ihre eigene Stimme hört: *Nein*, sagt die Stimme (eine fremde Stimme und doch ihre eigene), *das ist unmöglich.* Für einen Moment sieht sie sich selbst von außen, wie durch die Linse einer Kamera: Eine ältere Frau mit kurzem Haar, in einem eleganten grünen Kleid und flachen Schuhen, die, vor sich hinmurmelnd, mit ihren langen Beinen große, undamenhafte Schritte macht. Bis zum Brunswick Square läuft sie einem Mann auf einem schwarzen Fahrrad hinterher, dann einem anderen, der mit einem aufgespannten Damensonnenschirm unterwegs ist. Und jedes Mal hat sie das Gefühl: Da ist er, ja, jetzt kommt er, und dann ist er es nicht, kann es ja auch nicht sein, aber schon an der nächsten Ecke glaubt sie wieder, Lytton zu erkennen, ist für einen Moment voller Hoffnung, beschleunigt ihren Schritt, überholt den Mann in dem langen schwarzen Mantel, dreht sich um – und begreift ihren Irrtum. Kein Mensch, muss sie plötzlich denken, hat mir jemals mehr bedeutet als Lytton. Wie sehr er mir fehlt. Wie ich es hasse, hier zu sein, ohne ihn. Wenn ich ihn geheiratet hätte ...

Zurück am Tavistock Square geschieht etwas Unerwartetes, denn der Mann, der ihr dort entgegenkommt, das Gesicht halb verborgen in dem langen, rotbraunen Bart, der auf seinem Schlips liegt, ist Lytton. Es kann nicht sein, aber es gibt keinen Zweifel. Als er vor ihr steht, verhält er seinen Schritt, seine braunen Augen hinter der Goldrandbrille leuchten auf, und sie fragt automatisch, wie unter einem Schock: »Hast du geschrieben?«

»Kein Wort!«, antwortet er, und in dieser Verneinung erkennt sie all das wieder, was zu ihm gehört: Seine Selbstironie, seinen Wunsch, sie zu amüsieren, seine Koketterie, seinen Mut, ehrlich zu sein, sein Bedauern über seine Schwäche. Und jetzt könnte etwas beginnen, aber die Imagination bricht hier plötzlich ab. Nein, ich kann nicht, denkt sie. Die Erinnerung, das ist genug. Es gibt keine Zukunft mehr für Lytton und mich.

Lytton ist schon seit Ende November schwer krank gewesen, aber niemand hat ihr etwas gesagt – bis kurz vor

Weihnachten. Noch Anfang Dezember hat sie ihm in völliger Ahnungslosigkeit einen Brief geschrieben, einen Traumbrief, in dem sie ein Liebesgedicht von Shelley zitiert:

Aus Träumen von dir erhebe ich mich –

und von dem sie bis heute nicht weiß, ob er ihn noch gelesen hat.

Ein paar Tage hat es noch gegeben, an denen eine Genesung möglich schien. Die Ärzte wussten ja nicht, was Lytton hatte. *Dickdarm-Vereiterung* schien eine mögliche Diagnose, eine andere *Krebs*. Von einem *Magen-Karzinom* war die Rede. Im Grunde sei mit Lytton alles in Ordnung, lautete die Einschätzung eines Spezialisten, den die Familie aus London hatte kommen lassen. Man müsse nur abwarten, bis die Krankheit nachlasse. Vorher könne man nichts tun.

Während sie im Sturmschritt den Russell Square umrundet, muss sie plötzlich an ihren Vater denken. Das schmale, bleiche Gesicht. Die buschigen Augenbrauen. Der struppige Tolstoi-Bart. Seine verrückten Kopfbedeckungen. Der riesige, alte, unmögliche Schlapphut. Das indische Käppi, das er so liebte. Sein mit einer Feder geschmückter Wanderhut. Der Ausdruck von Leid in seinen Zügen. Seine Angst (er war von dem Gedanken besessen, zu wenig Geld zu haben). Sein unsagbar liebevoller, sorgfältiger Umgang mit seinen Büchern und Wanderschuhen. Die oft erzählte Geschichte, wie er sie einmal, in St. Ives, nackt ins Meer geworfen habe, an die sie keine Erinnerung hat. Würde ihr Vater heute noch leben, wäre er jetzt 99 Jahre alt (in seinem 100. Lebensjahr) – sie hätte für ihn da sein müssen und kein Leben gehabt, keine Ehe, keine Bücher, keine Freunde, nichts.

Dr. Leslie Stephen, Historiker und Cambridge-Mann wie Lytton, gestorben vor fast 30 Jahren an einer ähnlichen Krankheit. Damals hatten es die Ärzte *Unterleibskrebs* genannt. Und immer noch ist alles mit ihm verbunden. Die Erinnerungen an die Kindheit. Die Erinnerung an die Mutter. Ihre abendliche Bibellektüre, die ihr Ehemann regelmäßig sarkastisch kommentierte. Dr. Stephen glaubte nicht an die Tröstungen des Christentums. Er glaubte nicht an die Unsterblichkeit der Seele, an Vergebung und Erlösung von der Schuld. Er glaubte nicht an den Gott der Liebe. Er glaubte an die Einsamkeit, Kraft und Schönheit des männlichen Geistes. Er lebte in einem Gewimmel von acht Kindern, eingesponnen in einen Kokon weiblicher Fürsorge, und die ganze Zeit sehnte er sich nach Cambridge zurück – oder nach der Unzugänglichkeit und Wildheit des Hochgebirges und nach seinen doppelt genähten Wanderschuhen.

Es fängt wieder an zu regnen. Sie verlässt den Square, läuft zum Britischen Museum (hier hat sie Jahr für Jahr durch die sich öffnenden Schwingtüren den berühmtesten Lesesaal der Welt betreten; hier hat sie sich mit Lytton getroffen, als sie beide noch jung waren), läuft weiter zum Bedford Square (hier, in der Nr. 44, hatte Ottoline Morrell ihren Salon, in dem vor mehr als 20 Jahren sowohl sie als auch Lytton willkommen waren). Sie ist jetzt nass bis auf die Haut, fängt an zu rennen, in strömendem Regen, zurück zum Russell Square, über den Bedford Way zum Tavistock Square. Es gelingt ihr nicht, unbemerkt ins Haus zu kommen. Leonard hat auf sie gewartet. Er hat sie gesucht, hat sich Sorgen gemacht. Jetzt ist er erleichtert, aber auch wütend: »Wo warst du, Virginia? Weißt du, dass du vergessen hast, in deinem Schlafzimmer die Sturmhaken in die Ösen zu hängen?«

4

Traum: Gegen einen grauen Himmel, über den zerfetzte Wolken jagen, ragt ein monströses, düsteres Gebäude. Es ist das Haus Lancaster Gate Nr. 69. Ein kleiner Junge in einer blauen Jacke läuft die Stufen rauf und runter, umkreist die Säulen des Eingangsportals und verschwindet im Haus.

5

14. Januar 1932. Sie fahren nach Ham Spray. Aber es ist zu spät, und als sie ankommen, dürfen sie Lytton nicht sehen. Lyttons jüngerer Bruder James Beaumont teilt Leonard noch unter dem Terrassendach die Entscheidung der Familie mit. Sie gibt vor, sich die Hände waschen zu müssen, geht ins Haus, steigt wie in Trance die ausgetretenen, hölzernen Treppenstufen hoch zum ersten Stock. Je höher sie steigt, desto leiser werden die Stimmen der Männer. Es fällt kein lautes Wort. Kein Widerspruch von Leonard. Kein Protest. Kein Beharren auf ihrem Anliegen. Auf der siebten Stufe versagt ihr linkes Bein. Sie fällt auf die Knie, krabbelt auf allen Vieren weiter, atmet den Staub ein. Oben angekommen, gelingt es ihr, sich aufzurichten. Langsam, Schritt für Schritt, tastet sie sich den schmalen Flur entlang.

James' Worte unter dem Verandadach: Die Familie fürchte, ihr Besuch könne zu anstrengend für Lytton sein. Lytton lasse aber ausrichten, er habe sich über ihr Kommen *gefreut*. Warum *gefreut*? Sie sind doch noch da. Sie sind doch gerade erst gekommen. Können das Lyttons Worte gewesen sein, die James ihnen ausgerichtet hat? Sie glaubt nicht daran.

Eine Krankenschwester mit einer gestärkten Haube auf dem Kopf, in der Hand eine in ein Handtuch eingeschlagene Wärmflasche, drängt sich an ihr vorbei und verschwindet in einem Zimmer mit einer angelehnten Tür. Eine andere, ebenfalls in Tracht, kommt ihr entgegen, eilig, einen purpurroten Morgenrock über dem Arm. Lyttons Morgenrock. Der Geruch von Erbrochenem. Beide Frauen sehen sie kurz an und schenken ihr dann keine weitere Beachtung. Sie späht durch den Türspalt. Zuerst kann sie nichts sehen – abgesehen von dem langen schmalen Läufer auf dem rohen Dielenboden, der zu einem der beiden Schiebefenster führt. Sie hat dieses Zimmer ja nie betreten und weiß nicht, dass Lyttons Bett mit dem Kopfende an der Türseite steht. Vorsichtig drückt sie gegen den goldenen Ring, der an dem schwarzen Riegelschloss befestigt ist, bis sie, immer noch verborgen hinter der Tür, auf Zehenspitzen ein Stück in das Zimmer hineingehen kann.

Sie lugt um die Ecke, sieht den achteckigen goldenen Spiegel über dem Kamin, sieht die von bemalten Kacheln umrahmte Feuerstelle und auf den Kacheln das Bild eines nackten Hermaphroditen. Sie sieht die beiden mit grünem Papier bespannten Wandschirme, sieht die Kommode mit der winzigen brennenden Lampe und neben dem Bett, an der Längsseite der Wand, in einem einfachen Holzrahmen, Carringtons ikonenhaftes Lytton-Porträt. Sie sieht die Krankenschwester auf ihrem Stuhl. Sie sieht Lyttons Kopf auf dem Kissen, den schwarz-grünen Schatten seines

Kopfes hinter dem Wandschirm. Die Luft im Zimmer ist stickig. Die geschlossenen Fenster sind mit Eisblumen bedeckt. Im Kamin brennt ein helles, knacksendes Feuer.

Sie geht nicht in das Zimmer. Sie wagt es nicht, den Abschied, der ihr verweigert wird, zu erzwingen. Sie bleibt verborgen hinter der Tür. Von dort sieht sie Lytton zum letzten Mal, sterbend, ohne seine Brille, hinter dem grünen Wandschirm, in seinem großen Doppelbett, bewacht von einer Krankenschwester. Für einen Moment hebt er den rechten Arm, reckt ihn senkrecht in die Luft, bewegt die Finger. Ermutigt löst sie ihre um die Tür gekrampften Hände, lässt die Arme sinken und spricht lautlos in das Sterbezimmer hinein: *Lytton!*

…

James hat gesagt, du möchtest mich nicht sehen.

…

Ich habe ihm nicht geglaubt.

…

Aber ich kann nicht bleiben. Wenn ich zu lange wegbleibe, werden sie misstrauisch werden.

…

Good bye, Lytton.
Liebe und Segen.
Good bye.

Die Atemzüge des Sterbenden werden lauter. Irgendetwas scheint ihn sehr anzustrengen. Ein Stöhnen kommt aus seinem Mund, das in einem Röcheln verebbt.

Auf Zehenspitzen schiebt sie sich rückwärts aus dem Zimmer und zieht die Tür hinter sich ran. Vorsichtig, Stufe für Stufe, steigt sie die knarrende Holztreppe hinunter. Umklammert das Geländer. Versucht, die Kontrolle zu behalten. Ihr linker Oberschenkel zittert. Ihr Inneres fühlt sich kalt an. Draußen ist die geschlossene Wolkendecke aufgerissen und gibt den Blick frei auf Inseln von dunklem Winterblau. Leonard und James stehen immer noch auf der vereisten Terrasse, wartend, schweigend, eingehüllt in die weißen Rauchwolken ihres Atems. Sie rutscht über den gefrorenen Boden. Es ist minus 10 Grad. Eine trockene, beißende Kälte. Nein, denkt sie, es ist nicht wahr. Lytton ist ja noch da. Er lebt. Er hat seinen Arm gehoben. Er hat seine Finger bewegt. Diese Kraft hatte er. Ärzte können sich irren. Es gibt Spontanheilungen.

6

Traum: Ein Hotel in Italien. Die rot getünchten Wände des Speisesaals sind mit Goldpartikeln besprengt. An einem kleinen Fenstertisch, ihrem Tisch direkt gegenüber, entdeckt sie Lytton. Sie wundert sich, wie er an diesen Ort kommt (was für ein Zufall), als ihr plötzlich einfällt, dass er sterben wird. Sie geht zu ihm und sagt ohne weitere Einleitung: »Es muss nicht stimmen, was die Ärzte sagen.« Lytton wirkt sehr jung und lebendig – lebendiger als in all den Jahren, in denen sie ihn kannte. Er sieht auch besser aus – gesünder, kräftiger, nicht so dünn, weniger blass. Er sieht nicht aus wie ein Sterbender. Er sieht aus wie jemand, der ihres Trostes nicht bedarf. Die Ärzte werden sich geirrt haben, denkt sie überrascht, oder sie haben aus irgendeinem Grund gelogen. Aber dann wird ihr plötzlich klar, dass das alles Unsinn ist; dass es hier nicht um die Voraussagen von Ärzten geht; dass es nicht darum geht, ob und wann

Lytton sterben wird. Lytton ist ja schon tot – jetzt weiß sie es wieder. Er ist gestorben. Er wurde kremiert. Wie konnte er aus der Asche seiner Urne wieder auferstehen? Sie weiß, dass das unmöglich ist. Und doch steht Lytton in diesem Moment lebendig vor ihr. Er spricht nicht, aber er wirkt glücklich. Er lächelt, sieht sie an, breitet die Arme aus.

II. Teil

I

Leonard hat ihr das Stricken empfohlen, und sie hat sich in ihrem Zimmer am Tavistock Square in ihren durchgesessenen grünen Lieblingssessel gesetzt, eine Strickarbeit auf dem Schoß, an der sie nicht arbeitet. Das Stricken langweilt sie. Der Schal für Leonard aus grauer und eisblauer Shetlandwolle ist fast fertig, aber sie kann sich einfach nicht überwinden, weiterzumachen. Von draußen dringt Straßenlärm herein. Sie steht auf, tritt an das offene Fenster, lehnt sich hinaus, atmet die weiche, goldene Luft ein. Eine Gruppe Kinder läuft zusammen mit einem tapsigen Neufundländer-Welpen hinter einem Ball her. Sie schaut ihnen nach, will das Fenster schließen, hält mitten in der Bewegung inne, plötzlich überschwemmt von Erinnerungen: Cambridge. Trinity. Thoby. Newtons Apfelbaum. Lord Byrons Hund. Der Bär. Clives Heiratsantrag. Die kleine goldene Uhr auf dem Kaminsims. Cousine Katherine. Ihr erstes Gespräch mit Lytton.

In Cambridge hat es angefangen. In dem Jahr, in dem das viktorianische Zeitalter zu Ende gegangen ist. Ein normaler, kühler Frühlingstag. Sie ist 19 Jahre alt, ihre Schwester Vanessa ist 21, und es ist kälter, als die Sonne und der knallblaue Himmel vermuten lassen. Vanessa und sie tragen beide weiße Kleider wie Bräute und um die Schultern weiße Tücher. Zusätzlich zu ihren riesigen weißen Hüten haben sie weiße Sonnenschirme aufgespannt. Neben ihnen geht Cousine Katherine, Vizedirektorin des Newnham College für Frauen, die ihnen dort Zimmer besorgt hat. Cousine Katherine ist Mitte 40, trägt unter ihrem blauen Cape ein hellgrünes Reformkleid aus dickem Baumwollsamt und hat sich bereit erklärt, an diesem Tag die Anstandsdame zu spielen. Zu dritt sind sie unterwegs zum Trinity-College, dem College des dreieinigen Gottes, an dem ihr Bruder bzw. ihr Cousin mit einem Stipendium Jura studiert. Als sie vor dem Hauptportal ankommen, läuten die Glocken der großen St. Mary Kirche und Trinity-Gründer Heinrich der VIII, einen goldenen Reichsapfel in der linken und ein Tischbein in der rechten Hand, blickt ihnen von seiner Nische über dem Tor aus steinern und stoisch entgegen. Cousine Katherine spricht mit dem uniformierten Pförtner, der sie an ein anderes Tor verweist, aber da kommt ihnen auch schon Thoby entgegen, mit seinem typischen, etwas schwerfälligen Gang, wie immer korrekt gekleidet, in Anzug, Weste, Schlips und Hemd. Er wirkt ein bisschen olympisch in seiner Würde als Student – an diesem heiligen Ort des Wissens. Thoby hat in einem um den Whewel's Court herumgebauten Wohnkomplex für Studenten zwei Zimmer bezogen, in denen er von einem Bedienten namens Limes mit allem Nötigen versorgt wird. Dort führt er sie jetzt hin. Die Fenster seiner Räume gehen auf den Hof hinaus, im Kamin brennt ein prasselndes Feuer, und vor dem Kamin stehen einladend ein polierter ovaler Tisch, ein kleines Sofa und eine Gruppe von Sesseln.

Kurze Zeit später sitzen sie vor ihren dampfenden Teetassen und knabbern an dem bereitgestellten Gebäck, während Thoby versucht, sie zu unterhalten, indem er Geschichten und Legenden aus dem College erzählt. Er müsse ihnen auf jeden Fall den Apfelbaum unter dem Fenster von Newtons ehemaligem Zimmer zeigen, sagt er, von dem die Legende erzähle, er sei ganz sicher ein Abkömmling des Baumes, von dem der Apfel heruntergefallen sei, der Newton zu seiner Theorie der Gravitationsgesetze inspiriert habe. Und ob sie wüssten, fragt er, dass Lord Byron vor ungefähr 100 Jahren als Trinity-Student aus Zorn darüber, dass er seinen geliebten Neufundländer nicht mit ins College habe bringen dürfen, einen zahmen Bären in seinen Räumen gehalten habe, was nach den damaligen Collegestatuten, in denen Bären nicht erwähnt wurden, vielleicht nicht ausdrücklich erlaubt, aber auch nicht ausdrücklich verboten gewesen sei. Natürlich kennen sie alle diese Geschichten, aber noch ehe sie sagen können: *Nein, das haben wir nicht gewusst*, nur um Thoby eine Freude zu machen, geht die Tür auf und drei etwas abgerissen aussehende junge Männer stolpern herein. Auf den ersten Blick sehen sie alle gleich aus. Schmal, kurze dunkle Haare, Pullunder über weißen Hemden, zerknitterte Hosen, ungeputzte Schuhe, blasse, längliche Gesichter, unsportlich, unattraktiv. Thoby öffnet das Fenster und zieht einen Stapel eng mit Tinte beschriebener Blätter, die an den Seiten rot angestrichen sind, von einem kleinen braunen Sessel, in den sich im nächsten Moment einer der Hereingekommenen fallen lässt. Ein sehr großer (er ist größer als die anderen, bemerkt sie jetzt), extrem dünner junger Mann (er ist auch dünner als die anderen) mit endlosen Armen und Beinen und absurd kleinen Füßen. Sein Haar ist dunkelbraun wie das der anderen, tendiert aber ganz leicht in Richtung Kastanienrot. Er trägt eine starke, runde Bücherwurm-Metallbrille und über seiner zu weiten Jacke einen schwarzen Umhang, der ihm ein etwas unheimliches Aussehen verleiht.

»Professor Finley?«, fragt der Umhangträger und deutet mit einer Kopfbewegung auf die rot angestrichenen Blätter.

»Machen Sie sich nichts draus, Stephen. Der Mann weilt geistig in mittelalterlicher Finsternis.«

Die hohe, dünne Stimme irritiert Virginia. Eine Stimme, denkt sie, wie das Piepsen einer Maus. Thoby lächelt und murmelt etwas, was niemand verstehen kann, weil genau in diesem Moment die kleine goldene Uhr auf dem Kaminsims mit einer Melodie die Stunde schlägt. Während sie das tut, werfen sich die beiden anderen Besucher in die noch freien Sessel.

»Danke übrigens für die Einladung, Stephen«, fährt der Umhangträger fort, »wie ich sehe, sind Ihre heiligen Räume heute entweiht durch weibliche Gesellschaft.«

»Wenn ich vorstellen darf: Meine beiden Schwestern Vanessa und Virginia Stephen, meine Cousine Katherine Stephen«, sagt Thoby, die Provokation ignorierend, und an seine Besucherinnen gewandt: »Meine Freunde: Mr. Saxon Sydney-Turner (über Sydney-Turner hatte Thoby gesagt, er sei der brillanteste von ihnen. Turner sei unfähig, die Unwahrheit zu sagen. Genau darin liege seine Brillanz), Mr. Leonard Woolf (über ihn hatte Thoby gesagt, Woolf sei Jude und sein Zittern drücke seinen Zorn aus. Er verachte die ganze Menschheit so sehr), Mr. Lytton Strachey (über ihn hatte Thoby gesagt, Strachey sei die Verkörperung der Kultur und werde vermutlich einmal ein großer Dichter werden).«

Virginia beobachtet, wie der junge Mann, der ihre Anwesenheit als Entweihung bezeichnet hat, anfängt, seine unglaublich dünnen Beine schlangenartig ineinander zu verknoten. Sein Gesicht ist sehr blass, fast wächsern. Es geht eine gewisse Kälte von ihm aus. Eine gläserne Wand scheint ihn von den anderen zu trennen und ihn in einen Raum mit einer sehr niedrigen Temperatur einzuschließen, aus dem er gleichzeitig schüchtern und hochmütig durch seine dicken Brillengläser herausblickt.

Sie kennt ihn von früher. Plötzlich fällt es ihr wieder ein. Von Sommerferien in Cornwall, damals, als ihre Mutter noch lebte und die Stephen-Familie gleichzeitig mit der Strachey-Familie in St. Ives die Ferien verbrachte. Aber sie erinnert sich nicht, in einem dieser Sommer mit ihm gesprochen zu haben, damals, mit zehn, elf oder zwölf Jahren. Sie erinnert sich nur, dass er die Sonne mied, nie mit zum Strand herunterkam, nie hinter einem Ball herrannte, nie bei einem Kricketspiel dabei war, dass er schlecht sah und oft kränkelte, dass er die meiste Zeit mit einem Buch im Schatten saß und sich auch bei der größten Hitze weigerte, seine Jacke auszuziehen. Nur bei den Krocket- und Bowlsturnieren, da hatte er manchmal mitgemacht. Ansonsten war er blass und schweigsam, las, schrieb Gedichte in antiken Versformen, die Lady Strachey herumzeigte, und blieb für sich. Plötzlich kommen ihr alle möglichen Szenen in den Sinn. Plötzlich kann sie sich vorstellen …

»Miss Virginia Stephen, Sie sind also die Schwester unseres Freundes Goth?«

»Goth?«

»Ich spreche von Ihrem Bruder, Miss Stephen. Wir nennen ihn *Den Goten* wegen seiner halb barbarischen Wildheit und seiner atemberaubenden männlichen Schönheit. Wussten Sie das nicht?« Strachey nimmt ein Stück trockenen Teekuchen in die Hand, zieht die Oberlippe hoch, als wolle er zubeißen, schließt sie wieder und legt den Kuchen zurück auf seinen Teller.

»Nein.« Es ist ihr unangenehm, in diesen Dialog gezwungen zu werden, der notwendig in einer Katastrophe enden wird: Mit einem höhnischen Gelächter auf ihre Kosten.

Strachey, so hatte Thoby gesagt, hasse nichts mehr als Langeweile in einer Konversation – und sie hat nie eine Schule besucht, geschweige denn eine Universität.

»Ihr Bruder sagte mir, dass Sie schreiben?«

Wie soll sie ihm klar machen, dass er sie in Ruhe lassen soll? Sie möchte ihn anschreien, aber dann hört sie sich im Konversationston sagen: »Nun, tatsächlich ist es mein Wunsch, Romanschriftstellerin zu werden, aber über Versuche bin ich bisher noch nicht hinausgekommen. Veröffentlicht habe ich nichts.«

»Versuche geringzuschätzen, ist in meinen Augen ein Fehler, Miss Stephen. Versuche sind immer der Anfang von etwas. Veröffentlichungen werden überschätzt, glauben Sie mir. Ich zum Beispiel hatte mein ganzes Leben lang immer das Schreiben im Kopf und habe, seit ich einen Stift halten konnte, jeden Tag Versuche damit angestellt. Aber veröffentlicht habe ich bisher ebenfalls nichts. Sie hätten also auf meine Frage ruhig mit *Ja* antworten können.«

»Sie sind sehr freundlich, Mr. Strachey.«

»Da es nun fest steht, dass Sie schreiben, nehme ich an, dass Sie Gibbon gelesen haben?«

»Gibbon?«

»Edward Gibbon. Historiker. Ein beleibter kleiner Herr mit einer Vorliebe für Anzüge aus blumenbedrucktem Samt. Ein Mann des 18. Jahrhunderts. Die ersten drei Bände seines Hauptwerks schrieb er in London, die nächsten drei Bände in Lausanne. Eine epochale geistige Leistung. Er arbeitete 20 Jahre daran, blieb dabei aber immer ganz entspannt. *Verfall und Untergang des römischen Imperiums*. Nie gehört?«

»Ich verstehe nicht …?«

»Der Meister englischer Prosa? Und Sie verstehen nicht? Das ist unvorstellbar. Und auch sehr merkwürdig, denn

Stephen sagte, wahrscheinlich seien Sie so etwas wie ein Genie.«

»Aber ich habe …«

»Ich kann mir nicht helfen, Miss Stephen, mir scheint, dass ein Mensch, der Gibbon nicht gelesen hat, erstens kein wirklicher Mensch sein kann und zweitens auf keinen Fall schreiben sollte.«

Aus den Augenwinkeln nimmt sie wahr, dass Mr. Sydney-Turner seine Teetasse zurückstellt, bevor er getrunken hat. Er scheint etwas sagen zu wollen, überlegt es sich aber offenbar anders, zieht eine Pfeife aus seiner Jackentasche und beginnt sie zu stopfen.

»Aber ich habe …«

Natürlich hat sie Gibbon gelesen. Sie ist die Tochter des Historikers Leslie Stephen. Ihr Vater hat sie unterrichtet. Sie hatte Zugang zu seiner Bibliothek. Sie ist nur einen Moment lang verwirrt gewesen. Warum lässt er nicht zu, dass sie das richtigstellt? Wieso bringt er sie in eine Situation, in der sie sich verteidigen muss? Ein Gedanke streift sie: Kann es sein, dass ihr Herausforderer aus einem einzigen Wort und einem Fragezeichen richtig herausgehört hat, dass Gibbons Monumentalwerk sie nicht interessiert? Geschichte als eine Abfolge von Schlachten. Sie wirft einen Seitenblick auf Thoby. Sein Gesichtsausdruck ist ruhig und konzentriert. Offenbar hat er nicht den Impuls, sich einzumischen und ihr beizustehen.

»Eine andere Frage, Miss Stephen. Wenn Sie ein Genie sind, sind Sie dann in der Lage, die Musik der Sphären zu hören?«

»Nein, leider«, sagt sie, ihren Ärger über diese neue Provokation niederkämpfend, »ich glaube nicht. Wie hört sich diese Musik denn an?«

»Nun, als ich sie hörte, fiel ich in Ohnmacht, und ich kann nicht mehr sagen, als dass ich den kurzen Eindruck einer sehr mächtigen Schwingung des gesamten Weltraums empfing, vielleicht, aber nur vielleicht, vergleichbar dem Ton einer überdimensionalen indischen Klangschale.«

»Und das war eine Erfahrung, die für Sie mit dem Schreiben zu tun hatte?«

»Mit dem Schreiben? Diese Frage habe ich mir noch nie gestellt. Ich glaube, ich kann sie nicht beantworten.«

»Ich selbst versuche, glaube ich, beim Schreiben eher nach unten zu gehen, nicht nach oben.« Sie weiß nicht, warum sie das sagt. Eben hatte sie die Chance, diesen Dialog zu beenden.

»Nach unten? Interessant. Und *nach unten* bedeutet was? In den Dreck?«

»In die Tiefe. Aber Sie wissen sicher, wovon ich rede, Mr. Strachey, denn mein Bruder sagte mir, aus Ihnen werde wahrscheinlich einmal ein großer Dichter werden.«

»Das hat er gesagt?«

»Ja.«

»In dem Fall hat er unrecht.«

»Wieso unrecht?«

»Nun, ich werde ganz sicher ein großer Dichter werden. Allein meine absolute Unfähigkeit zu harter Arbeit hat bisher verhindert, dass meine Werke auch im Druck zu haben sind. Aber das sind Unwichtigkeiten.«

Plötzlich, so scheint es Virginia, ist da eine unsichtbare Linie, die sie und den zukünftigen Dichter ein- und die anderen im Raum ausschließt.

Eine Linie, die im nächsten Moment unterbrochen wird von Thobys Freund Woolf: »Wollen Sie denn nicht heiraten, Miss Stephen?«, fragt er und sieht dabei Vanessa an, während er gleichzeitig versucht, das Zittern seiner Hände unter Kontrolle zu bringen, indem er sie abwechselnd heftig drückt.

»Nein«, antwortet Katherine.

»Ja, natürlich werden wir alle heiraten«, antwortet Vanessa. »Ich jedenfalls werde ganz sicher heiraten – und Kinder haben. Und von Beruf werde ich Malerin sein.«

In diesem Moment geht die Tür auf, und ein weiterer von Thobys Freunden platzt in die Runde. Ein Reiter offenbar. Blonde Locken, ein rosiges, rundes Gesicht, blaues Hemd, Reithose, in der einen Hand eine Gerte, an der anderen einen Siegelring mit einem großen schwarzen Stein.

»Mr. Clive Bell«, stellt Thoby ihn vor (Bell, hatte Thoby gesagt, sehe aus wie ein Dichter der Romantik – ohne ein Dichter zu sein).

»Guten Tag, alle zusammen«, ruft Bell in die Runde, »wie ich höre, ist gerade vom Heiraten die Rede. Die drei Miss Stephen«, fährt er lächelnd fort und küsst allen drei Frauen formvollendet die Hand, »wie schön, dass wir hier in dieser ewig tristen Männergesellschaft einmal so erfreulichen Besuch haben.« Dann wendet er sich an Vanessa: »Sie sprachen eben von Ihrem Wunsch zu heiraten, Miss Stephen?«

Vanessa nickt.

Bell lässt sich auf die Knie fallen, ergreift ihre Hand und fährt fort: »Würden Sie in Erwägung ziehen, mich zum Ehemann zu nehmen? Sie würden mich damit zu einem glücklichen Menschen machen.«

Vorsichtig entzieht Vanessa ihm ihre Hand. Sie lächelt vage und schüttelt den Kopf.

»Schade«, sagt Bell leise, »aber ich war vermutlich zu voreilig. Ich werde Sie, wenn Sie erlauben, zu einem späteren Zeitpunkt noch einmal fragen, und ich hoffe wirklich sehr, dass ich bis dahin Gelegenheit haben werde, Sie besser kennenzulernen.«

Er erhebt sich ohne jede Eile, deutet mit den Worten »Miss Stephen, Miss Stephen, Miss Stephen« dreimal eine Verbeugung an, lässt sich entspannt in einen Stuhl fallen und schiebt sich lächelnd eine eiweißumschäumte Erdbeere in den Mund.

»Was sind für Sie die höchsten Lebensziele, Bell?«, fragt Strachey, der plötzlich einen unwilligen Eindruck macht. »Doch nicht etwa die Ehe?«

»Das ist leicht zu beantworten«, antwortet Bell gedehnt, um in einem Leierton fortzufahren, »die Liebe, schöpferische Tätigkeit, ästhetische Erfahrung und das Streben nach Wissen.«

»Und wir sind uns doch einig, Bell, nicht wahr, dass erstens unter diesen Zielen die Liebe mit Abstand die erste Stelle einnehmen muss und dass zweitens damit nicht die Liebe zu einer Frau gemeint sein kann.«

»Nein, bedaure, da muss ich passen, Strachey«, antwortet Bell ruhig, »da sind wir uns nicht einig. In diesem Punkt sind wir sogar völlig uneins, tut mir leid.«

Strachey schlägt seine dünnen Beine nach der anderen Seite übereinander, saugt seine Wangen nach innen und sagt kühl, mit einer völlig veränderten, viel tieferen Stimme, die zu einer anderen Person zu gehören scheint: »Und genau deshalb, Bell, werden Sie nie ein Apostel sein.«

»Möglicherweise werden die Apostel überschätzt!«, sagt Bell mit einem Lächeln. »Aber wie dem auch sei, vielleicht sollten wir den anwesenden Damen zunächst einmal erklären, wer die Cambridge-Apostel, zu denen ich nicht gehöre, sind.«

»Die zwölf intelligentesten Männer Englands«, erläutert Strachey und nippt an seinem grünen Pfefferminzlikör. Sein Ton lässt keinen Zweifel daran, dass er einer von ihnen ist.

»Soweit mir bekannt ist«, mischt Katherine sich ein, »sind die Apostel im Neuen Testament Männer, die direkt von Jesus Christus mit der Verkündigung des christlichen Glaubens beauftragt wurden. Sie sind die von Jesus Gesandten. Darf ich Sie fragen, Mr. Strachey, von wem Sie mit der Verkündigung welchen Glaubens beauftragt wurden?«

»Auf diese Frage weiß ich leider keine Antwort zu geben, Miss Stephen«, antwortet Strachey und wirft dabei in einer übertriebenen, scheinbar Hilflosigkeit ausdrückenden Geste die Arme in die Luft. »Wie erstaunlich doch die Schwierigkeiten einer Unterhaltung sind.«

»Dann will ich meine Frage anders formulieren, Mr. Strachey. In der Umgangssprache und auch in der Bibel ist ja nicht immer von Aposteln die Rede, sondern oft auch von Jüngern Jesu. Wessen Jünger sind die Cambridge-Apostel, wenn Sie nicht Jünger Jesu sind?«

»Jünger des Geistes, natürlich. Sagt Ihnen der Name George Moore etwas? Ich spreche von dem Philosophen.«

»Moore!«, sagt Katherine und lehnt sich mit einem fast unhörbaren Seufzer in das Sofa zurück. »Soweit ich weiß, ein Verteidiger des gesunden Menschenverstandes und ein Gegner des Idealismus.«

Strachey zieht die Augenbrauen hoch, streift Katherine mit einem unwilligen Blick und wendet sich dann ohne weitere Überleitung an Bell: »Nach dieser kurzen Unterbrechung schlage ich vor, dass wir nun ins Detail gehen, Bell. Lassen Sie uns ein Beispiel nehmen. Sagen wir: Wenn A B liebt, wobei klar sein sollte, dass A und B männliche Wesen sind, und wenn A glaubt, dass B ihn wiederliebt, während

B in Wirklichkeit aber nicht A liebt, sondern in C verliebt ist, ist es dann besser oder schlechter, wenn A seinen Irrtum entdeckt?«

Bell holt ein Taschenmesser mit einem polierten Olivenholzgriff aus seiner Hosentasche, löst die Sperre, klappt das Messer auf, klappt es wieder zu, legt es von einer Hand in die andere. Und während er mit seinem Messer spielt, sagt er achselzuckend: »Keine Ahnung«, und Virginia sieht, wie Vanessa lächelt.

»Was glauben Sie, Stephen?«

»Schlechter«, sagt Thoby, nachdem er eine Weile angestrengt überlegt hat, während es Strachey offensichtlich keinerlei Mühe bereitet hat, seine Frage zu formulieren.

»Weil?«

»Weil A dann vermutlich unglücklich sein wird.«

»Turner?«

Der Angesprochene nimmt die Pfeife aus dem Mund, zögert und entscheidet sich dann dafür zu sprechen: »*Veritas liberavit vos!* Wahrheit bedeutet Freiheit. Und ohne Freiheit gibt es keine Liebe, sondern nur künstlich hochgeputschte Gefühlserregungen und all diese abscheulichen Sentimentalitäten.«

»Gut, Turner, Sie glauben also, dass es besser ist, wenn A seinen Irrtum entdeckt. Woolf?«

»Schlechter!«

»Warum?«

»Weil die Liebe immer besser ist. Auch die Liebe im Zustand des Irrtums in Bezug auf das Wiedergeliebtwerden.«

Woolf, bemerkt Virginia, scheint in dieser Runde mehr Achtung zu genießen als Bell. Aber anders als Bell strahlt er Einsamkeit aus.

»Meiner Meinung nach ist die Antwort auf diese Frage

völlig unwichtig.« Vanessas sanfte Altstimme verändert für einen Moment die Atmosphäre in dem vollgestellten kleinen Raum.

»Interessant. Und warum ist das so?« Stracheys Frage klingt ungeduldig.

»Liebe ruft Liebe hervor.«

»Was sagen Sie dazu, Bell?«

Bell klappt sehr langsam sein Messer zu, aber noch ehe er zu einer Antwort ansetzen kann, fasst Strachey sich mit beiden Händen an die Nase, springt auf und stolpert Richtung Tür. Als er eine halbe Stunde später zurückkommt, hält er den ersten Band einer in rotes Leder gebundenen Ausgabe von Gibbons *Verfall und Untergang des römischen Imperiums* in der Hand. Zu ihrer absoluten Verblüffung überreicht er Virginia das Buch feierlich: »Verzeihen Sie mein kleines Malheur mit dem Nasenbluten, Miss Stephen. Wenn Sie möchten, leihe ich Ihnen dieses Buch. Es wäre allerdings schön, wenn Sie versuchen könnten, Flecken zu vermeiden.«

2

25. November 1901. Leslie Stephen soll in Cambridge die Ehrendoktorwürde für Literatur verliehen werden, und er hat seine jüngste Tochter Virginia zu seiner Begleitung auserwählt.

Nach dem offiziellen Festakt begeben sich alle in den großen Salon der Fellows. Virginia steht allein vor dem lang gezogenen Bogen des Erkerfensters, halb versteckt hinter einem grünen Vorhang. Sie trägt ein spitzenbesetztes Kleid, das ihr älterer Halbbruder George für sie ausgesucht hat.

Der Vorhang bläht sich. Es zieht durch die Fensterritzen. Aber das ist nicht das Problem. Das Problem ist: Sie ist hier fehl am Platz. Was hat sie hier zu suchen, fragt sie sich, unter all diesen Dons und Universitätsmännern, in diesem Kleid, in dem sie sich nicht wohl fühlt, in diesem Salon mit dem roten Orientteppich und dem offenen Kamin. Niemand spricht sie an, sie bleibt außen vor, ein Schmuckstück, die stumme Begleiterin ihres Vaters. Und Thoby, der ihr versprochen hat, zu kommen, taucht einfach nicht auf.

Ein massiger Mann in der Amtstracht eines Doktors der Philosophie wendet sich an ihren Vater: »Man kann es fast nicht glauben, Stephen«, flüstert der Unbekannte, der nach Thobys Beschreibung Professor Finley sein könnte, in Theaterlautstärke, mit einer Kopfbewegung zu der großen Flügeltür hin, in deren Rahmen eben eine lange, düstere Gestalt erschienen ist, »dass dieser Mann der Sohn eines Generals sein soll, nicht wahr? Es gibt da natürlich diese Gerüchte. Nicht dass ich etwas darauf geben würde.«

»Sie sprechen von General Richard Stracheys Sohn Lytton, Finley? Nun, er scheint mehr nach seinem Patenonkel Lord Lytton zu kommen. Und wir dürfen nicht vergessen: Er ist der Sohn einer Feministin. Aber bitten wir ihn doch zu uns. Ein Gespräch mit ihm ist immer amüsant.«

Sie läuft, als würde sie gezogen, an der geraden Linie ihres Blickes entlang, über das Eichenparkett und den roten Teppich in Richtung des jungen Mannes mit den zwei Stimmen, an den sie seit jenem Nachmittag so oft gedacht hat. Dieser Raum ist voller Menschen, denkt sie, aber es ist derjenige, der im Türrahmen steht, der die Blicke auf sich zieht und an den man sich erinnert.

»Strachey, mein Lieber, was für eine angenehme Überraschung, Sie hier zu sehen.« Professor Finleys geschulte Baritonstimme ist im ganzen Salon zu hören. »Wollen Sie uns nicht ein bisschen Gesellschaft leisten, mir und Dr. Stephen, wir stehen dort drüben, und Miss Stephen«, wendet er sich an Virginia, »wird uns sicher auch die Freude machen, nicht wahr?«

Ihr Vater blickt sie an, mit einem zerstreuten Blick, so als sähe er sie zum ersten Mal. Plötzlich wird ihr bewusst, dass er alt aussieht. Alt und ein bisschen lächerlich, mit seinem langen Haar und seinem zauseligen Patriarchenbart. Ein einsamer Narr, der nie aufgehört hat, darauf zu warten, dass seine Zeit kommen wird, und der nicht begreifen kann, dass sein Warten vergeblich war. Jetzt fokussiert sich sein Blick. Er erkennt seine Tochter, lächelt sie an, und sie versteht, dass er in diesem Moment glücklich ist.

3

Am nächsten Tag, auf der Rückfahrt, im Zug nach London, ist Dr. Stephen konzentriert in seine Lektüre vertieft. Ab und zu hebt er den Blick und sieht lächelnd aus dem Fenster. Dann, ohne jede Überleitung, fragt er plötzlich, wie nebenbei: »Dieser junge Mann, Strachey, scheint dir zu gefallen, Ginny, oder irre ich mich da? Nun, er ist, glaube ich, sehr intelligent. Wenn auch nicht so intelligent, wie seine Mutter uns glauben lassen möchte. Meiner Meinung nach überschätzt sie ihn maßlos. Das ist wahrscheinlich auch der Grund, warum sie ihn so verzärtelt hat. Kein Wunder, dass der Junge dauernd krank ist. Sie hat einen Zimperling aus ihm gemacht. Für meinen Geschmack ist er jedenfalls ein bisschen zu unmännlich, ein bisschen zu empfindlich.

Verstehst du, Ginny? Strachey, so würde ich jedenfalls vermuten, ist kein Mann, der aufrichtige Liebe empfinden könnte für eine Frau. Dafür ist er einfach zu schwach.«

Sie spürt vage, dass ihr Vater ihr helfen will. Sie spürt, wie sehr sie an ihm hängt, wie sehr auch er an ihr hängt, und doch lösen seine Worte Zorn in ihr aus. Wie kann er es wagen, denkt sie, ihr Vater, der eitle Tyrann mit dem hochtrainierten Intellekt, der so voller Nachsicht ist und so voller Sentimentalität sich selbst gegenüber, aber von so eisiger Weltraumkälte gegenüber allen menschlichen Wesen weiblichen Geschlechts. Wie kann er es wagen, ihr Vater, die männliche Diva, für den Cambridge immer noch ein magischer Ort ist, dem das Wasser in den Augen steht, wenn er an seine Zeit im Trinity denkt, an seine Studentenjahre, unwiederbringlich verloren, die Jugend, ausgelöscht, das wahre, das eigentliche Leben, alles dahin, dort hängen geblieben, eingefroren und konserviert in irgendeinem Keller der eigenen Persönlichkeit, als Traum, als ein Versprechen, das nie eingelöst wurde, und dann die Erinnerung, die er nicht sucht, die ihn aber doch manchmal überkommt, überfällt, plötzlich und unerwartet, wenn von einem bestimmten Buch die Rede ist, wenn der Name eines Freundes oder eines Dozenten aus jenen goldenen Tagen fällt, als er selbst noch ein hoffnungsvoller junger Kerl war mit allen möglichen Plänen und Unsinn im Kopf, der bekleidet mit einem dreiteiligen Anzug auf dem Fahrrad unterwegs war, Freunde hatte und ein geistiges Leben, ein Leben, in dem Frauen nur als gelegentliche Gäste vorkamen, kurz, ein Leben, in dem ein Mann noch ein wirklicher *Mensch* sein konnte. Wie oft hat sie das von ihrem Vater gehört. Von einem Mann, der – seit sie denken kann – mit seinen wechselnden Stimmungen, seinem Gejammer und seinen Gewalttätigkeiten seine Frau und seine Töchter tyrannisiert hat. Was weiß ihr Vater davon, was Liebe ist.

4

Oktober 1904. Die Bäume im Gordon Square Park tragen rotgoldenes Laub. Virginia steht auf dem Bürgersteig vor dem Haus Nr. 46 und beobachtet Vanessa, die sich ein rotes Kopftuch um die langen Haare gebunden und einen viel zu weiten, beklecksten blauen Malerkittel über ihr Kleid gezogen hat. Neben und hinter ihr, auf dem Steinboden des Eingangsbereichs, der rechts und links begrenzt wird von einem aus spitzen, schwarzen Streben bestehenden gusseisernen Zaun, stehen ein kleiner Eimer, gefüllt mit der Außenlackfarbe Zinnoberrot, eine Schüssel mit Wasser und ein Korb mit Lappen und gebrauchtem Schleifpapier. Vanessa hält einen großen, flachen Pinsel in der Hand, bückt sich, taucht ihn ein, streift ihn ab und zieht ihn über die abgeschliffene Eingangstür des dreistöckigen, schmalen Hauses Gordon Square Nr. 46, in das sie nach dem Tod Sir Leslies im Februar (wenige Monate, bevor er starb, ist der Vater noch in den Ritterstand erhoben worden) mit ihren Geschwistern Thoby, Virginia und Adrian eingezogen ist. Virginia tritt von hinten an Vanessa heran.

»Das ist schön«, sagt sie.

»Ja, nicht wahr.«

»Was Vater wohl dazu gesagt hätte, dass wir von Kensington nach Bloomsbury gezogen sind?«

»Vater ist tot.«

»Ich glaube, er hätte gerne noch länger gelebt.«

»Da hast du sicher recht.«

»Er wollte noch schreiben. Er sagte, er habe der Welt noch so viel zu sagen.«

»Und mir. Erinnerst du dich, wie er mich jeden Tag angebrüllt hat.«

»Er hatte Angst, dass das Geld nicht reichen würde.«

»Du hast schon immer alles entschuldigt, was er getan hat. Aber jetzt ist Vater tot, und wir sind frei. Schluss mit der Angst vor minütlich wechselnden Stimmungen. Thoby sagt, sobald wir hier fertig eingerichtet sind, wird er seine Freunde einladen, ganz ohne Anstandsdame. Glaub mir, Ginia, Vater ist gerade rechtzeitig für dich gestorben.«

»Rechtzeitig? Glaubst du das wirklich?«

»Du nicht?«

»Ich weiß nicht. Wie kann ich das wissen? Ich glaube, so etwas zu wissen ist unmöglich.«

Nach dem Tod des Vaters ist sie nach Italien gefahren. Aber keine Entfernung der Welt hätte bewirken können, dass der Geist Sir Leslies in seiner irrlichternden Heimatlosigkeit sie in Ruhe ließ. Wie soll sie Nessa erklären, dass der tote Vater immer noch da ist. Dass sie immer noch in seinem Schatten lebt. Dass er beständig präsent ist. Untergründig und unsichtbar zumeist. Aber er ist nicht immer unsichtbar. Er kann auch unverhofft im Garten auftauchen und unter ihrem Fenster auf und ab marschieren, singend oder antike Verse rezitierend, die er in obszöner Weise verändert hat. Er kann die Gestalt eines wilden Königs annehmen. Eines Königs mit einem Gefolge von Vögeln, mit denen er Griechisch spricht. Er kann, als er selbst, sie auffordern, zu ihm zu kommen. Mit einem Sprung aus dem Fenster zum Beispiel. Sie hat getan, was er wollte. Sie ist gesprungen. Ein Gehorsamsimpuls, dem sie gefolgt ist, ohne die Konsequenzen zu durchdenken. Aber sie hat versagt. Er ist unzufrieden mit ihr. Sie hat ihn allein gelassen. Das Fenster ist nicht hoch genug gewesen.

5

»Wie merkwürdig, dass jemand, den wir kennen, als Kolonialbeamter in die Tropen gegangen ist«, sagt Vanessa zu Virginia. »Andererseits: Der Dschungel von Ceylon – irgendwie passt das auch zu Woolf, findest du nicht? Schon in Cambridge hatte er so etwas Wildes an sich. Weißt du noch, damals bei Thoby, wie er die ganze Zeit vor Wut zitterte? Ob es wohl stimmt, dass er in Ceylon eine schwarze Frau geheiratet hat? Also ich finde es schade, dass er heute nicht dabei sein kann.«

»Woher hast du das, Vanessa?«, mischt Thoby sich ein. »Woolf ist nicht verheiratet – und wird vermutlich auch niemals heiraten. Das sagt jedenfalls Strachey.«

»Und wieso sollte Woolf niemals heiraten?«

»Nun, Strachey ist der Ansicht, Woolf dürfe keine Ehe eingehen. Woolf sei wie Swift, sagt er, und würde höchstwahrscheinlich seine Frau ermorden – und zwar aus purem Zorn über ihre mangelnde Intelligenz.«

»Aber Swift war doch gar nicht verheiratet«, mischt Virginia sich ein. »Seine angebliche heimliche Ehe mit Stella ist nichts als eine Vermutung, und eine Mordanklage hat es nie gegeben.«

»Merkwürdig ist es aber schon, dass Swifts zweite Freundin Vanessa, wenige Tage nachdem ihr Geliebter sie im Zorn wegen eines Briefes zur Rede gestellt hat, überraschend gestorben ist, findest du nicht?«

»Merkwürdig vielleicht. Aber wenn Swift ein Mörder war, warum hat Vater das dann in seiner Swift-Biografie nicht erwähnt?«

»Diese Frage kann Strachey dir sicher besser beantworten als ich«, sagt Thoby, der an diesem Abend einen Pullunder über seinem weißen Hemd und ein zu einem Schlipsknoten gebundenes rotes Seidentuch um den Hals trägt – und dann ist es 22:00 Uhr, die Türglocke schellt, und im Haus Gordon Square Nr. 46 trudeln nacheinander Thobys Cambridge-Freunde Lytton Strachey, Clive Bell und Saxon Sidney-Turner ein. Strachey und Sydney-Turner haben sich verändert. Sie haben sich zwischenzeitlich Oberlippenbärte wachsen lassen und sehen damit aus wie Brüder, sogar fast wie Zwillinge. Die Gäste setzen sich in die bereitgestellten Korbsessel, trinken Kakao und Whisky, essen Rosinenbrötchen, schlagen ihre Beine erst nach der einen, dann nach der anderen Seite übereinander, betrachten die von Vanessa gemalten Porträts von Adrian, Thoby und Virginia an den hellen, mit Leinfarbe gestrichenen Wänden, zünden ihre Pfeifen an und sagen kein Wort – oder jedenfalls fast kein Wort. Manchmal verebbt ein einzelner Satz.

Virginia sitzt neben Vanessa auf dem Sofa. Obwohl sie nichts sagt, sich nicht rührt und starr auf den Boden sieht, merkt sie, wie ihr immer wieder das Blut in die Wangen schießt. Es ist dann, als habe sie etwas gesagt, etwas sehr Dummes, und als habe sich ringsumher ein Gelächter erhoben – ein Gelächter auf ihre Kosten. Obwohl sie schweigt, fühlt sie sich blamiert, gleichzeitig empfindet sie sehr stark den Druck, als Schwester des Gastgebers eine Konversation in Gang bringen zu müssen. Aber es geht nicht. Jeden Satz, der ihr einfällt (und ihr fällt immer etwas ein) unterzieht sie einer Prüfung, verwirft ihn, bringt keinen Ton heraus.

Was kann sie schon sagen, was diese jungen Männer interessieren könnte. *Nichts*, sagt sie zu sich selbst. *Versagerin*, ruft die Stimme in ihrem Kopf, als sie plötzlich merkt, dass sie anfängt, sich zu langweilen. Wie energielos diese jungen Männer sind, denkt sie. Woher nehmen sie bloß die Kraft zu gehen?

Vanessa hebt den rechten Arm und schmiegt ihren leicht schiefgelegten Kopf in die offene Handfläche. Als Bell leise etwas zu ihr sagt, berührt sie ihn sachte an der Schulter und bricht unverhofft in ein helles Lachen aus. Mitternacht ist vorbei, als Adrian erwähnt, dass er am letzten Wochenende in Covent Garden gewesen sei, und bevor noch jemand fragen kann, welche Oper oder welches Ballett sie da gegeben hätten, platzt Bell damit heraus, dass er vor einigen Monaten in Mailand, im Teatro alla Scala, Verdis *La Traviata* gesehen habe. Nun, die Sängerin der Violetta sei für seinen Geschmack eindeutig zu dick gewesen – aber die Schönheit ihrer Stimme, diese klare, frostige Höhe, diese keusche Mittellage, bei dem Duett mit Alfredo, *Parigi, o Cara*, habe er weinen müssen.

Und nun geschieht das Unglaubliche – Sidney-Turner, der den ganzen Abend noch kein Wort gesprochen hat, nimmt seine Pfeife aus dem Mund und fragt: »Was meinen Sie jetzt genau mit Schönheit, Bell?«, und ehe Bell noch antworten kann, wirft Strachey ein: »Mir scheint, möglicherweise irre ich mich auch, aber bisher jedenfalls habe ich immer geglaubt, dass die Zuschreibungen *frostig* und *keusch* auf der einen und *schön* auf der anderen Seite sich gegenseitig vollkommen ausschließen«, woraufhin alle anfangen, durcheinander zu reden.

Alle, bis auf Virginia. Sie sagt den ganzen Abend lang kein Wort. Aber jetzt, wo lebhaft diskutiert wird, fühlt sie sich wohl. Und innerlich sprudelt es nur so aus ihr heraus. Ein Einfall jagt den nächsten, und sie hält eine unhörbare, lange Rede gegen das automatische Zusammendenken von Schönheit und Wahrheit. *Schönheit wird überschätzt*, sagt sie zu sich selbst. *Wenn die Romantiker Schönheit und Wahrheit zusammengedacht und sogar gleichgesetzt haben – »Schönheit ist Wahrheit, und Wahrheit ist Schönheit«– und wenn heute Studenten in Cambridge das immer noch tun, so bedeutet das nicht, dass diese Gleichung ewige Gültigkeit hat. Es bedeutet nicht, dass sie unserer Zeit noch angemessen ist. Ich möchte als Schriftstellerin etwas sagen, das noch nie gesagt wurde, und das muss hässlich sein. Ich werde eine hässliche Schriftstellerin sein.*

Inzwischen sind sie bei Shakespeare angekommen und Thoby vertritt die These, dass in Shakespeare alles enthalten sei. Shakespeare sei der größte Autor, der jemals gelebt habe.

»In Marlowes Stücken ist die Handlung aber oft feiner gesponnen als bei Shakespeare«, wendet Strachey ein. »Auf der anderen Seite, und deshalb gebe ich Ihnen trotzdem recht, Stephen, haben Marlowes Verse und Dialoge manchmal etwas, das man in Shakespeares Stücken niemals finden würde. Wie soll ich es nennen? Etwas Dröhnendes wäre vielleicht die richtige Bezeichnung.«

Gegen vier Uhr morgens verlässt Strachey als letzter Besucher das Haus und verspricht, wie die anderen vor ihm, am nächsten Donnerstag wiederzukommen. Virginia hat an diesem Abend kein Wort mit ihm gesprochen. Sie hätte ihn gerne nach Swift gefragt, aber dass sie das nicht getan hat, ist völlig unwichtig gemessen an der Tatsache, dass an diesem Abend, so scheint es ihr jedenfalls, etwas begonnen hat, das ihr Leben in aufregender Weise verändern wird.

6

Traum: Sie geht außen an einem Wald vorbei. Überall brü-
ten Vögel. Es sind schlanke, große, langbeinige Vögel, leb-
haft, mit großen Schnäbeln, die am Boden nisten. Der ge-
samte Waldboden ist mit ihren Nestern bedeckt. Auch
mitten auf ihrem Weg ist ein großes Nest. Sie hat Mühe,
daran vorbeizukommen.

»Jetzt sind wir also bei diesem Tanzding gelandet, Miss
Stephen.«

Gruppen von Studenten, Dozenten und Gästen, von jüngeren und älteren Frauen durchwandern den von Kerzen er-
leuchteten großen Saal, dessen Flügeltüren von uniformierten
Saaldienern bewacht werden. Die Kapelle besteht aus älteren
Herren in schwarzen Anzügen, die sich nicht zu schade dafür
sind, gelegentlich auf Zuruf Wunschstücke zu spielen.

»Tanzen Sie gerne, Mr. Strachey?«, improvisiert Virginia,
die nicht so recht weiß, was sie mit seiner Konversations-
eröffnung anfangen soll.

»Bestimmt nicht, und deshalb wollte ich eigentlich an diesem Tag die Stadt verlassen.«

»Auch ich habe Bälle bisher verabscheut, aber ich dachte,
hier würde es vielleicht anders sein.«

»Wie tanzt man? Wie soll das gehen? Ich verstehe das
nicht. Ich habe gar keine Vorstellung davon, wie sie es machen. Die Leute haben Nerven.«

In diesem Moment kommt Bell vorbei. Vanessa hat sich
bei ihm eingehakt, und beide gesellen sich zu ihnen.

»Das ist doch ganz einfach, Strachey«, sagt Bell, »Tanzen ist nichts anderes als Sex in einer gesellschaftlich erlaubten Form. Es dient nur dazu, die Geschlechter in physischen Kontakt miteinander zu bringen.«

»Ist das so?«

»Das ist doch der Grund, warum all diese Empfänge stattfinden, auf denen getanzt wird.«

»Organisiert von schlichten Gemütern, die das Vergnügen einer intellektuellen Konversation nicht zu schätzen wissen. Aber dass sie es hier machen. Ich fasse es nicht.«

»Haben Sie mir nicht neulich im Club erzählt, Strachey, dass die physische Liebe die einzige Form der Liebe sei, die Ihnen möglich ist?«

»Schon, aber das bezog sich nicht auf Frauen.«

»Also wir gehen jetzt tanzen«, ruft Bell und zieht Vanessa fort.

»Kommen Sie, Miss Stephen«, sagt Strachey, »wir sollten dem Beispiel der anderen folgen.«

Er führt sie am Ellbogen auf die Tanzfläche, nimmt ihre Hand in die seine und legt seine andere Hand auf ihre Schulter – eine Hand, die nicht mehr Gewicht zu haben scheint als der Flügel eines Schmetterlings. Weil sie sich nicht gehalten fühlt, versucht sie instinktiv, die Führung zu übernehmen, aber Strachey scheint nicht willens – oder in der Lage – zu sein, ihr zu folgen. Sie spürt seinen Unwillen und empfindet Scham über ihr tänzerisches Unvermögen. Immer wieder den Dreiertakt des Walzers verfehlend, stolpern sie im Kreis durch den Saal, bis sie plötzlich, wie auf ein geheimes Zeichen hin, mitten auf der Tanzfläche stehen bleiben und in lautes Gelächter ausbrechen, was bei den anderen Tanzpaaren zu einigen Turbulenzen führt. Scham und Unwillen weichen einem Gefühl von Unverwundbarkeit, denn was kann mehr Spaß machen, als britische Universitätsangehörige durch schlechtes Tanzen zu schockieren? Sie schütteln sich vor Lachen, und dann tanzen sie weiter, so schlecht sie es eben können. Als der Walzer verklungen ist, berührt Strachey mit seinen Schmetterlingsfingern Virginia wieder leicht am Ellbogen und dirigiert sie erst aus dem Saal und dann über eine Treppe in den großen Hof des Colleges. Sie laufen über die schnurgerade von Kieswegen durchzogenen Rasenflächen Richtung Brunnen. Als Strachey ihre Hand nimmt und anfängt zu rennen, rennt sie mit, so gut das mit ihren Tanzschuhen eben geht. So unbeschwert hat sie sich zuletzt als Kind gefühlt.

Kurz vor dem Kuppelbau, in dem sich der Brunnen befindet, bleibt Strachey stehen. Er ist außer Atem, zieht seine Jacke aus, wirft sie ins Gras und ruft mit seiner hohen, dünnen Stimme: »Dieser Rasen, Miss Stephen, ist der Rasen des Great Court. Frauen dürfen ihn nicht betreten. Aber heute Abend können Sie, wenn Sie wollen, etwas noch Verboteneres tun. Sie können sich auf diesen Rasen setzen, genauer, auf meine Jacke. Ich möchte nicht, dass Ihr Kleid Grasflecken bekommt. Bitte!« Er kniet sich auf seine Jacke, zieht sie glatt und breitet einladend die Arme aus. Sie setzt sich neben ihn, streckt ihre Beine gerade nach vorne und zieht ihr Kleid über die Knie, während Strachey mühelos wie ein Yogi seine Beine kreuzt. Plötzlich merkt sie, dass sie sich wohl fühlt mit ihm. Vertraut. Ungezwungen.

»Ich glaube, mein Patenonkel Lord Lytton hätte heute seine Freude an mir gehabt, Miss Stephen«, unterbricht Strachey ihre Gedanken. »Er war ein Dichter und ein unkonventioneller Mann, aber sein Ehrgeiz führte ihn auf andere Wege. Und so wurde er Vizekönig von Indien. Wissen Sie, auch ich bin ehrgeizig, Miss Stephen«, murmelt er und legt seinen Arm um ihre Schultern. »Ich möchte Schriftsteller werden, und alle erwarten das von mir. Aber ich möchte nicht nur Geschichten erzählen. Ich möchte mit wenigen Worten die Ungetüme der Unwahrheit vernichten. Ich möchte mich meiner Zeit stellen. Ich möchte als Autor der Türhüter der Wahrheit sein. Und ich möchte Erfolg haben. Was ich mir wünsche, ist der Glanz eines wahrhaft geistigen Erfolges. Aber es ist zweifelhaft, ob ich das erreichen werde. Vermutlich werde ich so enden, wie ich angefangen habe: Ein ewig vor sich hin kritzelnder Geist, durch dessen Gehirn Millionen Gespenster irren. Vergeblich! Vergeblich!«

Es verwirrt sie, wie eloquent Strachey über das Scheitern spricht. Als er sie küsst, dreht sie in einer reflexhaften Bewegung den Kopf zur Seite, sodass seine Lippen ihren Mund verfehlen und nur ihre Wange berühren.

»Da sehen Sie es, Miss Stephen«, murmelt Strachey, »ich bin der Inbegriff von Vergeblichkeit. Ich werde mich nicht fortpflanzen. Ich werde niemals heiraten. Ich werde weder Familie noch Kinder haben. Das alles ist mir verschlossen. Im Grunde bin ich ein Gestorbener. Ich bin der fliegende Holländer auf seinem Geisterschiff. Mir fehlt so viel. Zum Beispiel dieses sichere Wissen, dass ich wirklich existiere, welches alle anderen zu haben scheinen.«

Diesmal wendet sie den Kopf nicht zur Seite, und er küsst sie so vorsichtig auf den Mund, wie er sie beim Tanzen gehalten hat. Dies ist der Anfang von etwas, denkt sie, dessen Kommen keine Macht der Welt aufhalten kann.

7

November 1906. Eben noch sind sie in Griechenland gewesen. Thoby, Vanessa, Virginia und Adrian. In Athen, Olympia und Korinth, auf der Akropolis, im Theater von Epidauros. Eben noch haben sie auf den überwucherten Mauerresten einer verfallenen Zisterne gesessen, sind durch die Ruinen der Tempel von Zeus, Nike, Athene, Apollon und Asklepios gelaufen, haben auf jahrtausendealten Steinen gestanden und antike Marmorsäulen berührt. Eben noch hat Thoby ihnen aus den Dramen des Sophokles vorgelesen:

Oh, wehe!
Oh Wissen, das den Weisen schlimm belohnt!
Mein klares Ahnen schlug ich in den Wind,
Sonst wär ich nie an diesen Ort gelangt.

Sie nimmt das Foto aus dem Umschlag: Thoby, in Epidauros, an eine Zypresse gelehnt, der mit einer Hand seine Augen beschattet. Kurz vorher hatte er ihnen von Danae erzählt, die von ihrem Vater in ein dunkles Verlies gesperrt worden war, weil das Orakel vorhergesagt hatte, dass ihr Sohn seinen Großvater töten würde, und die dort schwanger wurde von Zeus, der in Form eines goldenen Regens zu ihr kam.

»Ich beneide dich«, hatte sie an diesem Abend zu Thoby gesagt, nachdem sie so viele Sternschnuppen gesehen hatten wie nie zuvor in ihrem Leben.

»Worum beneidest du mich, Ginny?«

»Du konntest zur Schule gehen, studieren, einen Beruf lernen. Du hast Freunde, mit denen du reden kannst. Du hast allen Grund, selbstbewusst zu sein, und keinen Grund, dich zu schämen. Ich hätte mich gerne am King's College eingeschrieben. Aber Vater wollte das nicht. Er war von dem Gedanken besessen, sie würden mich dort *verderben*.«

»Auch du hast keinen Grund, dich zu schämen, Ginny. Und außerdem ist es umgekehrt: Ich beneide dich!«

»Da gibt es nichts zu beneiden.«

»In meinen Augen schon. Vater mochte dich, Ginia. Von mir war er immer enttäuscht.«

Als sie noch Kinder waren, sind Thoby und sie einmal mit Fäusten aufeinander losgegangen. Sie weiß nicht mehr, warum – und Thoby kann sie nicht mehr fragen. Er ist jetzt einer der Toten, über die zu sprechen zu Lebzeiten des Vaters verboten war. Die Toten hatten nichts Böses getan. Ihr Sterben ist das Vergehen gewesen, um dessentwillen sie nicht mehr erwähnt werden durften: Herbert Duckworth, der erste Mann ihrer Mutter, gestorben 1870 (nach drei Jahren Ehe und der Zeugung von drei Kindern) mit 37 Jahren, lebenslang – trotz zweiter Ehe – betrauert von seiner Witwe; Minny Stephen, geborene Thackery, die erste Frau ihres Vaters, gestorben 1875 mit 35 Jahren; ihre Mutter Julia Stephen, geborene Jackson, verwitwete Duckworth, gestorben 1895 (nach zwei Ehen und der Geburt von sieben Kindern) mit 49 Jahren; ihre Halbschwester Stella Duckworth, gestorben 1897 mit 28 Jahren, kurz nach ihrer Hochzeit; ihr Vater Leslie Stephen, gestorben am 22. Februar 1904 (nach zwei Ehen, aus denen fünf Kinder hervorgegangen waren) mit 71 Jahren; ihr Bruder Julian Thoby Stephen, gestorben am 20. November 1906 kurz nach Abschluss seines Jurastudiums, mit 26 Jahren. Thoby hat seinen Vater nur um zweieinhalb Jahre überlebt.

8

Es ist zwei Tage nach Thobys Tod. Vanessa ist eben von einem Spaziergang mit dem Hund zurückgekommen. Sie trifft Virginia in der Eingangshalle und sagt wie nebenbei und so, als sei dies keine große Sache, und in einem Ton, der Virginia auffordert, zu akzeptieren, dass dies keine große Sache sei: »Mr. Clive Bell hat mir heute einen Heiratsantrag gemacht, und ich habe ihn angenommen!«

»Aber warum denn? Warum willst du einen Mann heiraten, der auf die Jagd geht? Einen Mann, der sich hauptsächlich für Hunde und Pferde interessiert? Siehst du nicht, dass ein Flimmern über sein rosiges Gesicht läuft, wenn er getrunken hat? Glaub mir, er ist nicht gut genug für dich!«

Vanessa hebt einen Arm, legt eine Hand hinter ihren Kopf und schweigt.

»Hast du dich schon damals in Bell verliebt, als wir ihn in Cambridge zum ersten Mal sahen?«

»Nein.«

»Aber jetzt bist du in ihn verliebt?«

»Nein.«

»Aber du findest ihn anziehend, schön, gut aussehend, attraktiv?«

»Nein.«

»Was ist es dann?«

»Er ist amüsant.«

Als Vanessa gegangen ist, schlägt Virginia eine Ecke der weißen Tischdecke zurück, stellt die Vase mit den Rosen auf die Kommode, holt Papier, Feder und Tinte und schreibt einen Brief: *Lieber Mr. Strachey, können Sie nicht einmal bei uns vorbeikommen? Vielleicht am nächsten Sonntag, so gegen sechs Uhr abends? Ihre ergebene Adeline Virginia Stephen.*

9

Strachey ist pünktlich. Er ist von der Lancaster Gate, wo er nach wie vor mit seinen Eltern und einem Teil seiner Geschwister wohnt, mit dem Fahrrad herübergekommen, mit aufgespanntem Schirm, durch einen kalten Graupelregen. Als sie die Tür öffnet, überreicht er ihr mit einer angedeuteten Verbeugung einen Strauß Veilchen.

»Vielen Dank, dass Sie gekommen sind, Mr. Strachey. Wissen Sie, wir wollten Sie eigentlich gemeinsam zum Abendessen einladen, aber nun ist es so, dass Vanessa Mr. Bells Heiratsantrag angenommen hat. Genau an dem Tag, an dem ich Ihnen schrieb.« Sie möchte hinzufügen: *Außerdem muss ich Ihnen etwas sagen, Mr. Strachey, ich habe von Ihnen geträumt*, aber bevor sie das sagen kann (doch wahrscheinlich hätte sie es sowieso niemals gesagt), antwortet Strachey: »Ja, die Nachricht hat mich erreicht. Ich muss zugeben, ich war überrascht. Wo ist denn Ihre Schwester jetzt? Und wo sind Stephen und Bell? Ich vermute, Bell empfindet gerade Ekstasen des Glücks!«

»Sie sind ausgegangen. Um die Wahrheit zu sagen: Es gab Streit. Das Ganze tut mir sehr leid. Ich hätte Ihnen absagen müssen, Mr. Strachey. Es ist mir unangenehm, dass ich Sie jetzt hier allein empfange. Das ist eine merkwürdige Situation, nicht wahr? Aber bitte setzen Sie sich doch. Hier, an den Kamin, dachte ich. Ich habe uns Tee bringen lassen. Lassen sie mich kurz eine Vase holen für die Blumen.«

»Ich möchte Ihnen und ihren Geschwistern mein herzliches Beileid aussprechen, Miss Stephen«, sagt Strachey, als sie zurückkommt. Die Aufforderung, sich zu setzen, hat er ignoriert. »Was ich sonst noch sagen soll, weiß ich nicht. Es ist nicht mitteilbar, was Stephens Tod bedeutet. Wäre ich gläubig, würde ich vielleicht sagen: Die Erschaffung Ihres Bruders war ein Beweis dafür, dass Gott existiert. Aber da ich nicht gläubig bin, muss ich hier den Konjunktiv wählen.«

»Werden Sie über meinen Bruder schreiben, Mr. Strachey?«

»Ja, das werde ich.«

»Seine Biografie?«

»Nun, das möchte ich nicht versprechen, aber ... sicher ... etwas.«

»Wollen wir uns nicht setzen?« Diesmal folgt Strachey ihrer Aufforderung, und nach einer kurzen Pause fährt sie fort: »Die Ärzte dachten, es sei Malaria, aber dann war es Typhus. Die Medikamente schlugen nicht an, und Thoby verlor sein Gehör. Ich war bei ihm, als er starb.«

»Mmh!«

»Früher war Thoby ein dicker kleiner Junge, der aus seiner Jacke platzte.«

»So?« Strachey lächelt.

»Als er 14 war, bekam Vater einen Brief von seinem Internat. Sie schrieben, Thoby habe versucht, sich aus dem Fenster zu stürzen. Er wollte sterben. Ich sollte das nicht wissen, aber ich hörte, wie Vater mit Mutter darüber sprach. Warum wollte er sterben? Ich hatte nie den Mut, ihn danach zu fragen.«

»Sie konnten diesen Mut nicht haben, Miss Stephen.

Nicht als Kind. Niemand von uns hätte diesen Mut haben können. Wir haben alle daran gedacht – in diesem Alter und viele Jahre lang. Daran, ans Sterben, an Selbstmord, meine ich. Ich bin sicher, dass Sie auch daran gedacht haben. Und es wäre nur konsequent gewesen, es auch zu tun. Denn darauf läuft die viktorianische Erziehung doch hinaus: Das Lebendige wird getötet, und das Sprechen über diesen Vorgang ist mit einem Tabu belegt. Verstehen Sie jetzt, warum ich die Viktorianer hasse? Eine sterile und destruktive Generation. Aber in ihrem Selbstbild waren sie das weiße Lamm. Sie rannten herum im Bewusstsein ihrer eigenen Unschuld und feierten sich dafür.«

»Ich weiß nicht. Ich glaube, Thoby hasste niemanden. Er interessierte sich für Vögel, wissen Sie. Er zeichnete sie.«

»Sie haben uns das genommen, Miss Stephen. Wir haben keine Sprache für den Tod. Aber ich habe angefangen, Worte zu sammeln, Worte und Sätze. Ich trage sie ein in ein kleines Buch, unter *T* wie *Tod*.«

»Hatten Sie jemals Angst davor, verrückt zu werden, Mr. Strachey?«

»Ich weiß nicht. Wieso Angst?«

»Angst, verrückt zu werden.«

»Verrückt ... Ja, das ist so ein Wort – eines ihrer vielen Worte, mit denen sie versuchen, das Leben in einen Käfig zu sperren. Aber was bedeutet es? Verrücktheit kann auch heißen, sich im Zustand der Liebe zu befinden, oder nicht? Was könnte in den Augen der Welt verrückter sein als die Liebe? Oder die Ekstase? Es ist die Ekstase, auf die es ankommt, nicht wahr? Mit viktorianischen Augen gesehen ist das natürlich verrückt. Oder die Literatur! Sind nicht alle Künstler verrückt? Alle Schriftsteller? Alle Liebenden? Alle wirklichen Menschen?«

»Ich meine etwas anderes. Ich meine, dass ich Menschen sehe, die schon lange gestorben sind. Ich kann sie sprechen hören.«

»In der Antike wäre eine Verbindung in das Totenreich kein Grund gewesen, jemanden für verrückt zu erklären, Miss Stephen. Selbst ausdrückliche Verrücktheit oder Wahnsinn wurde nicht überall und zu allen Zeiten verachtet, sondern teilweise sogar hoch geschätzt. *Theia mania*, die göttliche Verrücktheit, war nach Plato die Quelle der menschlichen Liebe und der dichterischen Inspiration. Kennen Sie Vergils Eklogen? *Carmina vel coelo possunt deducere lunam. Die Lieder vermögen sogar den Mond vom Himmel zu holen.* Das ist aus der 8. Ekloge. Ich würde es so übersetzen: Alle Dichter, alle Sänger, alle Künstler, alle Liebenden haben mit dem Mond zu tun. Mit Luna. Sie sind also im Wortsinne Verrückte. *Lunatics.* Verstehen Sie, Miss Stephen, was ich damit sagen will? In meinen Augen gibt es absolut keinen Grund, den Wahnsinn zu verachten. Vielleicht ist Wahnsinn heute sogar die einzig mögliche Antwort auf den Viktorianismus, der mit dem Tod der Namensgeberin ja nicht verschwunden ist, sondern der, wenn ich mich einmal so ausdrücken darf, mit seiner bigotten Moral immer noch die Gesellschaft vergiftet.«

»So habe ich das noch nie gesehen, Mr. Strachey.«

»Lytton, bitte nennen Sie mich doch Lytton, Miss Stephen. Virginia, wenn du erlaubst?«

»Aber ja.«

»*Quelle joie!* Und wenn ich einen Vorschlag machen dürfte, Virginia: Ein Abendessen wäre jetzt wirklich wundervoll!«

10

Dezember 1906. Sie nimmt Lyttons schwarz gewordene Veilchen aus der blauen Vase mit dem Goldrand, wickelt sie in ein Stück Zeitung und legt sie in einen Korb. Mit dem Korb über dem Arm verlässt sie das Haus, wendet sich Richtung Russel Square und Covent Garden und läuft zur Hungerford Bridge. Es ist noch hell, aber am Londoner Abendhimmel sind schon einzelne blasse Sterne zu sehen. Sie lehnt sich an das Geländer der Brücke, sieht auf den in sein steinernes Bett eingesperrten Fluss, sieht auf das unruhige, dunkle Wasser, das in schweren Wellen ans Ufer schwappt. Sie wirft die Veilchen in den Fluss. Die Strömung treibt sie fort, auf die andere Seite der Brücke. Auf dem Rückweg, direkt vor der Kirche St.-Martin-in-the-Fields, ist die Straße plötzlich seltsam still. Als hielte die Welt den Atem an. Und doch ist da etwas: Eine riesige Energie, die in dieser Stille verborgen ist, die sie spüren kann, deren Rauschen sie hören kann, die sie sogar sehen kann in der Gestalt eines schäumenden, bisher unterirdischen Flusses, der plötzlich sichtbar geworden ist, weil der feste Straßenuntergrund sich verwandelt hat in eine halb kaputte, aus Brettern roh gezimmerte Baustellenbrücke.

II

Am Gordon Square Nr. 46, hinter der zinnoberroten Tür, wohnen jetzt Vanessa und Clive Bell, während Adrian und Virginia Stephen, zehn Fußminuten entfernt, ein Haus am Fitzroy Square Nr. 29 bezogen haben. Für das Wohn- und Empfangszimmer im ersten Stock hat Virginia rote Brokatvorhänge genäht und eine kleine Sesselgruppe um den Kamin zusammengestellt. Über dem Kamin hängen die goldgerahmten Watts-Porträts der Eltern in Öl, und neben der Tür, den beiden Sprossenfenstern direkt gegenüber, steht jetzt Adrians Pianola, für das er schon aus halb Europa Notenrollen angeschleppt hat. Das Haus am Fitzroy Square bietet genügend Platz, um sich aus dem Weg zu gehen, aber bei den Mahlzeiten gibt es jetzt oft Streit, weil Adrian sich nach Thobys Tod und Vanessas Heirat plötzlich als Familienoberhaupt fühlt und die Fantasie entwickelt hat, eine der Pflichten, die ihm seine neue Rolle auferlege, sei es, seine ältere Schwester Virginia möglichst bald zu verheiraten.

Adrian ist groß, dünn und ungeschickt. Er hat ein lang gezogenes Gesicht und kein gewinnendes Wesen. Die meisten halten ihn entweder für schwierig oder für einen Unglücksraben. Als Kind war Adrian nicht nur das Nesthäkchen der Familie, sondern auch der Liebling der Mutter. Als sie starb, war er elf, jetzt ist er über 20. Trotzdem hat er immer noch etwas an sich von einem unglücklichen, verlassenen Kind, das seinen Platz im Leben nicht finden kann. Wie absurd, dass er sich berufen fühlt, seiner älteren Schwester den ihren zuzuweisen, findet Virginia. Die Folge sind endlose Diskussionen und Streitereien: »Warum sollte ich heiraten, Adrian? Wie kommst du auf eine so absurde Idee? Ich habe gar keine Lust dazu. Die Ehe ist für Frauen eine erniedrigende Angelegenheit, findest du nicht? Die Frau muss ihren Namen aufgeben, wenn sie heiratet, und damit ihre Persönlichkeit. Sie soll in der Persönlichkeit ihres Mannes aufgehen, heißt es, oder sogar, sie soll in ihrem Ehemann untergehen. Sie kann nicht mehr ohne Weiteres über ihr eigenes Geld verfügen. Überdies wird von ihr auch noch erwartet, dass sie die Ehe als ihren Beruf auffasst. Kein Mann würde es auch nur in Erwägung ziehen, sich freiwillig in eine solche Lage zu begeben. Und eine Frau von Selbstachtung sollte das auch nicht tun, finde ich.«

»Du redest Unsinn, Ginia. Du stehst auf Kriegsfuß mit der ganzen Welt. Du lehnst die Ehe ab. Wie kann man nur gleichzeitig so heftig und so schüchtern sein. Wie willst du jemals einen Mann finden, der das aushalten kann? Ich finde wirklich, du solltest allmählich ans Heiraten denken. Ich jedenfalls tue das. Und wenn ich heirate, was soll dann aus dir werden? Du bist nicht einmal in der Lage, ein Stück Kuchen zu kaufen oder einen Stift oder eine Theaterkarte, ohne dass irgendetwas passiert, ohne dass du alles fallen lässt oder dein Geld vergessen hast oder irgendeine Katastrophe heraufbeschwörst. Wie willst du allein zurechtkommen? Überleg' dir das mal.«

»Warum hörst du mir nicht zu? Du kannst ja heiraten, aber ich werde das nicht tun. Ich will Schriftstellerin werden. Eine Schriftstellerin darf nicht in einem Mann untergehen. Sie muss ihren Namen behalten und ihre Persönlichkeit. Wer sonst sollte ihre Bücher schreiben, wenn sie ihre Persönlichkeit aufgegeben hat? Kannst du mir das sagen? Und wie kommst du überhaupt dazu, mir Ratschläge zu geben? Du weißt doch noch nicht einmal, für welchen Beruf du dich entscheiden sollst. Willst du jetzt bei der Rechtswissenschaft bleiben, oder nicht? Wenn ja, willst du Anwalt werden oder Verwaltungsbeamter? Was ist dein Ziel? Oder willst du doch lieber Schauspieler werden? Und was ist mit dieser Idee mit dem Medizinstudium? Oder hast du schon wieder neue Pläne? Siehst du, du weißt es nicht. Natürlich musst du heiraten, wenn du noch nicht einmal in einer so wichtigen Sache allein eine Entscheidung treffen kannst. Ich aber weiß in allen wichtigen Dingen, was ich will. Ich weiß zum Beispiel, welchen Beruf ich ergreifen will, und schwanke da nicht hin und her wie ein Blatt im Wind. Ich möchte Schriftstellerin werden und tue alles, was ich kann, um das zu erreichen. Ich möchte vom Schreiben leben. Das habe ich zum Teil sogar schon geschafft. Ich schreibe Rezensionen für das *Times Literary Supplement*. Ob ich manchmal einen Schirm fallen lasse oder mein Portemonnaie vergesse, ist dagegen eine Nebensächlichkeit. Du solltest dich lieber um deine Dinge kümmern, Adrian, und die meinen mir überlassen. Du machst keinen glücklichen Eindruck auf mich, und ich weiß nicht, wie ich dir dabei helfen kann, das zu ändern. Und umgekehrt ist es genauso. Auch du kannst mir nicht dabei helfen, glücklich zu sein.«

Adrian sieht sie an mit einem langen Blick, den sie nicht deuten kann. Schließlich räuspert er sich und sagt: »Du bist so verdammt intelligent, Ginny, und gleichzeitig bist du so unendlich dumm, weltfremd und naiv. Du machst dir das Leben schwer und deiner Umgebung auch. Du misstraust denen, die es gut mit dir meinen. Und du weigerst dich, die Dinge so wahrzunehmen, wie sie sind.«

»Du kannst von mir halten, was du willst, Adrian, aber hör auf, mir zu sagen, ich solle heiraten. Ich finde es widerlich.«

12

Sie sitzen am Kamin. Vanessa, aufrecht, in einem selbst genähten bunten Kleid, in ihrem roten Lieblingssessel, das Strickzeug in der Hand. Sie ist inzwischen schwanger und Virginia überlegt, wie sie ihren Gesichtsausdruck beschreiben würde. Geistesabwesend glücklich?

»Willst du denn keine Kinder haben, Ginia?«, fragt Nessa nach einer Weile wie nebenbei.

»Ja, vielleicht werde ich das irgendwann wollen, Nessa, aber zum jetzigen Zeitpunkt weiß ich das noch nicht. Wenn die Zeit gekommen ist, also wenn ich tatsächlich irgendwann einmal gezwungen sein sollte zu heiraten oder den Wunsch haben sollte zu heiraten, werde ich anfangen, darüber nachzudenken. Aber auch in diesem unwahrscheinlichen Fall käme für mich als Ehemann nur ein einziger Mann infrage, und dieser Mann ist Lytton. Lytton würde mich niemals zwingen, die Ehe zu meinem Beruf zu machen, und er ist der Einzige, von dem ich das weiß. Er wird mir allerdings auch keinen Antrag machen, denn er lehnt wie ich die Ehe ab, und deshalb werde ich unverheiratet bleiben – und vermutlich auch kinderlos.«

»Natürlich wäre mir Lytton als Schwager lieber als irgendjemand sonst, Ginia, aber wie du selbst eben schon gesagt hast: Es ist höchst unwahrscheinlich, dass es dazu kommt. Es sei denn, er heiratet Adrian. Du denkst, Lytton sei der perfekte Freund für dich, und in gewisser Weise ist er das auch. Nur ist er eine Freundin. Du solltest dir also jemanden suchen, der auch infrage kommt. Verstehst du, was ich damit sagen will?«

»Ich verstehe sehr gut, was du damit sagen willst, Nessa, aber ich glaube nicht, dass du selbst dich von so einem Hindernis abschrecken lassen würdest. Du gibst mir Ratschläge, würdest aber selbst ganz anders handeln.«

»Es geht hier nicht um mich, Ginia. Ich werde immer zurechtkommen. Aber du nicht! Das ist der entscheidende Unterschied zwischen uns. Willst du denn auf alles verzichten, was das Leben lebenswert macht? Ist eine blutleere Beziehung mit Lytton wirklich das Einzige, was du dir vorstellen kannst? Willst du kein Leben als Frau? Willst du wirklich nur schreiben?«

»Willst du damit sagen, dass dein Leben lebenswerter ist als meins, nur weil du schwanger bist?«

Nessa sieht verletzt aus. Sie antwortet nicht, geht in die Küche und setzt einen weiteren Kessel Teewasser auf.

13

Traum: Der Himmel ist schwarz von Vögeln. Glänzende, gefiederte Körper mit angelegten Flügeln stürzen zur Erde, wie dunkle Geschosse, wie schwarzer Regen.

Es ist Donnerstagabend. Sie sitzen in Adrians Räumen im Erdgeschoss, zwischen seinen Bücherregalen. Clive und Saxon zünden ihre Pfeifen an, und Virginia wartet auf eine Gelegenheit, mit Lytton ins Gespräch zu kommen, den sie endlich nach dieser Swift-Woolf-Geschichte fragen will. Lytton wippt, halb liegend, in seinem Korbstuhl hin und her, während er zwischen seinen Händen ein mit Whisky gefülltes Glas mit Goldrand dreht. Zu seinen Füßen, auf dem blauen Teppich, lagert Vanessa in einem weit geschnittenen, weißen Kleid. Neben ihr sitzt, in blauen Hosen, mit gekreuzten Beinen, einer ihrer Malerfreunde, der jetzt Lytton ansieht und mit einer trockenen, flachen Stimme sagt: »Die dichterische Form gibt uns oft Rätsel auf, Mr. Strachey, nicht wahr? Aber ich glaube trotzdem, dass die Dichtkunst die klarste Ausdrucksform menschlicher Gedanken ist. Würden Sie mir da zustimmen?«

Die Frage bleibt einen Moment in der Luft hängen. Dann bringt Lytton seinen Sessel zur Ruhe, richtet sich auf und fragt mit seiner hohen Stimme: »Wer sind Sie? Und warum reden Sie über Dinge, die Sie nichts angehen und von denen Sie nichts verstehen?«

Gegen halb elf erscheint ein Gast aus dem Adelsmilieu: Lady Ottoline Morrell – nichts weniger als eine Erscheinung mit ihrem Kleid aus mehreren Lagen raschelnder Seide, dem wagenradgroßen Hut und dem grellweiß geschminkten Gesicht. Weil es keinen freien Stuhl mehr gibt, bietet Virginia ihren Korbsessel an, setzt sich zu Vanessa auf den Teppich und wendet sich an den neuen Gast: »Sie sehen so eigen- und einzigartig aus, Lady Ottoline. Sie haben so etwas Distinguiertes an sich. Was verschafft uns die Ehre, dass Sie sich hier niederlassen, inmitten unseres Pfeifenqualms und unserer ungeputzten Schuhe?«

Lady Ottoline reagiert mit einem Lächeln, das ihre Mundwinkel nicht erreicht. Vielleicht ist es auch nur ein Glitzern in den Augenwinkeln. »Das ist also die berühmte Bloomsbury-Gruppe, Miss Stephen – Virginia, ich darf Sie doch so nennen, nicht wahr? Und bitte nennen Sie mich Ottoline.« Mit langen, beringten Fingern wedelt sie den Tabakqualm weg, der das Zimmer durchzieht. Sie nimmt eine Zigarette aus ihrem goldenen Etui und hält es Virginia hin. »Wissen Sie, Virginia, ich möchte Sie wirklich sehr gerne näher kennenlernen. Ja, ich habe sogar die Hoffnung, dass wir uns vielleicht anfreunden könnten. Was meinen Sie? Werde ich meine Chance bekommen? Möchten Sie eine Zigarette?«

Inzwischen haben zwei weitere Neuzugänge der Donnerstagsrunde auf dem kleinen Samtsofa Platz genommen: Duncan Grant und Maynard Keynes. Sie flüstern und kichern und beziehen die anderen nicht mit ein. Duncan hat sein Atelier ein paar Häuser weiter, in der Nummer 22, und studiert wie Vanessa Malerei. Er ist einer von Lyttons vielen Cousins, ein bisschen jünger als der Rest der Gruppe, und die Meinungen über ihn sind geteilt: Adrian sieht es als seine Aufgabe an, seinen neuen Freund, der kaum Geld hat und jeden Tag an sein Fenster klopft, mit Kleidung und Essen zu versorgen. Clive behauptet, Duncan sei so dumm, dass er nicht bis drei zählen könne, leiht ihm aber jeden Tag Geld für den Bus und beschwert sich nie, wenn er es nicht zurückbekommt. Vanessa sieht in Duncan ein Genie. Virginia findet Duncan langweilig. Lytton ist hoffnungslos in Duncan verliebt. Duncan ist von einer dunklen, faunischen Schönheit und hat den Ruf, ein fantastischer Tänzer zu sein. In der vergangenen Woche hat er (kostümiert als Torero) auf einer Party mit Lytton (kostümiert als Spanierin) Flamenco getanzt. Er tanzte barfuß, erfand immer neue Schritte, aber dann verfing sich sein Fuß in Lyttons Schleppe, beide fielen zu Boden, Duncan lachend, Lytton vollkommen hilflos und bestürzt. Duncan läuft in geschenkten, zu großen Hosen herum, benutzt einen Strick als Gürtel, taumelt von Party zu Party, röstet seinen Toast in einer Pfanne über dem offenen Kaminfeuer, zieht mit einem verrückten Priester um die Häuser, der mit wilden Grimassen die

Leute erschreckt, und nimmt nichts ernst außer seiner Malerei. Clive zufolge soll Duncan zu Lytton gesagt haben, Virginia Stephen zu heiraten, sei ein Gedanke, der ihm gefallen könne. Er soll noch hinzugefügt haben: *Das könnte Spaß machen.*

Während Duncan eine Atmosphäre von Leichtigkeit, Vergnüglichkeit und Unbekümmert um sich verbreitet, so tritt ein eher gegenteiliger Effekt ein, wenn Maynard hereinkommt – und mit ihm das energetische Feld, in dem er sich bewegt. Niemand würde hinter Maynards weißem, weichem Gesicht mit den dicken Lippen und den leicht hervorquellenden Augen den furchterregenden, kalten, scharfen Intellekt vermuten, über den er verfügt und der Virginia unsympathisch ist. Maynard ist kein schöner Mann, aber auf einem Bild, das Duncan von ihm gemalt hat, ist er schön. Er hat in Cambridge bereits einen Lehrstuhl in Aussicht, und an diesem Abend ist er, seit er gekommen ist, vertieft in sein Zweiergespräch mit Duncan. Beide umschließt ein Kreis, der andere ausschließt, was Lytton nicht davon abhält, seinen Korbstuhl zu verlassen, sich vor Duncan mit gekreuzten Beinen auf den Teppich zu setzen und zu fragen: »Duncan, wann fahren wir denn nun nach Paris? Wie wäre es mit nächste Woche Freitag?«

»Nächste Woche Freitag?«, fragt Duncan, als erwache er gerade aus einem Traum. »Ja, möglicherweise ist das eine gute Idee. Aber sei mir bitte nicht böse, Lytton, ich weiß es einfach noch nicht so genau. Ja, vielleicht machen wir das. Aber ich bin mir eben noch nicht ganz sicher. Möglicherweise kann ich auch erst später fahren oder erst mal gar nicht, ich habe das Geld noch nicht zusammen, weißt du, aber«, und hier lächelt er, »es kann auch sein, dass ich, wenn überhaupt, diesmal mit Maynard fahren werde«, und dann wendet er sich wieder Maynard zu und fragt: »Könntest du dir vorstellen, mitzukommen nach Paris? Das könnte Spaß machen. Meinst du nicht? Wir könnten Virginia mitnehmen.«

Virginia ist, zumindest in ihren eigenen Augen, nicht der Typ für Erleuchtungen, aber jetzt ist da plötzlich diese Erkenntnis: Sie wird Lytton nie etwas sein können. Doch dann merkt sie, dass sie ihrer Erleuchtung nicht glaubt. Denn wäre es nicht unsinnig anzunehmen, dass ein Kuss und ein in rotes Leder gebundenes Buch nichts bedeuten?

14

Traum: Eine Senke in einer Hügellandschaft. Ein kleiner schlammiger Teich. Plötzlich schießt wie eine Fontäne ein riesiges Krokodil aus dem Wasser. Es springt senkrecht nach oben und verharrt für einen Moment reglos in der Luft. Das Krokodil ist gleichzeitig abgrundtief hässlich und unglaublich schön.

Sie trägt eine helle Bluse und einen dunklen Rock, hat die langen Haare lose am Hinterkopf festgesteckt und sitzt in einem der beiden Strandkörbe, aus denen Lytton vor wenigen Minuten ein älteres Ehepaar vertrieben hat.

»Wie hast du das gemacht? Was hast du ihnen gesagt?«

»Ich habe ihnen gesagt, der Premierminister habe diese Strandkörbe reserviert, und es sei meine Aufgabe, diese für ihn freizuhalten.«

Von einem Straßenverkäufer haben sie Kirschen gekauft, und weil es komisch aussieht, wie Lytton, korrekt gekleidet in Anzug, Weste, Hemd und Krawatte, sich übertrieben zelebrierend die erste Kirsche in den Mund schiebt, brechen sie plötzlich in Gelächter aus. Sie sitzen Knie an Knie, es riecht nach Holz, Blumen, Gras und Sommer, und als das Gelächter in einem albernen Kichern verebbt, fangen sie an, sich gegenseitig mit den Kirschen zu füttern.

Ein Eisvogel fliegt auf, beide wenden gleichzeitig den Kopf, und Lytton sagt: »Habe ich dir eigentlich schon erzählt, Virginia, wie ich letzte Woche ganz allein in diesem Gasthaus in Wiltshire war? Die einzigen anderen Gäste waren einige Golfer und Jäger. Stell dir ihre Langsamkeit vor, ihre grünen Hosen, ihre Albernheit und den ganzen Pomp ihrer fragwürdigen Erscheinung. Sie unterhielten sich über Grausamkeit und Sport: ›Ich tröste mich damit, dass auch die Tiere selbst sehr grausam sind‹, sagte der Dickste von ihnen, der ein kariertes Jackett trug und eine goldene Uhr an einer Kette, ›natürlich nicht die Hirsche, aber sehen Sie sich das Wiesel an.‹ Ich schrie vor Lachen.«

»Was hast du da gemacht?«

»Ja, was habe ich da gemacht? Ich weiß gar nicht so richtig, was ich da gemacht habe. Vermutlich wollte ich allein sein und nachdenken, und dann habe ich mich gefragt, ob ich nicht in Wahrheit ein Mann des 18. Jahrhunderts bin.«

»Was meinst du damit?«

»Nun, ins falsche Jahrhundert geboren zu sein, bedeutet, dass dir in der Gegenwart nichts gelingen kann. Du weißt ja, es wird von mir erwartet – und mir scheint, alle tun das, sogar ich selbst –, jetzt endlich ein großes Werk zu beginnen, einen relevanten Roman. Sie treiben mich an: *Los, Lytton, fang endlich an.* Und das sagt auch die Stimme in meinem Kopf. Ich weiß nicht, wie ich es erklären soll, aber ich glaube, das Problem ist, dass es mir einfach nicht gelingen will, die Literatur, die Kunst und dieses ganze Zeug wirklich ernst zu nehmen. Nein, ich rede Unsinn. Natürlich nehme ich die Kunst und die Literatur ernst, aber, ich glaube, nicht so, wie ein Künstler das tun würde.«

»Wie würde ein Künstler das denn tun?«

»Nun, ich will dir ein Beispiel geben, wie er es nicht tun würde: Ich entwerfe einen Roman in meinem Kopf, morgens, im Bett, vor dem Aufstehen, das ist ganz leicht, und ich nehme mir ernsthaft vor, das alles aufzuschreiben und sofort nach dem Frühstück damit anzufangen. Das tue ich dann auch, ich fange an, aber fast gleichzeitig beginne ich, mich mit meiner Geschichte und meinen Figuren zu langweilen, und dann höre ich wieder auf. Was sagst du dazu?«

»Ich glaube, es ist wichtig, trotz aller Selbstzweifel einfach weiterzumachen, vielleicht sogar wie besessen, vielleicht sogar wie verrückt.«

»Aber was ist, wenn es sich hier um einen Irrtum handelt? Wenn das Schreiben keineswegs meine Begabung oder gar Berufung ist, auch wenn ich nicht weiß, was ich sonst tun sollte?«

»Aber entsteht Berufung nicht durch das, was du tust und was du willst? Und du tust doch das, was du willst: Du schreibst.«

»Es ist alles richtig, was du sagst, Virginia. Aber das Problem ist: Ich bin mit dem, was ich tue, mit dem, was ich journalistisch schreibe, nicht zufrieden. Es ist Welten entfernt von dem, was ich möchte.«

»Aber du kannst vom Schreiben leben. Der Journalismus muss ja nicht das Ende sein. Er kann auch der Anfang sein von etwas.«

»Weißt du, Virginia, ich glaube, Menschen wie wir können nur leben, wenn sie bereit sind, alle Selbsttäuschungen aufzugeben. Doch bin ich dazu bereit, frage ich mich? Werde ich, sollte mir die Kraft zur Erreichung meiner Ziele fehlen, wenigstens die innere Größe haben, mir das einzugestehen? Ich habe oft das Gefühl, von meinem eigenen Anspruch zermalmt zu werden. Aber es ist mir unmöglich, diesen Anspruch aufzugeben.«

»Warum solltest du das auch tun?«

»Du hast recht. Warum sollte ich? Rein theoretisch besteht ja immer noch die, zugegebenermaßen äußerst vage, Möglichkeit eines künstlerischen Triumphs.« Lytton sieht sie an. »Wie schade«, murmelt er, »dass du ...«

»Dass ich was?«

»Ach, nichts.«

15

Dezember 1907. Es ist kurz vor Weihnachten, und sie treffen sich am Serpentinenteich im Hyde Park. Adrian hat eine grüne Wolldecke mit Tartanmuster auf die vereiste Parkbank gelegt, damit sie sich dort hinsetzen und die Schlittschuhe anziehen können. Nicht weit von der Bank dreht ein alter Mann die Kurbel eines kleinen, altmodischen Leierkastens, aus dem ein Walzer nach dem anderen scheppert. Lytton trägt den schweren silbernen Fuchspelzmantel seiner Mutter samt passender Pelzmütze und behauptet, allein diese Kleidung sei mit den Anweisungen seines Arztes vereinbar gewesen. Im Übrigen habe schon der deutsche Shakespeare-Verehrer Goethe im 18. Jahrhundert beim Schlittschuhlaufen den mit goldenen Schnüren und Quasten verzierten roten Samtpelz seiner Mutter getragen. Dass er damit eine Tradition begründet habe, verdanke sich allerdings nur dem Zufall, dass an diesem Tag eine Zeichnung von ihm angefertigt worden sei: Der Dichter auf dem Eis, in Damenpelz und hohen Stiefeln, die behandschuhten Hände vor der Brust gekreuzt, erhobenen Hauptes, ein Götterjüngling, bewundert und begehrt, sowohl von jungen Frauen als auch von jungen Männern. Eine Kopie dieser Zeichnung sei auf verschlungenen Wegen in die Hände Lord Byrons gelangt und habe diesen dazu bewogen, endlich einen der vielen Briefe Goethes zu beantworten, woraus ein kurzer Briefwechsel entstanden sei, der – möglicherweise – die Werke beider Männer beeinflusst habe. Er selbst berufe sich aber, wie gesagt, ausschließlich auf seinen Arzt.

Virginia und Lytton rutschen über die buckelige, freigefegte Eisfläche, laufen los, Hand in Hand, versuchen ungeschickt, sich dem Rhythmus der Musik anzupassen.

»Mir scheint, wir haben unsere Körper am Ufer zurückgelassen und nur unsere Schatten mitgenommen, als wir das Abenteuer eingingen, uns auf diesen See zu wagen«, kommentiert Lytton.

»Unsere Schatten und unsere Seelen. Kannst du sie sehen, hinter der Bank, unter den schneebedeckten Büschen?«

»Ich glaube nicht, dass ich in der Lage bin, Seelen zu sehen.«

Endlich gelingt ihnen ein ruhiges Dahingleiten, wenn auch ohne Eleganz und nicht ganz synchron. Lytton in seinem viel zu großen Pelzmantel zieht alle Blicke auf sich.

»Schau dir den Herrn im grauen Mantel an, Virginia«, keucht er, denn inzwischen sind sie bereits zwei Runden gelaufen, »ein mittlerer Verwaltungsbeamter, würde ich sagen. Nun, mein Anblick scheint ihn wirklich zu schockieren. Falls er mich anspricht und nach meinem Namen fragt, würdest du mir helfen, mich zu verleugnen?«

Adrian zieht an ihnen vorbei, lachend, in hohem Tempo, den Kopf in den Nacken geworfen, eingehüllt in mehrere Lagen warmer Kleidung, um den Hals einen dicken blauen Schal, die Hände in überdimensionalen Lammfellhandschuhen, auf dem Kopf Sir Leslies mottenzerfressene Fellkappe mit Ohrenklappen. Dicht hinter ihm läuft Duncan, der nichts trägt als Hose und Pullover. Vor lauter Lebensfreude macht er beim Überholen einen wilden Sprung, um dann in der Kurve mit atemberaubender Eleganz zu übersetzen. Lytton versucht, sein Tempo anzuziehen, stolpert, lässt Virginias Hand los und stürzt mit einem Schrei aufs Eis.

16

Lieutenant-General Sir Richard Strachey, geboren 1817, Vater von 13 Kindern, Großmeister des Ritterordens Stern von Indien, ist am 12. Februar 1908 im Alter von 90 Jahren verstorben, und Virginia und Adrian haben Lytton und seine Mutter an den Fitzroy Square eingeladen. Lady Strachey erscheint in einem hochgeschlossenen knöchellangen schwarzen Kleid mit gerüschten Ärmeln. Die kurzen eisgrauen Haare trägt sie in Wellen gelegt und streng in der Mitte gescheitelt. Der Tee wird im Salon serviert. Adrian, Virginia, Lytton und Lady Strachey sitzen unter den goldgerahmten Watts-Porträts von Sir Leslie und Julia Stephen, trinken heiße Schokolade und Orangenlikör, essen trockenen Teekuchen und knabbern Gebäck.

»Wie geht es Ihnen, Lady Strachey?«, fragt Virginia.

Lady Strachey sucht ihre kleine Metallbrille, setzt sie auf, runzelt die Stirn und sagt: »Es geht mir, wie es einer Frau geht, die von ihrem Mann verlassen wurde, liebe Virginia.« Sie nimmt einen Schluck von ihrer Schokolade und setzt die Brille wieder ab.

»Es tut mir so unendlich leid. Was haben Sie denn jetzt vor, Lady Strachey?«

»Nun, als Erstes möchte ich dieses riesige, unbequeme und teure Haus aufgeben. Ein kleineres, moderneres, bequemeres Haus wäre schon mal eine Erleichterung. Vielleicht in Hampstead. Ein bisschen raus aus der Stadt. Es gibt dort mehr Grün, und die Mieten und Immobilienpreise sind dort viel niedriger als in London. Nicht wahr, Lytton?«

Lady Strachey greift nach ihrer Tasse. Verfehlt sie. Die Tasse steht in einer schwappenden Pfütze. Sie versucht es noch einmal und nimmt einen Schluck Schokolade. Lytton, mit einem Gesichtsausdruck völliger Ergebenheit, nickt, sagt aber kein Wort. Im nächsten Moment scheint Lady Stracheys Interesse an der eben erst begonnenen Unterhaltung auch schon wieder erloschen zu sein. Abrupt steht sie auf und beginnt, die tropfende Tasse in der Hand, sich mit ihrem Stock mühsam und ziellos durch das Zimmer zu bewegen, wobei sie leise vor sich hinspricht: »Rich war ein so gut aussehender Mann«, murmelt sie. »Leider war er ein Mann des Militärs. Ich habe alles Militärische immer verabscheut. Und er war schon 42, als wir heirateten. Wir passten nicht zusammen. In geistiger Hinsicht trennten uns Abgründe. Und trotzdem fehlt er mir jetzt so sehr.« Als sie sich Richtung Treppe wendet, steht Adrian auf, um ihr nachzugehen.

»Weißt du, als ich ein kleines Kind war«, sagt Lytton, als

Virginia und er nun für einen kurzen Moment allein sind, »da bin ich oft zu meiner Mutter gerannt und habe sie so heftig umarmt und so ungestüm geküsst, wie ich nur konnte. Glaubst du, dass ich in meinem Leben noch einmal in der Lage sein werde, einen anderen Menschen so sehr zu lieben? Mit so wilder Leidenschaft und so vielen Tränen?«

In diesem Moment kommt Lady Strachey, die noch auf der Treppe wieder umgekehrt ist, zurück in den Salon, die tropfende Tasse in der Hand, gefolgt von Adrian. Vor dem Porträt von Sir Leslie bleibt sie stehen, betrachtet eindringlich das christusähnliche, bleiche, längliche Gesicht, das lange Haar, den rotbraunen Feuerbart. Mehrmals wandert ihr Blick suchend zwischen dem Bild und ihrem Sohn hin und her. Mit einem verwirrten Gesichtsausdruck wendet sie sich schließlich ab und bewegt sich langsam Richtung Fenster. Sie zieht die roten Vorhänge zu, murmelt etwas von ihren Augen, setzt sich, nimmt die Unterhaltung wieder auf, als sei diese nie unterbrochen gewesen, erzählt weiter von ihren Plänen, nach Hampstead zu ziehen, womit nicht alle Kinder einverstanden seien, um sich eine Viertelstunde später mitten im Satz selbst zu unterbrechen und Lytton zu bitten, sie nach Hause zu bringen.

17

Zwei Wochen später klopft die Hausangestellte Maude nachmittags an Virginias Zimmertür. Unangemeldeter Besuch sei gekommen, berichtet sie: Lady Jane Maria Strachey.

Virginia lässt aus der Küche Tee und Kuchen bringen und empfängt Lyttons Mutter im Salon. Noch bevor die Besucherin den ersten Schluck Tee genommen hat, bringt sie das Gespräch auf die Frauenbewegung. Ob Virginia schon einmal über das britische Wahl-Unrecht nachgedacht habe, fragt sie. Ob es sie nicht störe, dass sie in ihrem eigenen Land ein *Bürger* zweiter Klasse sei? Dass in der englischen Sprache, in der das Wort *Mann* identisch mit dem Wort *Mensch* sei, eine weibliche Form des Wortes Bürger nicht existiere? Dass weibliche Bürger, von denen sie nicht gewählt wurden, für die hochnäsigen, ausschließlich männlichen britischen Politiker keine Rolle spielten? Das heißt, als Steuerzahlerinnen natürlich schon. *Taxation without representation!* Ein Widerspruch, der von den sogenannten Volksvertretern konsequent ignoriert werde. Sei ihr, Virginia, eigentlich bewusst, dass sie allein wegen ihres Geschlechts vom politischen Wahlrecht ausgeschlossen sei, von einer der grundlegendsten Errungenschaften der Demokratie? Lady Strachey stellt Fragen über Fragen, scheint aber vorerst keine Antworten zu erwarten. Die Frauenrechtsbewegung, doziert sie, sei die wichtigste soziale Bewegung des 20. Jahrhunderts. Sie könne nicht scheitern. Sie sei eine weltweite Bewegung *mit* der Geschichte. Aber jetzt sei es notwendig, den Druck zu erhöhen. Die Frauenbewegung müsse eine Massenbewegung werden. Besonders in England. Jede helfende Hand sei willkommen. Das Beschriften, Frankieren und Zukleben von Briefen des Frauen-Stimmrechtsverbandes sei zum Beispiel eine völlig harmlose und ungefährliche Form des Engagements. Auch ihre Kinder Pippa, Pernel, Majorie und Lytton hätten sie schon in dieser Weise unterstützt. Ob Virginia nicht vielleicht …? Der Aufwand sei nicht groß.

Virginia fühlt sich überfahren, lehnt *für den Moment* ab, erbittet Bedenkzeit und beginnt, um das Thema zu wechseln, Lady Strachey Fragen nach ihrem Leben zu stellen, welche diese bereitwillig beantwortet: Ja, das sei richtig, sie sei tatsächlich auf einem Schiff zur Welt gekommen, und ja, dieses Schiff habe sich nach der Familienlegende zu diesem Zeitpunkt in der Gegend des Kaps der Guten Hoffnung befunden. Ja, auch das sei richtig, sie habe in Indien gelebt und dort einen 23 Jahre älteren Mann geheiratet. Ja, sie habe 13 Kinder geboren. Zehn von ihnen seien noch am Leben. Wichtige Bücher in ihrem Leben? Nun, da sei vor allem John Stuart Mills *The Subjection of Women* zu nennen. Dieses Buch über die *Hörigkeit der Frau* habe ihr Leben verändert. Ob Virginia es kenne. Nein? Aber das sei ja geradezu ein Skandal. Jede Frau müsse dieses Buch gelesen haben. Unbedingt müsse sie es lesen, sie werde es ihr leihen, nein schenken, sie werde es ihr schicken lassen. Sie selbst? Ja, sie selbst habe auch geschrieben, selbstverständlich, nein, nicht nur Kinderbücher, aber auch Bücher für Kinder, zwei, um genau zu sein. Sie wolle aber noch einmal auf Mill zurückkommen: Immer wieder sei ihr in ihrem Leben aufgefallen, wie konventionell, manchmal geradezu archaisch, sogenannte fortschrittliche Männer dächten, wenn es um Frauen gehe. Mill sei da eine absolute Ausnahme.

Ihre eigene Mutter war an Erschöpfung gestorben. So war es ihr jedenfalls gesagt worden. Lady Strachey dagegen schien über eine unendliche Energie zu verfügen. Wenn diese Frau, überlegt Virginia, nicht ihr ganzes Leben lang eingespannt gewesen wäre in ein ausuferndes Familienleben, welche Position (andere Gesetze vorausgesetzt) wäre wohl geeignet gewesen, um ihrer ungeheuren Tatkraft Ausdruck zu verleihen? Bürgermeisterin einer englischen Stadt? Leiterin einer Provinz in Indien? Abgeordnete des britischen Parlaments? So wie es war, beschränkte sich ihre Einflusssphäre auf das Haus Lancaster Gate Nr. 69, ein viktorianisches, wenn auch unkonventionelles, fortschrittliches Haus, in welchem es dem Butler erlaubt war, einen Schnurrbart zu tragen, und den Töchtern, sich an einer Universität einzuschreiben.

Die Besucherin verabschiedet sich ebenso unverhofft, wie sie gekommen ist, das heißt, mitten in der Unterhaltung, und lässt eine ratlose Virginia zurück, die das Gefühl hat, dass der eigentliche Grund dieses Besuchs gar nicht zur Sprache gekommen ist.

18

Eine Woche später fährt Lady Strachey zum zweiten Mal unangemeldet am Fitzroy Square vor. Diesmal eröffnet sie das Gespräch mit der überraschenden Frage: »Was sagen Sie dazu, Miss Stephen, dass mein Sohn Lytton jetzt für den *Spectator* schreibt?«

»Das ist zweifellos eine große Ehre.«

»Ich hätte ihn ja lieber im öffentlichen Dienst gesehen«, fährt Lady Strachey in vertraulichem Ton fort, »und ich kann nicht verstehen, warum sie ihn dort nicht genommen haben. Genau wie damals in Oxford. Es ist mir unerklärlich. Bis heute. In Cambridge haben sie ihn zwar genommen, ihm aber nur ein zweitklassiges Examen gegeben – und seine Doktorarbeit haben sie abgelehnt. Sie wollen ihn nicht als Dozenten am Trinity. Können Sie sich überhaupt vorstellen, Miss Stephen, was das bedeutet? Aber was sie nicht verhindern können, ist, dass Lytton einmal ein großer Autor werden wird. Manche in der Familie werfen mir ja vor, dass ich ihn überschätze und zu sehr bevorzuge.

Sein Bruder Oliver zum Beispiel. Aber das ist nur der Neid. Wissen Sie, Miss Stephen, Oliver neidet Lytton das literarische Leben, das er führt. Oliver hat in Wien Klavier studiert, aber für eine Pianistenkarriere hat sein Talent eben nicht gereicht. Und jetzt ist er unglücklich bei der Britisch-Indischen Eisenbahn. Er findet, dass ich Lytton erlaube, was ich ihm nicht erlaubt habe. Er wirft mir vor, ich hätte seine künstlerischen Bemühungen zu schnell als zweitklassig abgestempelt. Lytton habe seine Erstklassigkeit ja auch noch nicht bewiesen, sagt er, und Lytton bekomme alle Zeit der Welt, während er, Oliver, bereits nach einem halben Jahr von der Familie gezwungen worden sei, sein Klavierstudium aufzugeben. Aber Lytton ist eben ein Künstler und Oliver nicht, das ist der ganze Unterschied. Eine Mutter weiß das. Ich wünschte nur, Lytton würde endlich heiraten«, fährt Lady Strachey mit leiser werdender Stimme fort, »er ist schon Ende 20, und bisher hat es noch keine Frau gegeben, für die er sich ernsthaft interessiert hat. Dabei braucht er dringend jemanden, der für ihn sorgt. Ich werde nicht ewig leben. Verstehen Sie eigentlich etwas von Krankenpflege, Virginia? Ich darf Sie doch so nennen?«

»Sie dürfen mich gerne Virginia nennen, Lady Strachey, selbstverständlich, aber von Krankenpflege verstehe ich leider nichts.«

»Gut, gut, da kann man nichts machen, meine Liebe. Das heißt, vielleicht könnten Sie es lernen? Was meinen Sie?«

19

Bei ihrem dritten Besuch, vier Wochen später, bringt Lady Strachey einen kleinen blauen Karton mit alten Fotografien mit. Nach dem Tee nimmt sie ein Bild nach dem anderen heraus und reicht es Virginia über den Tisch: Lytton als kleiner Junge in kurzen Hosen, um den Hals einen weißen Spitzenkragen, das schulterlange Haar zum Pagenkopf geschnitten; er trägt eine mit großen Messingknöpfen verzierte blaue Jacke, und der Fotograf hat ihn in einen Samtsessel gesetzt. Ein anderes Bild: Lytton als kleiner Junge in einem pelzverzierten Mäntelchen; darunter trägt er ein Kleid und Strumpfhosen; sein Blick ist ängstlich; in der Hand hält er eine lange Peitsche. Ein weiteres Foto: Lytton als kleiner Junge in einem Kleid mit Spitzeneinsatz und Spitzenkragen, in Strumpfhosen und Schnallenschuhen, auf einen Stuhl gestellt, die Beine elegant gekreuzt. Und zum Schluss, überraschend: Eine Fotografie des ehemaligen Vizekönigs von Indien, in engen weißen Kniehosen, auf einem Thron sitzend, eingehüllt in einen hermelinbesetzten Königsmantel, die Krone auf der linken Schulter.

»Das ist Lord Lytton«, erläutert Lady Strachey, »Edward Robert Bulwer-Lytton, 1. Earl of Lytton, Lyttons Patenonkel. Mein Mann Richard und ich haben Lytton nach ihm benannt. Es gab immer wieder Gerede deswegen. Zum Beispiel wegen der ähnlichen rotbraunen Haarfarbe. Aber das ist natürlich alles Unsinn. Wussten Sie eigentlich, Virginia, dass Lord Lytton ein enger Freund ihres Onkels war? Ich spreche von James Stephen, dem Bruder Ihres Vaters. Und dass er eigentlich ein Dichter war? Natürlich veröffentlichte er unter Pseudonym. Als Dichter war er Owen Meredith. Sie können sich sicher vorstellen, Virginia, dass ein politisches Amt eine große Bürde ist für einen Dichter. Damals in Indien kannten Robert und ich uns sehr gut. Einmal schenkte er mir seinen ersten Gedichtband mit einer Widmung, zusammen mit diesem Bild. Ach, ich sehe ihn immer noch vor mir ... in seinem himmelblauen Bademantel, der ihm so gut stand.«

20

Sie steht am offenen Fenster, stützt die Hände auf das Fensterbrett und blickt auf den eingezäunten Park. Es riecht nach frisch gemähtem Gras. Die Rufe der Kinder, die unter dem strengen Blick des Parkwächters einem rot-weißen Ball hinterherrennen, dringen nach oben. Auf dem Bürgersteig hüpfen zwei Mädchen in Kreidekästchen herum. Fröstelnd wickelt sie sich enger in ihre Strickjacke, schließt das Fenster und macht sich auf den Weg zum Gordon Square.

Der Teetisch ist gedeckt. Es gibt Brownies, Erbeeren und Sahne, aber Vanessas ganzes Interesse gilt dem Baby, das quengelnd und glucksend auf ihrem Schoß sitzt und beständig versucht, sich ihren Händen zu entwinden. Auf Virginias Gereiztheit reagiert Nessa mit kaum verhohlenem Zurückweichen, Erstaunen, Befremden. Sie sagt kein Wort, aber in ihrem vagen Lächeln liegt mehr Zurückweisung, als Virginia ertragen kann. Nach Nessas Heirat hat sich herausgestellt, dass Clive nicht besonders besitzergreifend ist. Er hat nicht versucht, ihrer engen Bindung an Nessa im Wege zu stehen. Baby Julian ist besitzergreifend und nimmt seine Mutter vollkommen in Beschlag. Als Nessa aufsteht, um einen Brei zu kochen und neues Teewasser aufzusetzen, stützt Virginia ihre Ellbogen auf den Tisch und legt ihre Stirn, hinter der ein unerträgliches Pochen begonnen hat, in ihre beiden Hände.

21

Traum: Eine blaue Schlange schiebt sich sehr langsam durch eine Unzahl goldener Ringe.

April 1908. Etwas soll heraufbeschworen werden: Das Familienglück der Kindheit, die Sommerferien in Cornwall, die unbeschwerte Zeit, als sie alle noch lebten, die Eltern, Thoby, ihre Halbschwester Stella. Wie damals riecht die Luft nach Salz und Fisch, nach Seegras und Ginster. Und doch ist alles anders, denn jetzt ist es Baby Julians Kindheit, und Nessa und sie werden nie wieder die sein, die mit den Brüdern Sandburgen bauen, mit dem Vater eine Bootstour zum Leuchtturm machen, stundenlang Kricket spielen und sich Hand in Hand in die Brandung werfen. Sie sind jetzt in Cornwall, das ist wahr, alle zusammen, oder die, die noch übrig sind, und die, die dazugekommen sind, aber auch hier in St. Ives sieht sie Nessa fast nie mehr ohne Clive und nie ohne Baby Julian, und Clive langweilt sich und flirtet mit ihr, und mit Nessa ist kein Gespräch mehr möglich, in dem diese nicht Bewunderung für das Baby verlangt, und Clive und Nessa zusammen behandeln sie mit dieser merkwürdigen Nachsicht, so als sei sie ein kranker Affe oder ein an diese Weltgegend nicht gut angepasstes exotisches Tier. »Du knabberst an deinem Toast wie ein Wesen, das auf einem Baum lebt, Virginia.«

Tag für Tag läuft sie in ihrem ärmellosen, smaragdgrünen Sommerkleid an den Strand, einen riesigen Hut auf dem Kopf, in der Basttasche ein großes Handtuch. In ihrem gestreiften, zu großen Badeanzug mit kurzen Ärmeln und knielangen Beinen, die langen Haare unter die Badekappe geschoben, rennt sie ins Wasser und wirft sich in die Wellen, manchmal begleitet von Clive, der einen komplett schwarzen ärmellosen Schwimmanzug trägt, aber fast nie von Nessa, die die meiste Zeit mit Julian im Schatten bleibt. Mit den Wellen lässt sie sich zurück an den Strand treiben, wo die Gischt über den Sand läuft und sich in Blasen und schaumigen Wasserpfützen verliert. Manchmal setzt sie sich auf einen Felsen und versucht, die Farben des Atlantik zu beschreiben – nur in ihrem Kopf. Ab und zu kritzelt sie mit einem Bleistift einzelne Worte in ein schwarzes Schulheft mit kariertem Papier. Sie beobachtet das Spiel von Nebeln, Licht und Wasser, das Gold der Abendsonne, die brennende Wolkenwand. Sie blickt auf den Leuchtturm, der genau so aussieht (und auch in der Zeit ihrer Kindheit schon so aussah), wie ein Leuchtturm aussehen sollte und in dem immer noch etwas aufleuchtet, eine tiefere Bedeutung, die sie nicht fassen kann. Eines Tages wird sie über diesen Leuchtturm schreiben, da ist sie sich sicher, aber nicht jetzt. Jetzt noch nicht.

Die Tage sind flirrend oder dunstig, und während sie barfuß über Muscheln läuft, geblendet von der Sonne und verfolgt von riesigen, kreischenden Möwen, weht der Wind ihr den Sand ins Gesicht. Nachts träumt sie von tiefen, blauen

Wasserlöchern voller Aale, und es ist Lytton, dem sie diese Träume und alles andere anvertraut. Beinahe jeden Tag schickt sie ihm einen Brief nach London, und fast immer schreibt er ihr postwendend zurück. Ihre Briefe seien Abenteuer für ihn, schreibt er. Abenteuer und Trost. Er fühle sich in London furchtbar einsam ohne sie. Ob sie nicht mitkommen wolle, fragt er, in einen abgelegenen Gasthof auf dem Land, zu einem Treffen von Cambridgianern, vielleicht verkleidet als ein Student? Seine Cambridger Intellektuellengemeinde mache ihr Angst, antwortet Virginia, aber getröstet habe sein Brief sie auch. Sie habe schon angefangen, an ihrer Identität zu zweifeln und sich vorgestellt, sie sei Teil einer Seemöwe. Auch er zweifle täglich an seiner Identität, antwortet Lytton, aber er stelle sich nie vor, Teil einer Seemöwe zu sein. Nein, er selbst sei sicher keine Seemöwe, sondern ein wilder Mann aus den Wäldern, und möglicherweise müsse er zivilisierten Menschen, die sich in Cornwall aufhielten, unverständlich bleiben. Aber sollte sie, Virginia, jetzt in sein Zimmer kommen, wäre das aus seiner Sicht ungemein erfreulich, insbesondere deswegen, weil er ihr das mit dem *wilden Mann aus den Wäldern* dann vielleicht erklären könnte – wobei er es natürlich niemals wirklich würde erklären können. Aber da wären ein Stuhl für sie – ein wenig Wärme – und … Unterhaltung.

22

Sie sind zurück in London, und Lytton lädt Virginia in die Lancaster Gate ein. Da er kein eigenes Zimmer hat, sitzen sie in dem riesigen Wohnzimmer mit den schwarzen

Flügeltüren, zusammen mit der üblichen Ansammlung von Familienmitgliedern und Verwandten, an einem lang gezogenen Tisch, auf dem Silberleuchter stehen. Um sich trotz des hohen Lärmpegels unterhalten zu können, rücken sie ihre Stühle näher zusammen.

»Ich wünschte«, sagt Lytton und nimmt ihre rechte Hand in seine beiden Hände, »du würdest jeden Tag zur Teezeit bei mir vorbeikommen, Virginia. – Mir scheint, das Leben würde dann vielleicht etwas leichter sein. Etwas weniger verwirrend. Heute Nacht zum Beispiel«, fährt er leise fort, »hatte ich einen merkwürdigen Traum: Ich war Schauspieler, stand auf der Bühne. Die Vorstellung lief, ich merkte, dass ich das falsche Kostüm trug, und als mein Einsatz kam, hatte ich plötzlich meinen Text vergessen, meine Rolle, das Stück, alles.«

»Ich würde ...«, sagt Virginia, aber sie kann den Satz nicht beenden, weil Lady Strachey, die von ihrem Arbeitsplatz (ein geschnitzter Sekretär in einer Ecke des großen Wohnzimmers) herübergekommen ist, sich einen Stuhl heranzieht und fragt: »Ist es eigentlich wahr, dass Walter Lamb Ihnen einen Heiratsantrag gemacht hat, Virginia?«

Sie schreiben sich fast täglich, treffen sich am Fitzroy Square, am Gordon Square, im Theater, in der Oper, auf Festen, im Britischen Museum, aber vorerst nicht mehr in der Lancaster Gate. Zu den eigentlichen Briefen kommen erfundene hinzu – ein Spiel – möglicherweise wird ein gemeinsamer Briefroman daraus werden. In diesem Spiel ist Virginia Eleanor Hayding aus Yorkshire, eine lebenspraktische Frau, die sich darauf versteht, Muffins zu backen. Lytton hat die Rolle des weltfremden Journalisten Vane Hatherly übernommen, eines einsamen Mannes, der es liebt, seltsame Schlussfolgerungen zu ziehen. Aber sie haben kaum angefangen, da wird Lytton krank und Hatherly antwortet nicht mehr. Lyttons plötzliches Schweigen und das unverhoffte Verstummen von Hatherly machen Virginia zu schaffen. Nachts liegt sie wach, steht auf, geht zum Fenster und zieht die Vorhänge zurück. Sie lehnt ihre Stirn gegen die kalte Fensterscheibe. *Ich lebe, ich lebe, ich habe gelebt*, sagt sie laut, so als sei das zweifelhaft, und als sie hört, was sie da sagt, ohne es zu wollen, kommt ihr die eigene Stimme fremd und unheimlich vor.

Inzwischen ist es Winter geworden. Das neue Jahr hat bereits begonnen und draußen schneit es wie verrückt. Sie reißt die Fenster auf und blinzelt in das grelle Schneelicht. Am Morgen findet sie überraschend einen Brief von Lytton in der Vormittagspost: *Liebe Virginia, ich werde heute zur Teezeit vorbeikommen. Wirst du zuhause sein? Es wäre schön, wenn du mich empfangen würdest. Dein Lytton.*

23

Dienstag, 9. Februar 1909. Sie hört die Türglocke, geht selbst hin, um zu öffnen, und bittet Lytton herein. Er klopft sich den Schnee ab und schlägt die Schuhe gegeneinander.

»Mein Weg ist Einsamkeit,
Wie eine Wolke zog ich hin«,

deklamiert er, und überreicht ihr, noch im Mantel, mit einer angedeuteten, halb feierlichen, halb ironischen Verbeugung einen Bund kleiner weißer Blumen.

»Denn oft schon lag ich,
Träumte vor mich hin«,

fährt er fort und zieht den Mantel aus,

»Auf meiner Couch,
Dem Nichtstun hingegeben,
Und dann kamst Du
Und sprangst mit in den Sinn,
Erfülltest Einsamkeit mit Leben
Und mit Ekstase, Freude, Seligkeit das Herz.

– Wordsworth, Virginia, Du weißt, er gehört zu meinen Göttern. Die Bewunderung, die ich ihm gegenüber empfinde, seiner Modernität, seiner zwingenden Intelligenz, seinen Gedanken über Dichtung, wird nie aufhören. Ich habe mir trotzdem erlaubt, wie soll ich sagen, seinen Vers ein wenig zu korrigieren.«

Virginia nimmt ihm den Mantel ab, hängt ihn an die Garderobe, und sie gehen in den Salon. Lytton schiebt seinen Sessel so nah es geht an den Kamin und hält seine Hände gegen das Feuer.

»Deine Mutter?«, fragt er und zeigt auf eine kleine Fotografie in einem Silberrahmen auf dem Kaminsims.

»Ja.«

»Bitte verzeih mir, aber ich glaube, ich mag ihren Charakter nicht. Ihr Mund wirkt nörglerisch.«

Sie steht auf, nimmt den Schürhaken und schlägt damit auf das Kaminfeuer ein. Als sie sich wieder hinsetzt, tanzt eine Flamme auf dem obersten Scheit.

»Nörglerisch? Mutter wurde immer als Engel bezeichnet. Edward Burne-Jones hat sie als Madonna gemalt.«

Lytton scheint etwas sagen zu wollen, wird aber von einem Hustenanfall daran gehindert. Virginia steht auf, geht in die Küche und bittet darum, dem Gast heiße Hühnerbrühe und eine Decke zu bringen.

»Ich glaube nicht, dass sie glücklich war«, sagt sie, als sie zurückkommt, »aber einmal habe ich gehört, wie sie ein Lied von John Dowland gesungen hat:

Come, come, again,
Sweet love does now invite
Thy graces that refrain
To do me due delight.«

Leise und nach den richtigen Worten suchend, singt sie die erste Strophe, während Nellie hereinkommt und Lytton seine Hände vom Feuer zurückzieht. Er legt die Decke über seine zitternden Beine, nimmt erst einen Schluck Tee, dann einen Löffel Brühe und sagt: »Solange ich mich erinnern kann, habe ich immer gefroren. Schon als kleines Kind war mir ständig kalt. Da konnten sie noch so viele Decken über mir auftürmen oder mir noch so viele Wärmflaschen ins Bett legen, das Zittern und Bibbern wollte einfach nicht aufhören. Ein Kamin im Schlafzimmer, Virginia, das ist für mich der Inbegriff von Luxus. Aber die Schwierigkeiten sind so groß. Ich habe kein Geld. Ich habe keine eigene Adresse. Ich bin in der Hand der Ärzte. Sie verschreiben mir Sanotogen und Chinin. Aber es hilft immer nur kurze Zeit.« Vorsichtig nimmt er einen weiteren Löffel von der Brühe. Dann beginnt er, seine Hände zu reiben, erst die Innenhandflächen, dann die Außenhandflächen, dann wieder die Innenhandflächen.

»Wenn ich das fragen darf: Was ist es eigentlich genau, was dir fehlt?«

»Sie nennen es *Schwäche*.«

»Und seit wann hast du das?«

»Ich weiß es nicht genau. Vermutlich seit sie mich in die Hölle geschickt haben, also in eines dieser Privatinternate. Sie bevorzugten dort sportliche Jungen, denen es nichts ausmachte, im Winter, morgens um fünf Uhr, bei Minusgraden, ohne Frühstück, lange Dauerläufe zu machen.« In dem folgenden, sich ausdehnenden Schweigen zieht Lytton das Wollplaid höher und schiebt seine Fingerspitzen noch näher an die Flammen. »Wir haben uns eine Weile nicht gesehen, Virginia«, fährt er schließlich, das Thema wechselnd, fort. »Ich bin sehr einsam gewesen, weißt du. Ich bin auch sehr krank gewesen. Und jetzt bin ich völlig ausgehungert nach deinen aufregenden Geschichten und tiefschürfenden Betrachtungen über das Leben. Was hast du gemacht, seit wir uns zuletzt getroffen haben?«

»Ja, was habe ich gemacht? Ich glaube, ich weiß gar nicht, was ich die ganze Zeit über getan habe – Adrian und ich saßen wohl die meiste Zeit am Feuer und schauten in den Schnee hinaus, in dieses seltsame, grellweiße Licht. Und dann habe ich wohl eine Frau namens Mary gesehen. Bis ein Uhr früh überschüttete sie mich mit Geschichten von verratenen Frauen und verschmähter Liebe. Und dann musste ich zu Bett gehen. Und dann habe ich versucht, Shakespeare zu lesen, *Romeo und Julia*, um genau zu sein.«

»Wusstest du, dass Balzac in Berdytschiw geheiratet hat?«, wechselt Lytton erneut das Thema. »Mit 50 Jahren. Eine Gräfin, die schon lange seine Geliebte war. Ich meine, er war Franzose, er wollte immer frei sein, und dann hat er in Russland geheiratet, und kurz darauf war er tot. Aber welche Schlüsse soll man daraus ziehen für das eigene Leben? Shakespeare heiratete mit 18 Jahren Anne Hathaway, eine Bauerntochter, die acht Jahre älter war als er. Ich meine, er trat ohne jede Lebenserfahrung in den Stand der Ehe, und zwar in der Stadt, in der er geboren wurde, und sein Leben war damit nicht zu Ende, sondern er wurde der größte Dramatiker Englands. Was ich damit sagen will: Die großen Autoren haben alle ganz unterschiedlich gelebt, und doch haben sie alle geheiratet. Sogar Oscar Wilde war verheiratet. Sag, ist das nun eine gute oder eine alarmierende Tradition? – Ich bin so verwirrt«, fährt er ohne Übergang fort, »in mir sind Ozeane des Zweifels. Ich fühle mich wie ein Bittsteller – ein Bittsteller, dessen Name einst Lytton war. Ich weiß nicht mehr, wer ich bin. Ich weiß noch nicht einmal mehr, wie alt ich bin. 35?«

»Du wirst am 1. März 29 Jahre alt«, antwortet Virginia, in die Rolle der Krankenschwester gedrängt, geduldig. »Aber warum bist du ein Bittsteller? Gibt es etwas, um das du mich bitten möchtest? Und warum war dein Name einst Lytton? Ist er das jetzt nicht mehr?«

Lytton wiegt zweifelnd den Kopf hin und her.

»So viele Fragen. Und ich kann keine Einzige davon beantworten. Aber es ist tatsächlich so, dass ich einen Traum hatte, und in diesem Traum wusste ich meinen Namen nicht mehr. Das Komische war, dass die anderen ihn wussten, nur nannten sie mich nicht Lytton, sondern St. John.«

»St. John wie der Anwalt Hutchinson? Oder St. John wie der Evangelist?«

»Sie meinten wohl den, der gesagt hat: *Gott ist die Liebe*. Nun, ich glaube nicht, dass Jesus je gelebt hat, aber ich habe auch nichts dagegen, wenn andere in mir einen Apostel der Liebe sehen.«

»Wie merkwürdig. Möchtest du auch wissen, wie ich dich sehe?«

»Aber ja.«

»Ein venezianischer Prinz, in einem himmelblauen Trikot, der in einem Obstgarten auf dem Rücken liegt und dabei ein edel geformtes Bein in der Luft balanciert. – Doch dann wird er unverhofft gestört – von einer Frau, welche die Dreistigkeit besitzt, seinen königlichen Müßiggang mit der Frage zu unterbrechen: *Hast du geschrieben?*«

»Kein Wort.«

»Was hast du dann getan? Hattest du Abenteuer?«

»Aber ja. Wenn du Krankheiten als Abenteuer bezeichnen willst. Doch im Ernst, was habe ich getan? Nun, ich bin, wie gesagt, krank gewesen. Ich bin durcheinander gewesen. Und bin es immer noch. Die meiste Zeit habe ich wohl in einer Art stumpfsinnigem Halbschlaf verbracht und mich dabei gefühlt, als hätte ich Haschisch geraucht.«

»Und dein Roman?«

»Mein Roman über den Lordkanzler? Habe ich dir nicht erzählt, wie aufregend er wird, wenn ich nach dem Frühstück im Bett liege und ihn erschaffe?«

»Ja, vor ein paar Monaten. Du arbeitest also weiter daran?«

»Nun ja, es ist alles in meinem Kopf, aber praktisch nichts davon ist bis jetzt auf dem Papier. Doch welche Schlüsse soll man daraus ziehen? Das Ganze kommt mir vor wie eine Verneinung. Ich selbst komme mir vor wie eine Verneinung, wie ein Minus, ein Mangel. Mir fehlt die Kraft. Die Schöpferkraft. Mir fehlt die Substanz. Ich bin der Inbegriff von Vergeblichkeit. Die Negation eines Mannes. Die Negation eines Künstlers. Verstehst du das?«

»Ich verstehe, was du meinst, aber ich bin nicht einverstanden. Ich glaube nicht, dass du das bist.«

»Nein? Wie kannst du das wissen, wenn es bei dir anders ist. Das vermute ich jedenfalls.«

»Nun, ich weiß es einfach. Auch wenn du mit deiner Vermutung recht hast, dass es bei mir anders ist.«

Für einen Moment legt Lytton wie schutzsuchend seine Stirn in seine geöffnete rechte Hand. Dann nimmt er die Brille ab, wischt sich über die Augen, setzt die Brille wieder auf und sagt: »Mit dem Roman bin ich im Moment an einem toten Punkt angelangt. Zuerst ging es ganz gut, und auch jetzt sehe ich sie alle noch vor mir: Lord Pettigrew, seinen aufsässigen Sohn, den Premierminister und all die anderen, aber mir fällt nicht der Schatten einer Handlung ein, und wenn doch ... die britische Öffentlichkeit ... Ich wünschte auch, ich würde harte Arbeit nicht so sehr verabscheuen.«

»Aber mit den Figuren hast du doch alles, was du brauchst. Die Handlung ist völlig unwichtig. Die britische Öffentlichkeit ist unwichtig. Die Selbstzweifel sind unwichtig. Es ist nur wichtig, weiterzumachen – mit der Kraft, die einem zur Verfügung steht.«

»Ich glaube, so einfach ist das nicht, Virginia. Jedenfalls nicht für mich. Für mich gibt es so viele Schwierigkeiten, so viele Schwierigkeiten. Wenn ich 71 bin, werde ich vermutlich immer noch versuchen, das große Werk zu schreiben, das alle von mir erwarten, und das zu erschaffen ich nicht die Kraft habe – und niemals haben werde. Gegenwärtig überlegt die Familie, mich in die Kolonien zu schicken, wenn es mit dem Schreiben nichts werden sollte. Aber wie soll ich mit meiner Gesundheit dort überleben? Es ist auch die Rede von einer Karriere in der Politik. Aber wie soll ich mit meiner Stimme eine Wahlkampfrede halten? Es gibt einfach keinen Ausweg für mich. Sie sagen mir auch, ich solle heiraten. Aber ich frage mich gerade, ob es in England, im 20. Jahrhundert, nicht möglich sein sollte, auch anders zu leben. Warum gehen wir nicht einfach fort? Warum ziehen wir nicht auf eine Insel? Alle zusammen. Wir könnten dort glücklich sein bis ans Ende unserer Tage. Vanessa könnte für uns kochen.«

Vanessa, denkt Virginia, Vanessa, immer Vanessa, aber laut sagt sie: »Das sagen sie mir auch.«

»Was?«

»Ich solle heiraten.«

»Willst du das denn?«

»Und du?«

Lytton steht auf, legt die Decke um seine Schultern, geht einige Male im Zimmer auf und ab, tritt ans Fenster und sieht in den Schnee hinaus. Als er fröstelnd zurückkommt, setzt er sich auf den Fußboden, so wie es sein Bruder Oliver oft macht.

»Verzeih mir, Virginia, aber ich muss manchmal auf dem Boden sitzen wie ein wilder Mann aus den Wäldern«, sagt er.

Sie steht auf, setzt sich neben ihn, lehnt ihren Rücken gegen die Wand. Lytton hat seine langen Beine im Schneidersitz verknotet, seine Knie ragen hoch in die Luft, während Virginia die Beine gerade vor sich ausstreckt und den Kleidersaum über ihre Knie zieht. Lytton entknotet seine Beine, legt den Arm um sie, zieht sie zu sich heran. Sein Körper verschiebt sich gegen ihren, und sie kann seinen spitzen Hüftknochen spüren.

»Ich habe noch ein Geschenk für dich«, sagt Lytton, zieht ein kleines Buch mit Goldschnitt aus seiner Jacke und überreicht es ihr feierlich. »Jean Baptiste Racine. Ich glaube, niemals hat es einen größeren Künstler gegeben, und er schreibt über die einzige Sache, die es meiner Meinung nach wert ist, beschrieben zu werden: das menschliche Herz.«

Sie nimmt das kleine Buch, schlägt es auf, sieht es sich an. Es ist eine sehr schöne Ausgabe der *Iphigenie*.

»Was für ein schönes Geschenk. Ich freue mich sehr darüber.«

Eine Weile sitzen sie still nebeneinander. Irgendwann glaubt Virginia, etwas zu hören, was wie eine Frage klingt, aber weil Lytton so leise spricht, versteht sie ihn nicht und fragt: »Was?«, und er murmelt: »Ach, nichts.« Aber dann, nach einer ziemlich langen Zeit, hat er es sich offenbar anders überlegt und versucht es noch einmal. Sie ist irritiert, weil er sie nicht ansieht dabei, aber hören kann sie ihn diesmal deutlich: »Virginia. Hör mal, mir kommt da gerade ein Gedanke. Vielleicht sollten wir heiraten. Sag, willst du mich heiraten? Du bist die einzige Frau, die ich das jemals fragen werde. Es ist ein Wunder, dass du existierst, und wir könnten unser Leben teilen und glücklich sein. Also willst du? Kannst du dir das vorstellen?«

»Ja!«, sagt sie. Wie im Traum. Natürlich sagt sie *Ja*. Sein Antrag kommt überraschend, einerseits, andererseits ist es aber auch wahr, dass diese Verlobung im Grunde von Anfang an bestanden hat und dass die Gegenwart nur etwas einholt, das in seiner unzweifelhaften Wahrheit und Richtigkeit die ganze Zeit schon Gegenwart gewesen ist, wenn auch nur, sozusagen, untergründig. Aber dann bemerkt sie, dass etwas nicht stimmt. Denn für Lytton scheint es anders zu sein. Da ist so ein Zurückweichen, fast ein Erschrecken, beinahe sofort, was komisch ist, denn er hat sie doch schließlich gefragt. Und dass er sie fragt, scheint ihr vollkommen richtig zu sein, vollkommen natürlich. Er ist der eine Mensch, bei dem sie sich zuhause fühlt. Es gibt keinen anderen. Wenn Lytton neben ihr steht, hat sie das Gefühl, sie stehe neben einem dürren Baum, und dieser dürre Baum ist genau das, was sie glücklich macht. Er lässt ihr Platz, er lässt sie sehen und atmen, er gibt ihr Schatten, und gleichzeitig steht sie neben ihm in der Sonne. Natürlich trennt sie Cambridge, dieser verabscheuungswürdige Ort. Aber was sie dann, vollkommen unerwartet, wie einen Schock, spürt, ist: Es ist nicht nur Cambridge.

Lytton steht auf, reicht ihr die Hände und zieht sie hoch. Als sie wieder steht, dicht vor ihm, legt sie den Kopf in den Nacken und sieht zu ihm hoch. Sie erwartet, dass er sie jetzt küssen wird, doch er nimmt nur ihre Hände, legt sie auf seine Augen, lässt sie wieder los, sieht sie an wie jemand, der plötzlich aus einem Traum erwacht. Seine dünnen Schulterblätter heben sich unter der Jacke, und dann, endlich, küsst er sie zögernd und vorsichtig auf den Mund, aber nur ganz kurz – und nur auf die rechte Seite. Als sie seinen Kuss erwidern will, hat er sich schon wieder zurückgezogen.

Sie sieht ihn an, um zu verstehen, was sie falsch gemacht hat, aber er weicht ihrem Blick aus, nimmt ihre Hände und sagt: »Das kam jetzt alles so plötzlich, es kam so über mich, lass uns nichts übereilen, lass uns noch einmal nachdenken, lass es uns noch niemandem sagen.« Dabei erhebt er sich dreimal hintereinander auf die Zehenspitzen und lässt sich wieder zurückfallen.

»Aber warum denn?«, fragt sie, obwohl sie da schon alles weiß. »Was meinst du denn?«

»Virginia, bist du dir denn sicher? Ich bin im Grunde ein hässlicher, alter, kränklicher Mann, auch wenn ich wünschte, es wäre nicht so.«

»Für mich bist du das nicht, aber auch wenn es so wäre, so wäre es mir egal.«

»Wie meinst du das, es wäre dir egal? Wie kannst du dir da sicher sein? Die Ehe hat ja auch eine physische Seite. Wie sollen wir das denn handhaben mit dem Physischen?«

»Du findest mich nicht attraktiv?«

»Du bist schön, und Liebe ist die einzig mögliche Reaktion auf Schönheit. Aber das ist nicht der Punkt. Verstehst du: Da ist ein Abgrund zwischen einer Frau und einem Mann. Und so gut wir uns auch verstehen und so sehr wir uns auch mögen und befreundet sind und glauben, uns zu kennen, da wird es immer Bereiche geben, wo eine Verständigung unmöglich ist.«

»Das mag so sein. Aber was macht das schon? Sollte nicht jeder Mensch seine Geheimnisse haben dürfen? Und hat nicht jede Beziehung ihren Mangel? Es gibt immer etwas, das nicht passt. Wichtig ist doch nur, dass wir uns wirklich gern haben. Das ist sehr selten in einer Ehe, glaube ich. Und deshalb sollten wir nicht auf die Bedenken hören. Wir könnten glücklich sein. Das glaubst du doch auch, oder weshalb sonst hast du mich gefragt? Warum also sollten wir es nicht wenigstens versuchen?«

»Du verstehst mich nicht. Willst du denn nicht Kinder haben, Virginia?«

»Ich weiß nicht, wahrscheinlich schon.«

»Siehst du, und das wird mit mir nicht möglich sein. Ich bin dazu nicht in der Lage, verstehst du? Willst du wirklich dieses Opfer bringen?«

»Ich wusste nicht, dass das die Bedingung ist, aber wenn sie es ist, dann ja.« Sie sieht sich von außen. Wie sie kämpft. Sie kämpft wie eine betrunkene Motte.

»Bis du da nicht ein bisschen zu romantisch?«

»Nein, ich glaube nicht.«

Lytton beginnt, im Zimmer auf und ab zu gehen, und nach einer Weile sagt sie, während sie merkt, wie ihr das Blut in die Wangen schießt: »Ich bin übrigens noch zum Dinner verabredet. Ich werde das jetzt absagen.«

Im Grunde ist das natürlich eine Frage. Es ist auch eine

Bitte. Aber Lytton antwortet nur auf die ausgesprochenen Worte: »Nein, tu das nicht, ich werde jetzt gehen.«

»Du willst schon gehen?«

»Ich muss! Ich bin ganz durcheinander. Verzeih mir. Lass uns später weiter sprechen. Morgen.«

»Ich soll jetzt wirklich zu diesem Dinner gehen? Und ich darf noch nichts sagen von unserer Verlobung?«

»Verlobung? Nein, bitte, wie gesagt, lass uns noch einmal nachdenken.«

Etwas hat gefehlt. Etwas Warmes, das die Oberfläche durchbricht. Stattdessen kommt ein Brief. Wohlformulierte Sätze, die sich beim Lesen verwandeln in ein Gestammel unzusammenhängender Fragmente: *Liebe Virginia – immer noch ziemlich mitgenommen und erschöpft – hoffe sehr, dass es dir gut geht – sprachlos – die Zukunft ein leerer Raum – das Wichtigste, dass wir uns gern haben – hoffe, morgen früh Vanessa zu sehen – schwierig für mich, zurechtzukommen – Dein Lytton.* Vanessa, denkt sie. Vanessa. Immer Vanessa.

24

Es dauert zwei Tage, bis Lytton sich wieder meldet und am Fitzroy Square vorbeikommt. Die Atmosphäre ist angespannt, aber Lytton tut so, als sei sie das nicht, und platzt mit der Frage heraus: »Bist du in mich verliebt, Virginia?«

»Nein!«

»Das kam aber schnell. Nun, ich weiß nicht, ob ich dir glauben soll. Aber, siehst du, ich selbst kann in keine Frau verliebt sein, das ist mir jetzt klar geworden. Da ist eine unüberbrückbare Kluft von Einsamkeit zwischen einem Mann und einer Frau. Vielleicht hätten wir vorher darüber sprechen sollen.«

»Vor deinem Heiratsantrag?«

»Nun, so etwas in der Art meinte ich wohl.«

»Hast du mit Vanessa gesprochen?«

»Ja, das habe ich.«

»Warum sollte ich es dann niemandem sagen?«

»Habe ich das gesagt?«

»Ja.«

»Ich erinnere mich nicht.«

»Und hat Nessa dir abgeraten?«

»Abgeraten wovon?«

»Von unserer Verlobung.«

»Nun, wie soll ich sagen … Ich erinnere mich nicht.«

Sie zögert. Und wenn sie die Wahrheit sagen würde?

»Lassen wir doch mal Vanessa aus dem Spiel, Virginia«, unterbricht Lytton ihre Gedanken. »Es geht ja hier um dich und mich. Und du hast mir gerade gesagt, dass du nicht in mich verliebt bist. Und ich habe dir gesagt, dass ich mich nicht in eine Frau verlieben kann. Du musst zugeben, dass das keine gute Voraussetzung ist für eine glückliche Ehe. Und deshalb sollten wir das, was ich dir vorgestern vorgeschlagen habe, besser nicht tun. Was ich damit meine, ist: Wir sollten nicht heiraten. Wir werden nicht heiraten. Es wäre nicht richtig. Jedenfalls nicht jetzt. Ein Mann ohne Einkommen und ohne Beruf sollte nicht heiraten.«

»Findest du? In meinen Augen gibt es nur eine Sache, die wichtig ist: Dass wir uns wirklich gern haben. *Liebe* ist ein großes Wort. Mein Halbbruder George sagte mir immer, wie sehr er mich liebt. Aber dass zwei Menschen sich wirklich gern haben und dass diese beiden Menschen dann auch noch heiraten, das ist etwas sehr Seltenes und Besonderes, glaube ich.«

»Du hast recht, Virginia. Es ist wahr, was du sagst: Wir haben uns wirklich gern. Aber welche Schlüsse wir daraus ziehen sollen, das ist für mich nicht so klar wie für dich. Es ist die Ekstase, auf die es ankommt, verstehst du? Und das ist etwas, das zwischen uns nicht möglich sein wird. Darauf zu verzichten hieße aber, auf alles zu verzichten, was das Leben lebenswert macht.«

Ihre Augen brennen. »Heißt das, dass du deinen Antrag zurückziehst? Willst du unsere Verlobung wieder lösen?«

Lytton zögert. »Gibst du mir denn mein Wort zurück?«

»Wenn es das ist, was du willst, dann ja.«

Als Lytton geht, wirkt er erleichtert. Virginia tritt ans Fenster. Sie lehnt ihre Stirn gegen das kühle Glas. Unverhofft sieht sie sich in der Dämmerung an einer Wegkreuzung stehen, die Arme ausgebreitet, einer sich rasch entfernenden Gestalt hinterherrufend: dass sie gelogen habe; dass es ihr leid tue; dass sie alles in der Welt tun würde, alles, alles ...

25

In einem kleinen Antiquitätenladen in der Church Street entdeckt sie ein Stehpult aus Kirschbaumholz (115 Zentimeter hoch, 70 Zentimeter breit, 45 Zentimeter tief) mit einer Schublade und einem großen Ablagefach. Das Pult ist alt, wurde aber neu aufgearbeitet. Es hat eine glänzende Oberfläche, eine verstellbare Schreibplatte und kann noch am selben Nachmittag geliefert werden. In der darauffolgenden Woche findet sie in der Oxford Street einen dunkelgrünen Berberteppich. Sie lässt den Teppich in ihr Zimmer bringen, stellt das Stehpult auf den Teppich, legt ihr Schreibheft auf den neuen Arbeitsplatz und trifft eine Entscheidung: Ihre Romanheldin Rachel wird nicht verlassen werden. Möglicherweise wird sie einen Heiratsantrag bekommen. Möglicherweise wird sie den Antrag akzeptieren. Und dann? Vielleicht wird sie sterben, bevor die Ehe geschlossen werden kann.

26

August 1909. Adrian hat ihr angeboten, mit ihm und Saxon nach Bayreuth zu fahren. Er mache sich Sorgen um sie, hat er gesagt, seit Monaten laufe sie herum wie unter einem Schatten. Vielleicht werde die Reise sie aufmuntern. Auch Saxon hat ihr eine Einladung für Bayreuth geschickt – als Zeichen seiner Wertschätzung in lateinischer Sprache, und er hat angeboten, sich um die Karten zu kümmern. Virginia hat sich nach ihrer Zusage einen Auftrag von der *Times* besorgt; sie wird als Journalistin von den diesjährigen Festspielen berichten. Saxon in seinem weißen Anzug, zu dem er weiße Schuhe trägt, den Panamahut auf dem Kopf, den weißen Spazierstock über dem Arm, das aufgeschlagene Textbuch in der Hand, stelzt wie ein merkwürdiger Kranich durch Bayreuth – ganz der britische Exzentriker, der das Gefühl zelebriert, hier geweihten Boden zu betreten. Er durchstreift die Stadt auf der Suche nach Autogramm- und Rollenpostkarten, sitzt im Hofgarten, einen Stift in der Hand, vor sich ein bayrisches Bier und ein Buch mit lateinischen Kreuzworträtseln, oder er beschäftigt sich auf seinem Zimmer mit einem 2000-Teile-Puzzle mit dem Bild des Festspielhauses. Manchmal versucht er sich auch an Bleistiftzeichnungen deutscher Bäume, weshalb er immer einen Skizzenblock mit sich führt. Saxon behauptet, dass sowohl Virginias Opern- wie ihre Wagner-Kenntnisse mit dem Wort *Nirwana* zutreffend beschrieben seien. Es sei unethisch, sagt er, ohne Kenntnisse über etwas so Heiliges zu schreiben wie Wagners Musik. Virginia wiederum nennt Saxons Wagner-Vverehrung *übertrieben*. Die Stimmung ist also schlecht. Adrian reagiert gereizt, wenn Virginia das Hotel erst verlässt, wenn es schon fast nicht mehr möglich ist, pünktlich zur Vorstellung zu kommen, Treffpunkte nicht findet, gedankenverloren ihr Textbuch verliert oder ihre offene Handtasche auf den Boden fallen lässt. Er habe keine Lust mehr, ihr Kindermädchen zu spielen, sagt er, bindet sich ein rotes Halstuch um und verabredet sich mit zwei Sopranistinnen, die seinen juristischen Rat in Bezug auf ihre Bayreuther Verträge suchen. Virginia beobachtet mit journalistischem Interesse die endlosen Kolonnen schwarzer Kutschen, die den Hügel zum Festspielhaus hinauf- und wieder herunterfahren. Sie fühlt sich elend. Alles kommt ihr hässlich vor: die fetten Braten auf den Restauranttischen, die mit breiten Schärpen gegürteten Kleider der deutschen Frauen, die kitschigen Gralsgefäße in den Schaufenstern. Was denken sie sich dabei, fragt sie sich. Aber sie weiß nie, was die Leute denken. Sie weiß nur, dass Lytton nicht mitgekommen ist. Sie hatte gehofft, dass er dabei sein würde. Aber Lytton ist im letzten Monat *zusammengebrochen*, was immer das bedeuten mochte, und Lady Strachey, die sich geweigert hat, ihr seine Adresse zu geben (*Lytton braucht absolute Ruhe, meine Liebe, ich muss mich an die*

Anweisungen der Ärzte halten.), hat ihn für mehrere Monate in ein schwedisches Sanatorium geschickt.

Sie sehen *Parsifal*, *Lohengrin* und *Götterdämmerung*, und wenn sie nicht im Festspielhaus sind oder ihre Textbücher studieren, sitzen sie in der *Eule* und beobachten die Wagner-Pilgerinnen und -Pilger, die aus allen möglichen Ländern angereist sind und jeden Tag von Neuem in Aufregung geraten, wenn Festspielleiter Siegfried Wagner erscheint, der auch in diesem Jahr den *Lohengrin* dirigiert. Die Rolle der Musikkritikerin ist Neuland für Virginia und setzt sie in nicht geringem Maße unter Stress. Während sie dem Geschehen auf der Bühne folgt, versucht sie gleichzeitig in Gedanken ihre Eindrücke von Dirigent und Orchester, von Inszenierung, sängerischer und schauspielerischer Leistung, Bühnenbild und Kostümen in einer vorläufigen Form zu formulieren, damit sie sich in der Pause Notizen machen kann. Die Schwierigkeiten sind größer, als sie erwartet hat. Die Liebesgeschichte zwischen Lohengrin und Elsa erscheint ihr nicht stimmig, die Psychologie der Figuren nicht überzeugend und das Überwältigende in Wagners Musik ist ihr körperlich unangenehm. Als der Brautchor singt:

Treulich geführt ziehet dahin,
Wo euch der Segen der Liebe bewahr'!,

fällt ihr überdies ein, was Adrian vor der Aufführung zu ihr gesagt hat: *Zu dieser Musik, Virginia, heiraten Menschen auf der ganzen Welt, und ich habe vor, das auch zu tun*, was dazu führt, dass ihre mühsam aufrecht erhaltene professionelle Distanz für einen Moment zusammenbricht.

Star der diesjährigen Inszenierung ist ein dicklicher, blond gelockter, britisch-deutscher, promovierter, adeliger Tenor, der in einem früheren Leben Psychiater war. Saxon ist ein großer Fan des Sängers mit der romanhaften Biografie, von dem er eine Autogrammpostkarte und mehrere Rollenpostkarten besitzt. Dieser Sänger, schwärmt er, mit seiner resonanzreichen, vom Klang her eher baritonalen Heldentenor-Stimme, einer Stimme von großer Schönheit und Kraft, treffe auch in den lyrischen Pianostellen mühelos die hohen Töne. In der Aufführung zeigt sich dann, dass der diesjährige Lohengrin nicht nur über eine großartige Stimme verfügt, sondern – in seiner schimmernden Rüstung – auch über eine atemberaubende Bühnenpräsenz. Als der Schwanenritter singt:

Elsa, was hast du mir angetan?,

unterbricht das Publikum die Aufführung mit Bravo-Rufen und Getrampel. Nur Virginia bleibt sitzen, geistesabwesend, mechanisch klatschend. Tue nie so, muss sie plötzlich denken, als ob das, was du nicht haben kannst, es nicht wert ist, gehabt zu werden.

27

Der Wind jagt zerfetzte Wolken über den Himmel. Die Straßen sind nass vom nächtlichen Regen. Es ist ein trüber, kühler Londoner Oktobernachmittag. Lytton ist seit drei Wochen zurück in London, und jetzt steht er am Fitzroy Square vor der Tür, abgezehrt, in einem zu groß wirkenden Tweedanzug aus dicker Wolle, das Gesicht grau, wie mit Asche bestäubt. Eine kurze Begrüßung. Keine Umarmung. Im Salon, halb liegend in seinem Sessel, nimmt er die Brille ab, streicht über die Bügel, blind wie eine Fledermaus, setzt sie wieder auf. Mit Zeige- und Mittelfinger beider Hände massiert er seine Schläfen. Unter dem dicken Tweedstoff sieht Virginia seine dünnen Oberschenkel zittern. Weil sie nicht weiß, was sie sagen soll, schließt sie die Augen und macht einen Sprung. Blind. Ins Dunkel hinein.

»Nessa sagt, du hattest eine wilde Affäre mit zwei schwedischen Krankenschwestern?«

»Die Leute reden und reden.«

»Oder waren es zwei blonde schwedische Krankenpfleger?«

Lytton schweigt. Er wirkt angespannt und rührt sinnlos mit dem Zuckerlöffel in seinem Tee herum.

»Wie geht es dir, Lytton?«

Lytton schiebt eine Hand zwischen seine übereinandergeschlagenen Beine und beginnt, in Kniehöhe das oben liegende linke Bein zu massieren. Es sieht aus, als versuche er auf diese Weise, dem Zittern entgegenzusteuern und Wärme zu erzeugen.

»Nun, wie du siehst«, sagt er müde, »ähnelt meine Gesundheit immer noch irgendwie dem Sarg des Propheten. Trotzdem mache ich einen Versuch, zurück auf die Galeere zu gehen.«

»Was genau meinst du damit?«

»Das ist eine Redensart, Virginia. Sarg. Körper. Zwischen Himmel und Erde hängen. Heißt: Es ist noch offen, ob ich es schaffen werde. Das Schicksal hat noch nicht entschieden. Gesundheit. Tod. Invalidität. Alles ist möglich.«

»Hast du geschrieben?«

»Ich bin wie ein kranker Hund, Virginia, der sich von

Kissen zu Kissen schleppt – oder der in die Sonne hinaus- kriecht, um dort zu liegen und vor sich hin zu träumen. Und manchmal habe ich das Gefühl, dass ich mich in einen Birnbaum verwandele, der an einer Südmauer steht. Aber um deine Frage wenigstens kurz zu beantworten: Natür- lich nicht. Wie sollte ich? Ich bin in der Hand der Ärzte. Ich habe keine Kraft.«

»Das tut mir leid. Ich wünsche dir von Herzen gute Bes- serung, Lytton. Gibt es etwas, das ich für dich tun kann?«

»Das kannst du tatsächlich. Es gibt da nämlich eine Sa- che, die mir am Herzen liegt. Und zwar, dass wir … wie soll ich sagen … trotzdem … Freunde bleiben. Hältst du das für möglich? Vielleicht sogar – wie ich – für wünschens- wert?« Lytton zieht einen Stift aus seiner Jacke, betrachtet ihn, rollt ihn langsam hin und her – und lässt ihn schließ- lich in Mundhöhe zwischen seinen Handflächen rotieren.

»Ja, das tue ich«, antwortet Virginia. Dabei kreuzt sie die Unterarme vor der Brust, massiert mit den Händen ihre Oberarme und steht dann auf, um sich eine Strickjacke zu holen. »Was ich dich schon immer mal fragen wollte«, fährt sie, nachdem sie die Jacke zugeknöpft hat, einem plötz- lichen Einfall folgend fort: »Warum glaubst du, dass Swift ein Mörder war?«

»Habe ich das gesagt?«

»Wenn ich Thoby glauben darf, ja.«

»Nun, möglicherweise habe ich vor Jahren in einer heite- ren Studentenrunde einmal so eine Äußerung gemacht, aber ich erinnere mich nicht daran.«

Später bringt sie Lytton zur Pferdebahn nach Hampstead.

»Wir sehen uns bald wieder, das verspreche ich«, sagt Lytton zum Abschied, aber dann sehen sie sich doch nicht, weil Lytton erst nach Cambridge geht und es dann mit dem Landleben versucht. Als er endlich nach Hampstead zurückkehrt, verschlechtert sich sein Gesundheitszustand dramatisch. Gleichzeitig nimmt Lady Strachey ihre alte Gewohnheit wieder auf, unangemeldet am Fitzroy Square vorbeizukommen.

»Ich habe gehört, Sie haben sich inzwischen verlobt, Virginia?«, beginnt sie bei ihrem nächsten Überraschungs-besuch das Gespräch. »Nun, ich möchte ja nicht neugierig sein, aber es gibt nun einmal diese Gerüchte, und ich möch-te gerne wissen, ob ich gratulieren kann?«

»Von wem haben Sie das gehört, Lady Strachey?«

»Nun, ich meine, dass Lytton so etwas erwähnte, aber es mag sein, dass ich mich irre. Ich weiß es nicht mehr genau.«

»Nein, ich habe mich nicht verlobt, Lady Strachey.«

»So, so, dann verstehe ich nicht … Aber wie dem auch sei, um zurück auf die Stimmrechtsbewegung zu kommen: Wir planen für den Herbst eine weitere Demonstration. Jede helfende Hand ist willkommen. Vielleicht überlegen Sie es sich noch einmal, Virginia, ob Sie diesmal nicht dabei sein wollen. Bei unserer letzten Aktion hat Lytton mich sehr un-terstützt. Das Frauenstimmrecht ist eine große Sache. Das Schicksal des Empire hängt daran. Im Grunde das Schick-sal der ganzen Welt. Sie müssen nicht mit auf die nächs-te Demonstration kommen, wenn Ihnen das zu gefährlich ist – und es ist gefährlich, das gebe ich zu –, aber es müs-sen immer noch Briefe adressiert, frankiert und zugeklebt werden.

28

Als in der darauffolgenden Woche eines Nachmittags unerwartet die Türglocke läutet, vermutet Virginia einen weiteren spontanen Besuch von Lady Strachey, aber dann steht zu ihrer Überraschung plötzlich Clive vor der Tür und interessiert sich für ihren Roman. Clive scheint alle Zeit der Welt zu haben, ist an Abschriften interessiert, bittet darum, ihm vorzulesen, gibt Tipps und ermutigende Rückmeldungen. Schon bald fängt er an, ihr täglich zu schreiben. Er lädt sie zum Essen ein, macht ihr Komplimente, kommt unangemeldet zum Tee vorbei (er würde nie auf die Idee kommen, nicht willkommen zu sein), beginnt einen spielerischen Flirt, gibt ihr das Gefühl, schön und kreativ zu sein. Nessa ist verletzt, aber Virginia fehlt die moralische Kraft, das unverhoffte Geschenk zurückzuweisen. Clives Interesse an ihrem Roman beflügelt sie. Jeden Tag arbeitet sie drei Stunden daran, ihn zu erschaffen, an ihrem Stehpult, auf dem grünen Teppich stehend, den Adrian spöttisch als *Wiese* bezeichnet. *Melymbrosia* soll das Buch heißen, ein Wort, das es nicht gibt, ein Wort, das Ambrosia, die Himmelsspeise der Götter, verbindet mit den Schatten der Melancholie. Ihre junge, mutterlose, naive Heldin Rachel nimmt immer mehr Gestalt an. Auch die Handlung des Romans entwickelt sich. Rachel reist mit einem Ozeandampfer nach Südamerika, begleitet von ihrer lebenserfahrenen, schönen, älteren Schwester, nein, das muss sie ändern, Tante, die ihre beiden Kinder in London zurückgelassen hat, um sich um Rachel zu kümmern. Clive ist an allen Details ihres künstlerischen Schaffensprozesses interessiert, und sie bespricht mit ihm die Entwicklung der Handlung und der Charaktere. Romane ohne Liebesgeschichte langweilten ihn, sagt Clive bei jedem ihrer Gespräche, und er hört erst damit auf, als Rachel im südamerikanischen Dschungel einem stämmigen, praktisch veranlagten jungen Mann begegnet, der sich in sie verliebt und dessen Heiratsantrag sie akzeptiert. Der Freund des Bräutigams, ein dünner Intellektueller mit dem Namen des Apostels Johannes, St. John Hirst, scheint nur aus Beinen zu bestehen. Er kann nicht tanzen – und mit Frauen kann er nichts anfangen. Er hat das Gefühl, im falschen Jahrhundert zu leben, betrachtet das Leben als Irrtum und verehrt den Historiker Gibbon wie einen Gott.

Virginia sieht sie inzwischen alle vor sich: Rachel Vinrace, Rachels Tante Helen, Rachels Verlobten Terence, Terence' Freund St. John Hirst, den Abgeordneten Dalloway und all die anderen. Sie unterhält sich mit ihnen, läuft laut mit sich selber redend über den Fitzroy Square, läuft vor einen Baum, taumelt weiter, mit schmerzendem Kopf. Rachel wird sterben, pocht es hinter ihrer Stirn. Plötzlich wuseln Menschen um sie herum. Eine Frau mit einem Korb beugt sich über sie. Warum liegt sie am Boden? Sie kann sich nicht daran erinnern, gefallen zu sein. Äpfel fallen aus dem Korb der Frau und kullern um sie herum. Ein Mann ruft: »Ich bin Arzt!« Sie will lachen, bringt aber keinen Ton heraus.

»Ist sie tot?«, fragt die Frau mit dem Korb. Der Mann, der gesagt hat, er sei Arzt, kniet jetzt neben ihr und legt seine Finger um ihr Handgelenk. Kurz darauf findet sie sich wieder in der Praxis von Dr. Savage, der ihr versichert, dass ihr nichts fehle. Sie spürt, wie der Psychiater versucht, sie mit seiner Bassstimme einzuhegen, ihr die Illusion von Geborgenheit zu vermitteln, ihr den einzigen Schutz zu nehmen, den sie hat: ihr Bewusstsein von Gefahr. Sie könne ganz beruhigt sein, fährt Dr. Savage fort. Sie müsse nur tun, was er ihr sage. Ihm nur vertrauen. Alles ihm überlassen. Vor allem müsse sie ruhen. Ausreichend essen. Viel Milch trinken. Milch verursache ihr Ekel? Nun, dann müsse sie sich eben mal ein bisschen zusammenreißen. Dann müsse sie eben auch mal ein bisschen an ihre Verwandten denken, ihren Bruder, ihre Schwester, die sich Sorgen machten. Er empfehle ein Sanatorium in Twickenham. Burley House. Die Leiterin, Miss Thomas, sei sehr kompetent und sehe darauf, dass seine Anweisungen befolgt würden. Es sei dort sehr nett. Sehr schön. Viel Grün. Sie müsse sich keine Sorgen machen. Alles werde gut werden. Sein Geruch ist ihr unangenehm. Sie vertraut ihm kein bisschen. Niemals könnte sie ihm von den Stimmen erzählen.

Versagerin!
28!
Kinderlos!
Unverheiratet!
Keine Schriftstellerin!

»Haben Sie niemanden, der Ihnen nahe steht? Ich meine, abgesehen von Ihren Geschwistern?«, fragt Miss Thomas. Miss Jean Thomas, die Frau mit dem strengen Haarknoten, der gestärkten weißen Schürze und dem blassen, besorgten Gesicht, hält ihre neue Patientin für ein Genie und überschüttet sie mit Aufmerksamkeit und mütterlicher Fürsorge. Sie reibt sich auf zwischen den Anweisungen von Dr. Savage und ihrem Wunsch, Miss Stephen in dem von ihr geleiteten Sanatorium in Twickenham die Freiheit zu geben, die diese sich wünscht. Und als es Miss Stephen besser geht und sie verspricht, *vernünftig* zu sein, jede Aufregung zu meiden und ein Haus auf dem Land zu suchen, als sie Miss Thomas ausmalt, wie sie dort, in diesem Haus auf dem Land, zur Ruhe kommen und ihren Roman beenden wird, und als sie schließlich verspricht, Miss Thomas dorthin einzuladen, damit sie sich selbst überzeugen könne, lässt Miss Thomas sie gehen. Sie weiß nicht, ob sie richtig handelt, aber Miss Stephen kann reden wie ein Buch. Und sie hat feierlich versprochen, regelmäßig zu schreiben.

Zurück in London erfährt sie von Nessa, dass Lytton zusammengebrochen und von seiner Mutter erneut nach Schweden geschickt worden ist. Wann er wieder in London sein wird, ist unklar. Nessa ist in London, am Gordon Square, nur wenige Straßen weiter, aber sie ist mit anderen Dingen beschäftigt, und diese anderen Dinge haben alle mit Baby Quentin zu tun, einem rotgesichtigen, kleinen Wesen, das Nessas ganze Zeit und Aufmerksamkeit in Anspruch nimmt. Gäbe es Quentin nicht – und gäbe es Julian nicht, den Nessa so sehr vergöttert, dass es nicht zum Aushalten ist –, so wäre Nessa der eine nahe Mensch, mit dem sie sprechen könnte. Aber so wie es ist, muss sie auf unbestimmte Zeit nicht nur ohne Lytton auskommen, sondern auch ohne Nessa, zumindest ohne Nessas ungeteilte Aufmerksamkeit.

Sie habe Lady Stracheys Einladung, am 18. November 1910 mitzugehen bei der Demonstration der Suffragetten, ausgeschlagen, teilt Virginia Miss Thomas in einem Brief mit – ohne ihre Zweifel zu erwähnen. 300 englische Frauen sind zum Parlament marschiert, haben die Einführung des politischen Frauenwahlrechts gefordert und dagegen protestiert, rechtlich Menschen zweiter Klasse zu sein. Zahlreiche

Demonstrantinnen wurden von der Menge, andere von der Polizei verprügelt und sexuell attackiert. Mehr als 100 Frauen, darunter Greisinnen, wurden verhaftet und in das berüchtigte Gefängnis Holloway gebracht. Ist es richtig gewesen, sich nicht verwickeln zu lassen in berechtigten Protest?

29

Ein Haus auf dem Land. Diese Idee ist verbunden mit allen möglichen Hoffnungen und Träumen: Schreiben. Gesundwerden. Das-eigene-Leben-Ändern. Es gibt dieses Haus. Es muss nur gefunden werden. Und sie findet es in Sussex, in dem Dorf Firle, am Rande der Downs. Sie näht Vorhänge. Streicht die Dielen in einer Farbe, die an die Farbe des Atlantik in einem Sturm erinnern soll. Lädt reihenweise Leute ein. Aber dann stellt sich heraus, dass das Haus in Firle nur ein Vorläuferhaus ist. Es ist noch nicht das eigentliche Haus. Vielleicht ist *stellt sich heraus* zu viel gesagt, aber es lässt sich nicht leugnen, dass die innere Stimme, die das behauptet, jeden Tag lauter wird.

Ein feuchter Frühlingstag. Riesige Wolken, weiß, tief hängend, dick wie deutsche Winter-Federbetten, dahinter Fächer aus gebrochenem Licht. Lytton, der wieder in London ist, kommt überraschend zum Mittagessen vorbei. Später ein Spaziergang über die Downs, auf unbekannten Trampelpfaden, dem glucksenden Bach folgend, von Firle ins Ouse-Tal. Lytton trägt einen dunklen Hut mit breiter Krempe und stützt sich beim Laufen auf einen Spazierstock mit einem silbernen Knauf. Hinter einer Schafweide ein Haus, umgeben von einem Halbkreis von Bäumen, verlassen wirkend, weiß schimmernd, geisterhaft. Die schmalen, hohen, vielsprossigen Bogenfenster lassen an eine Kirche denken. Später stellt sich heraus: Der Eindruck von Weiß verdankte sich einem Lichtphänomen. Das Haus ist eher gelb. Eine Ulmenallee führt zur Straße herunter und abgesehen von der Hütte des Schäfers ist kein weiteres Gebäude in Sicht.

»Stell dir vor, so ein Haus auf dem Land zu haben – und eine Frau – und Kinder«, murmelt Lytton. »Ich würde *Hoffnung* über die Tür schreiben. Glaubst du, dass das für jemanden wie mich jemals möglich sein wird?«

Virginia schweigt, aber Lytton insistiert: »Sag schon. Glaubst du das?«

Virginia zögert immer noch. Schließlich sagt sie: »Warum nicht? Wenn es das ist, was du dir wünschst.«

»Vielleicht ist es das. Ich weiß es nicht. Es kam gerade so über mich.«

»Das Haus sieht leer aus. Wollen wir jemanden suchen, der uns sagen kann, ob es zu vermieten ist?«

Ein Reiter treibt Kühe über einen Hügel. Er sieht zu ihnen herüber, zieht seinen Hut und ist im nächsten Moment mit seiner Herde wieder verschwunden. Jetzt ist es Lytton, der zögert.

»Nein, lieber nicht«, sagt er dann. »Nicht jetzt. Ich fühle mich gerade nicht stark genug für Erkundigungen, Verhandlungen und Entscheidungen.«

»Und wenn ich das für dich übernehme?«

»Nein, bitte, das ist nett, aber, wie gesagt, das ist mir jetzt gerade alles zu viel. Überdies habe ich momentan überhaupt kein Geld und auch keines in Aussicht, und eine Frau habe ich – auch nicht.«

»Wir beide könnten es versuchen. Warum denn nicht? Bei

all dem, was wir zusammen haben, sollten wir es da nicht wenigstens einmal versucht haben?«

»Bitte verzeih mir, Virginia, aber es gibt Träume, bei denen es auf die Verwirklichung nicht ankommt. Eine Verwirklichung wäre in einem solchen Fall geradezu ein Fehler. Das sind Tagträumereien. Sehnsüchte nach einem Paradies, das es nicht gibt. Wunschträume. Unrealistische Träume. Ich meine, das kennt doch jeder: Diesen Wunsch, ein anderer zu sein und in einem Land namens Wolkenkuckucksheim ein anderes Leben zu führen.«

»Willst du damit sagen, dass deine Frage nur eine rhetorische Frage war?«

»Nein. Ja. Ich weiß es nicht. Möglicherweise war es zuerst eine echte Frage, aber dann habe ich gemerkt – vermutlich rede ich wirres Zeug.«

»Aber wenn es keine echte Frage war, Lytton, warum wolltest du dann unbedingt eine Antwort von mir?«

30

Sie sieht Rupert an, den schönsten Mann Englands, auf dem die Hoffnungen von halb Cambridge ruhen. Hinter dem alten Pfarrhaus in Grantchester liegen sie auf einer Wiese. Rupert hat sein Hemd ausgezogen, die Arme hinter dem Kopf verschränkt und kaut auf einem Grashalm herum. Veröffentlicht hat er noch nichts. Er ist Student, jünger als sie, aber ihm wird bereits eine große Zukunft als Dichter und Gelehrter vorhergesagt. Dass er in Cambridge einen Lehrstuhl bekommen wird, ist so gut wie sicher. Dichter in der Nachfolge Lord Byrons, so sieht er sich selbst – und so wird er auch von vielen anderen gesehen. Sie kennt ihn aus Kindertagen, von Sommerurlauben in St. Ives. Damals war er ein sehr niedliches Kind. Sie weiß fast nichts von dem, was er seither getan hat. Im Gegensatz zu Adrian, der Rupert aus gemeinsamen Cambridger Studentenzeiten kennt. Und eigentlich hat Rupert auch nur Adrian eingeladen, ihn in Grantchester zu besuchen, wo er und seine Freunde ein romantisches altes Pfarrhaus bezogen haben. Sie nennen sich *Die neuen Heiden*, glauben an alte Götter und versuchen, im Einklang mit der Natur und ihren Geistern zu leben, so hat Adrian es ihr erklärt. Und dann hat er sie gefragt, ob sie nicht mitkommen und sich das ansehen möchte. Rupert sei übrigens einverstanden, würde sich sogar freuen; er habe ihn gefragt, ob er sie fragen dürfe. Virginia hat zugesagt. Nicht nur, weil Adrians Worte sie neugierig gemacht haben. Sie hat auch gehofft, Lytton hier zu treffen. Aber Lytton ist bisher nicht aufgekreuzt. Um sich der Gruppe anzupassen, hat sie ein Kleid mit einem bäuerlichen Muster angezogen und sich ein blaues Kopftuch umgebunden. Es ist ein warmer Augustabend, der Himmel hat eine merkwürdige schwefelgelbe Farbe, und nach und nach versammeln sich alle um ein kleines Feuer, das gegen die Mücken helfen soll. Rupert liest eines seiner Gedichte vor, das von unsichtbaren Rehkitzen handelt, die lautlos durch eine Schneelandschaft ziehen, und dann noch ein anderes, in dem es um einen Mann geht, der archaische Trommeln hört. Als er aufhört, fängt jemand an, Gitarre zu spielen, und Rupert sagt leise zu Virginia: »Lass uns zu Byrons Pool gehen. Was hältst du davon? Dort sollen um diese Zeit manchmal Elfen zu sehen sein. Am Wehr direkt ist es gefährlich, aber es gibt da eine Sandbank, von der aus man ins Wasser gehen kann.« Und schon ist er aufgestanden, zieht sich sein

Hemd an, nimmt ihre Hand, hilft ihr auf und zieht sie vom Feuer fort. Als sie die Sandbank erreichen, sagt er: »Und jetzt lass es uns so machen wie der Lord. Damals, als er Student im Trinity war und mit einem Bären sein Zimmer teilte.«

»Was meinst du?«

»Lass uns schwimmen gehen.«

»Aber ich habe keinen Badeanzug dabei.«

»Wie Byron heißt nackt«, erklärt Rupert geduldig, und dann steht er auf, zieht sich aus, geht ruhig ins Wasser und schwimmt im Licht eines blassen Mondes auf das gegenüberliegende Ufer der Cam zu. Virginia tut es ihm nach kurzem Zögern nach. Das Wasser ist klar und weich, sie schwimmen nebeneinander, gehen zusammen unter, kommen prustend wieder hoch, lachen und küssen sich. Es sind brüderlich-schwesterliche Küsse, alles ist ganz unbeschwert, und Virginia fühlt sich plötzlich so, als sei sie eine andere.

»Kannst du seine Lordschaft spüren?«, flüstert Rupert, »seinen Geisterkörper, wie er an uns vorüberzieht? Und hörst du das Kichern des großen Pan? Den Ruf *Der große Pan ist tot* hat es niemals gegeben, Virginia. Weil es nicht wahr ist. Es war eine Lüge der Kirche. Die Kirche leugnet ja bis heute die Seele der Natur. Aber in Wahrheit sind die Naturgötter immer noch da.«

»Und du glaubst an die Realität eines bocksbeinigen griechischen Hirtengottes?«

»Aber ja.«

»Heute? In England? Im 20. Jahrhundert?«

»Pan bedeutet *alles* oder *allüberall*. Warum also nicht hier? Warum also nicht heute?«

Später liegen sie nebeneinander auf der Sandbank. Rupert hat Handtücher und eine Decke geholt. Ihre Arme berühren sich wie unabsichtlich. Eine Weile schweigen sie, aber dann sagt Rupert plötzlich: »Irgendwann werde ich 30 sein, Virginia. Irgendwann werde ich alt sein. Der Gedanke an den dann unweigerlich einsetzenden Verfall macht mich krank. Willst du älter werden als 35?« Sein Stimme klingt verändert. So als sei ihm eben ein Stimmband gerissen.

»So weit in die Zukunft denke ich nicht.«

»Aber du wolltest doch heiraten?«

»Ja, das stimmt. Woher weißt du das?«

»Wolltest du dich wirklich binden an diesen hässlichen alten Mann?«

»Was?«

»Ich spreche von Lytton Strachey.«

»Wieso alt?«

»Er ist bestimmt schon über 30, aber das ist es nicht allein. Findest du nicht, dass er aussieht wie eine Leiche? Sein Gesicht ist totenblass. Seine Glieder haben kein Fleisch. Sie bestehen nur aus Knochen, wie bei einem Skelett, und auch seine dünne Fistelstimme hat etwas Leichenhaftes, finde ich. Und dann ist er so feminin und gleichzeitig auf eine so absurde Weise englisch.«

»Ihr seid nicht befreundet?«

»Nun, er wollte hier einziehen, aber die sanitären Anlagen und das Essen entsprachen nicht seinen Wünschen. Er wurde fast ein bisschen hysterisch deswegen, und schon nach zwei Tagen wollte er nur noch nach Hause und seinen Arzt sehen. Strachey ist kein Mann für das Leben in der Natur. Kannst du ihn dir in einem See vorstellen? Wie er schwimmt? Nackt? Das kannst du nicht. Als ich ihm das vorschlug, fiel er fast in Ohnmacht. Seine Jacken sind alle aus Wolle, und er zieht sie niemals aus, auch nicht bei 30 Grad im Schatten. Hast du ihn schon einmal mit nacktem Oberkörper gesehen? Selbst im Hochsommer muss jeder Zentimeter seiner Haut bedeckt sein. Er sagt von sich selbst, er sei ein wilder Mann aus den Wäldern, und vermutlich glaubt er das wirklich, aber es ist nicht wahr. Ein Mann wie Strachey würde, auf sich selbst gestellt, in der Natur nicht einen Tag überleben.«

»Hat er dir das gesagt?«

»Was meinst du?«

»Er sei ein wilder Mann aus den Wäldern?«

»Ja. Wieso?«

»Ach, nur so. Und ihr seid also nicht befreundet?«

»Manchmal kreuzen sich natürlich unsere Wege. Cambridge ist ein Dorf. Doch du hast meine Frage noch nicht beantwortet, Virginia. Stimmt es, dass du diesen Mann heiraten wolltest?«

»Er hat mich gefragt.«

»Und du hast *Nein* gesagt?«

»Nein, ich habe *Ja* gesagt.«

»Wie konntest du?«

»Ja, wie konnte ich.«

»Und warum seid ihr dann nicht verheiratet?«

»Er hat seinen Antrag zurückgezogen.«

»Warum?«

»Er sagte, es sei ein Irrtum gewesen.«

»Einfach so?«

»Einfach so.«

»Und wann?«

»So halb schon am selben Tag. Und endgültig zwei Tage später.«

»Das ist unvorstellbar.«

»Ja.«

»So etwas tut man nicht.«

»Ja.«

»Andererseits«, sagt Rupert plötzlich, »wenn ich es recht bedenke: Hat Jane Austen nicht dasselbe getan?«

»Was?«

»Naja, nicht exakt dasselbe vielleicht, aber hat sie nicht mit 27 Jahren den Heiratsantrag eines sechs Jahre jüngeren Mannes angenommen und ihr Jawort am nächsten Tag wieder zurückgezogen?«

»Ja, das hat sie wohl. Aber in meinen Augen ist das etwas anderes.«

»Ist es das wirklich?«

»Ja, ich glaube schon, denn schließlich hat ja nicht sie ihm den Antrag gemacht, sondern umgekehrt.«

31

Henry Lamb, weiß Nessa, wurde in Australien geboren. Er sei verheiratet, berichtet sie, und habe einen Ruf als Don Juan. Ein Schüler des Skandalmalers Augustus John, eigentlich Mediziner, aber er habe die Medizin für die Kunst aufgegeben. Adrian hat Henry auf Lyttons Wunsch hin an den Fitzroy Square eingeladen, und an einem Donnerstagabend sitzt der Maler, einen Bleistift in der Hand und einen Skizzenblock auf den Knien, auf dem kleinen blauen Sofa zwischen Adrians Bücherregalen. Virginia betrachtet ihn neugierig, denn sowohl Nessa als auch Lytton haben wahre Wunderdinge von diesem Mann berichtet. Langes, gelocktes Haar. Sehr große, wasserhelle blaue Augen. Schmale, intelligent wirkende Hände. Ein verführerisches Lächeln, das er nach nur ihm bekannten Regeln anknipst und ausknipst.

Ein beinahe starrender Blick, mit dem er die Anwesenden mustert. Ein fisseliger Ziegenbart, der sich hochzieht bis zu den breiten Koteletten. Ein um den Hals geschlungenes langes Seidenband, das er vorne zu einer ausladenden Schleife gebunden hat. Ein zu großes Jackett aus breitem Samtcord. Eine abgetragene Weste. Eine hochgeknöpfte Arbeiterhose. Ein silberner Ohrring im linken Ohr. Alles an dem Mann scheint eine einzige Inszenierung zu sein.

»Er ist ein Sartyr, nicht wahr?«, sagt Lytton leise zu Virginia, die sich zu ihm auf den Teppich gesetzt hat, nicht zuletzt, um Henrys starrem Malerblick zu entgehen. »Der reinste Dämon. Einfach unwiderstehlich.«

»Unwiderstehlich? Ich?«, mischt Henry sich ein. »Was für ein Irrtum. Ich bin nur ein Handwerker, der, wenn er Glück hat, das Unwiderstehliche zeigt. Unwiderstehlich kann selbstverständlich auch das Hässliche oder Schockierende sein. Die Nacktheit des erwachsenen Mannes zum Beispiel ist für die Frau immer ein Schock, während die Nacktheit der Frau niemals einen Mann schockieren kann. Sie kann ihn anziehen, aber meistens langweilt sie ihn schnell.«

»Hast du da nicht etwas vergessen, Henry, mein Lieber?«, fragt Lytton. »Die einzig wichtige Frage ist doch: Was bedeuten die Nacktheit und Schönheit eines Mannes für einen anderen Mann?«

»Da musst du etwas missverstanden haben, mein lieber Lytton. Ich habe nichts vergessen. Die von dir erwähnte Frage interessiert mich künstlerisch einfach nicht.«

32

Es ist die Zeit der Kostümbälle, und Lady Ottoline Morrell lädt ganz Bloomsbury an ihrem Geburtstag zu einem Kostümfest ein. Das diesjährige Motto lautet: *Die Welt der Antike*. Lytton erscheint als Dionysos, Henry als Faun, Virginia als Ariadne, Duncan als Paris, Nessa als Helena, Clive als Narziss und Adrian als Ikaros. Es gibt Champagner, alle sind sehr ausgelassen, aber als es auf Mitternacht zugeht, will es Virginia einfach nicht mehr so recht gelingen, sich zu amüsieren. Verloren steht sie in einer mit weißen Blumen geschmückten Fensternische herum, als der Faun und Dionysos auf sie zu getorkelt kommen.

Dionysos fasst sie um die Taille, zieht sie zu sich heran und flüstert ihr ins Ohr: »Das Geld, Ariadne, das du mir geliehen hast für Otts Geschenk – ich musste es leider für ein Taxi ausgeben. Du wirst mir doch verzeihen, oder? Küss mich, damit ich weiß, dass du mir verzeihst.«

33

Thobys Studienfreund Leonard Woolf ist für einen längeren Urlaub aus Ceylon angereist. Jahre im Dschungel, findet Virginia, haben ihn weniger verändert (im Grunde gar nicht verändert) als Lytton einige Monate mit Henry Lamb. Auf Anraten Henrys hat Lytton sich die Ohren durchstechen, einen Vollbart stehen und die Haare wachsen lassen.

Er hat sich einen hohen Hut gekauft, einen purpurnen Seidenschal, eine goldene Nadel, um den Schal zusammenzuhalten, Ohrringe, ein Samtjackett und einen italienischen Umhang. Für seine alten Freunde hat Lytton nur noch selten Zeit. Entweder ist er mit Henry auf Reisen oder die beiden sind, zu Studienzwecken, wie Lytton sagt, in Arbeiterkneipen und Landgasthäusern unterwegs. Sie kleiden sich wie die Dichter des 18. Jahrhunderts und amüsieren sich damit, *die Sitten und Gebräuche der einfachen Leute* zu studieren.

»Ich verstehe nicht, was Lytton an diesem Mann findet«, sagt Virginia zu Nessa, als sie eines Nachmittags im Regent Park spazieren gehen.

»Wirklich nicht?«

»Nun, er sieht vielleicht auf eine konventionelle Weise gut aus, aber er ist ein mittelmäßiger Künstler. Mittelmäßig, berechnend und ein bisschen dumm.«

»Und wenn schon. Die beiden amüsieren sich doch, oder? Was hast du dagegen einzuwenden?«

»Ich glaube, für Henry ist alles nur ein Spiel. Er spielt den Ehemann. Er spielt den Don Juan. Er spielt Lyttons Liebhaber. Er spielt den Maler. Er spielt den Mann, der sich für die Arbeiterklasse interessiert.«

»Du hörst dich an wie eine Betschwester, Ginia. Warum gönnst du den beiden nicht ihren Spaß? Weißt du eigentlich, dass Ottoline eine wilde Affäre mit Henry hatte? Und nun zerfrisst sie die Eifersucht und sie verbreitet überall, Lytton spiele mit Henry Katz und Maus.«

34

Seit seiner Ankunft in London wird Woolf mit Einladungen überschüttet. Alle wollen wissen, wie es ihm im Dschungel ergangen ist. Er wird nach Cambridge eingeladen – und von Clive und Vanessa an den Gordon Square. Es dauert ein wenig, bis er die Zeit findet, Adrian und Virginia in Firle zu besuchen. Die Stimmung ist zunächst ein wenig beklommen, weil alle Beteiligten unsicher sind, ob sie sich etwas zu sagen haben werden. Zu dritt sitzen sie um den Tisch mit der tief hängenden, gemütlichen Lampe, trinken Tee und essen trockenen Kuchen. Woolfs Hände zittern. Der Dschungel hat seinen Tremor nicht geheilt. Adrian und Virginia befragen ihn nach seinen Erinnerungen an Thoby, stellen eine Menge Fragen über das Leben in Ceylon, versuchen den Gast mit Bloomsbury-Anekdoten zu unterhalten und ihn in Bezug auf das Londoner Gesellschaftsleben auf den neusten Stand zu bringen. Aber nichts hilft. Woolf bleibt steif und förmlich. An Small Talk, Klatsch und Tratsch scheint ihm nichts zu liegen. Er ist von unerschütterlicher Ernsthaftigkeit und beantwortet alle Fragen so kurz, dass Virginia sich ständig neue ausdenken muss. Doch dann stellt sich heraus, dass er schreibt. *Das Dorf im Dschungel* ist der Arbeitstitel seines Romans, und damit ist das Eis gebrochen. Zu dritt machen sie sich nach dem Tee zu einem Spaziergang auf, und aus irgendeinem Grund geraten sie auf denselben Weg, den Virginia schon einmal mit Lytton gegangen ist. Als das gelbweiße Haus in Sichtweite kommt, schlägt Woolf vor, hinüberzugehen und es anzusehen. Ein Mann mit nassen Haaren und aufgeknöpftem Hemd tritt aus der Tür, beugt sich über einen Eimer und klatscht sich Wasser ins Gesicht. Er sei Landarbeiter auf der nahegelegenen Farm, erklärt er Woolf auf dessen Frage hin, und er sei der Einzige, der es wage, in diesem Gebäude zu übernachten.

»Es spukt hier, wissen Sie«, fährt er fort. »Ich habe den Geist auch schon gehört. Die Leute sagen, dass er einen Schatz bewacht, aber gefunden hat ihn bisher noch niemand, obwohl viele danach gesucht haben.«

Virginia mischt sich ein und fragt, einer plötzlichen Eingebung folgend, ob das Haus zu vermieten sei. Der Mann verweist sie an die Frau des Schäfers. Diese könne ihnen mit Sicherheit Name und Adresse des Verwalters nennen.

Wenige Tage später ist Virginia mit Adrian und Vanessa zu einer Hausbesichtigung verabredet. Sie hat inzwischen vom Verwalter den Schlüssel besorgt und von diesem auch den Namen des Hauses erfahren. Wie atmend liegt es da, von Bäumen umstanden, weiß schimmernd, auf einer kleinen Anhöhe, im Morgenlicht: Asheham House. Weil die Bogenfenster im Erdgeschoss tiefer liegen als die Grasnarbe, haben sie, als sie durch die Terrassentür das Gartenzimmer betreten, das merkwürdige Gefühl, ein Boot zu besteigen. Wie sich herausstellt, ist das Haus wunderbar geräumig. Es gibt vier Schlafzimmer im ersten Stock und einen sehr großen Dachboden. Draußen entdecken sie eine kleine Veranda, einen von einer Mauer umzogenen verwilderten Garten und eine Senke voller Pilze, um die herum riesige Ulmen stehen.

»Dieses Haus scheint mir so etwas zu sein wie das Paradies«, sagt Virginia und erntet einhellige Zustimmung von ihren Geschwistern. »Es ist kein Geisterhaus. Ich glaube, die Leute bringen da etwas durcheinander. Mir scheint, es ist eher so etwas wie ein lebendiges Wesen – mit einer Seele – mit einem Puls.« Sie sieht Adrians und Nessas skeptischen Blick und fährt mit ruhiger Stimme fort: »Ich bin dafür, es zu mieten, und, sobald wir den Mietvertrag haben, das Haus in Firle zu kündigen. Dies hier ist das eigentliche Haus.«

»In diesem Punkt sind wir ausnahmsweise einmal einer Meinung, Virginia«, stimmt Adrian ihr zu. »Und wo wir schon dabei sind, Pläne zu machen: Was hältst du davon, uns auch in London ein anderes Haus zu suchen? Ein größeres Haus. Wir könnten wieder eine Wohngemeinschaft gründen. Dann würden wir uns weniger auf die Nerven gehen. Und Spaß machen würde es auch.«

»Das ist eine großartige Idee, Adrian. Ich werde Lytton fragen, ob er mitmacht. Er beklagt sich doch ständig über seine Wohnsituation, über die *grüne Hölle ohne Privatheit* in Hampstead, die ihn krank mache und sein Leben ruiniere. Dass er über 30 sei und immer noch bei seiner Mutter wohne.«

»Fragen wir ihn«, sagt Adrian. »Ich würde mich freuen, wenn er dabei ist. Aber ich bezweifle, dass Lytton seine Klagen so ernst meint, wie du glaubst.«

35

Traum: Der Vater, in einem Boot in St. Ives, auf der Fahrt zum Leuchtturm. Plötzlich legen sich wie eine Maske Lyttons Züge über sein Gesicht.

Liebster Papa, schreibt sie an Lytton, *würde es Dir passen, morgen mit uns zu Abend zu essen? Wer war übrigens meine Mutter? Lady S? Deine Dich liebende Tochter Adeline Virginia Stephen*

Lytton kommt pünktlich. Den Wortlaut der Einladung erwähnt er mit keinem Wort. Gleich nach dem Essen bringt Adrian das Thema Wohngemeinschaft zur Sprache.

»Wir haben ein Haus in Aussicht«, berichtet er, »am Brunswick Square 38. Das wird sicher klappen. Wir möchten dort eine neue Wohngemeinschaft gründen. Und wir wollten dich fragen, ob du dabei bist?«

»Eine Wohngemeinschaft. Oh, mein Gott. *Quelle joie!* Aber ob ich dabei sein werde, kann ich so schnell nicht sagen. Das kommt sehr überraschend. Wer wäre denn noch dabei? Könnte Henry mit einziehen?«

»Warum nicht, wenn er das möchte. Es gibt nur die Schwierigkeit, dass das Haus am Brunswick Square für mehr als fünf Parteien zu klein ist. Und ich habe schon Duncan und Maynard gefragt. Wenn sie zusagen – und Henry auch –, müssten wir ein größeres Haus suchen.«

»Duncan und Maynard? – Also, ich würde viel darum geben, mit Duncan zusammen zu wohnen, aber solange er mit Maynard zusammen ist, werde ich mir das nicht antun. Fragt doch Woolf. Ihr müsst ihn fragen – denn wo sollte er sonst hin?«

»Bist du dir sicher mit deiner Absage? Hast du nicht immer wieder gesagt, du wolltest weg aus Hampstead – aus der *grünen Hölle* von Belsize Park Gardens?«

»Ja, das habe ich wohl gelegentlich gesagt. Aber Henry und ich planen eher, uns ein Haus auf dem Land zu suchen.«

»Überleg es dir noch mal in Ruhe«, sagt Virginia. »Wir halten die Wohnung unterm Dach für dich frei.«

Aber Lytton bleibt bei seiner Absage, und das Projekt Wohngemeinschaft am Brunswick Square 38 kommt ohne ihn zustande. Zuerst ziehen Adrian, Virginia, Duncan und Maynard ein, etwas später kommt Woolf dazu, der die Räume bezieht, die Virginia freihalten wollte für den Fall, dass Lytton es sich noch anders überlegt. Aber nachdem Lytton selbst immer wieder Woolf ins Spiel gebracht hat, der dringend eine Wohnung brauche, hat sie sich schließlich einverstanden erklärt. Duncan und Maynard beziehen die erste Etage, Adrian die zweite, Virginia die dritte und Woolf die Räume unterm Dach.

36

Traum: Ein lichtdurchflutetes großes Zimmer mit weißen Wänden. Heller, glänzender Parkettboden. Geöffnete Doppelfenster. Bodenlange weiße Gardinen. Der Raum ist leer, abgesehen von einem schwenkbaren Standspiegel aus Kirschbaumholz. Eine Anprobe findet statt. Das Hochzeitskleid, das genau so ist, wie ein Hochzeitskleid sein sollte: weiß, knöchellang, mit einem schwingenden Rock, Dreiviertelärmeln und einem enganliegenden Oberteil aus Spitze, passt nicht. Zuerst ist es zu groß, dann ist es zu klein.

Woolf ist groß und dünn, Hände und Gesicht sind von der Sonne gebräunt, und ihn umgibt eine Aura von Wildheit und Geheimnis. Seine Augen sind schmal und dunkel, sein schwarzes, kurz geschnittenes Haar wird auf dem Kopf durch einen sehr gerade gezogenen Seitenscheitel geteilt.

Eine lange, dunkle Strähne fällt ihm vorne schräg über die hohe Stirn. Mitten im Sommer trägt er dicke Cordjacken über weißen Hemden, so als müsse er sich immer noch vor Insekten schützen, und manchmal hat er etwas Herrisches an sich. Woolf ist fremd, exotisch, unbekannt, vielleicht sogar ein bisschen unheimlich. Nicht nur seine Erfahrungen, auch seine fast priesterliche Ernsthaftigkeit in allen Dingen unterscheiden ihn von der vergnügungssüchtigen Bloomsbury-Szene. Woolf möchte seinen Urlaub nutzen, um seinen Roman fertigzuschreiben, den er in Ceylon begonnen hat. Er fragt Virginia nach ihrer Arbeitsroutine und schlägt ihr zu ihrer Überraschung vor, jeden Tag mit ihm zusammen zu frühstücken. Danach ziehen sich beide in ihre Zimmer zurück, um drei Stunden zu schreiben. Auf Woolfs Initiative hin treffen sie sich um ein Uhr dann wieder zum Lunch, und nach dem Lunch gehen sie zusammen spazieren. Eine Tagesroutine, die Woolf innerhalb einer Woche etabliert. Aber obwohl er und Virginia nun so viel Zeit miteinander verbringen, bleibt Woolf vorerst distanziert und förmlich, und als Virginia ihn eines Tages fragt, ob er damit einverstanden sei, dass sie sich mit ihren Vornamen anreden, hat sie, nachdem Woolf zugestimmt hat, den merkwürdigen Eindruck, dass der neue Mitbewohner in dieser Distanzverringerung so etwas sieht wie die Vorstufe zu einer Verlobung.

Kurz darauf stellt sich heraus, dass ihre Intuition richtig war. An einem Donnerstagmittag kommt Leonard überraschend von einer Reise zurück, stürmt in ihr Zimmer, umarmt und küsst sie überfallartig auf dem Sofa. Er habe nicht viel Zeit, ruft er. Vielleicht sei es für einen Antrag zu früh, aber sein Urlaub werde bald zu Ende sein. Er müsse planen. Er brauche eine Antwort. Wolle sie ihn heiraten?

Der erzwungene Kuss, Leonards Aufgeregtheit und die Theatralik der ganzen Szene verwirren Virginia. Bei dem Kuss empfindet sie nichts als Abwehr. Und dann ist da noch dieses sehr klare Gefühl, dass etwas nicht stimmt. Und dieses andere Gefühl, dass gleich etwas Schreckliches passieren und dass sie nicht die Kraft haben wird, es abzuwenden. Sie möchte in Tränen ausbrechen, sagt sich aber, dass es keinen Grund gebe dafür. Endlich schafft sie es, Leonard wegzuschieben, Distanz herzustellen, vernünftig zu sein, zu sprechen. Sie bittet ihn, vorerst mit niemandem über *diese Sache* zu reden. Sie könne jetzt nichts dazu sagen, sie sei zu überrascht. Bevor sie ihm eine Antwort geben könne, müsse sie ihn erst besser kennenlernen. Sie will Zeit gewinnen. Warum eigentlich? Ihre innere Antwort ist ein klares *Nein*. Leonard muss das gespürt haben, aber sein Gesichtsausdruck ist entspannt. Offenbar scheint es ihm vorerst zu genügen, dass sie dieses *Nein* nicht ausgesprochen hat.

37

Eine Woche ist vergangen. Leonard dringt auf eine Aussprache, und sie treffen sich im *Dichtersaal*, im ersten Stock des Vienna Cafés in der Oxford Street. Ein dreieckiger hoher Raum, ausgestattet mit Säulen, Samtsofas, Marmortischchen, Bugholzstühlen und einer verspiegelten Decke. Als sie nach oben blicken, sehen sie sich über ihren eigenen Köpfen schweben in einem Deckensee aus Spiegelglas.

»Als meine Räume am Brunswick Square renoviert wurden, habe ich hier jeden Tag geschrieben. Danach habe ich eine Weile gebraucht, um wieder ohne den Geruch von

Kaffee, Kuchen, Zigarettenqualm und nassen Mänteln arbeiten zu können.«

Leonards Hände zittern.

»Es ist lange her, dass ich hier war.«

»Wie kommst du voran mit deinem Roman?«

Ein Kellner in einem weißen Jackett, mit einer weißen Serviette über dem Unterarm, kommt an ihren Tisch, fragt nach ihren Wünschen und empfiehlt die Wiener Schokoladentorte. Leonard ignoriert die Empfehlung und bestellt für sie beide starken schwarzen Kaffee. Er schweigt, bis der Kellner serviert hat, dann nimmt er hastig einen Schluck aus seiner Tasse und sagt: »Der Roman ist für den Moment unwichtig, Virginia. Ich möchte mit dir über etwas anderes sprechen. Du hast gesagt, du möchtest mich besser kennenlernen, das ist nur natürlich, ich verstehe das, und ich habe mir überlegt, dass es vielleicht helfen könnte, wenn ich dir einfach alles über mich sage. Natürlich ist eine Ehe immer ein Risiko, besonders eine Ehe mit einem Mann, der so viele Fehler hat wie ich. Lass sie mich dir alle sagen, jetzt gleich, auch wenn ich es vorgezogen hätte, dies nicht hier zu tun.«

»Ich möchte mir lieber selbst ein Bild machen.«

Leonard holt ein silbernes Etui aus seiner Tasche und bietet Virginia eine Zigarette an. Eine Weile rauchen sie schweigend, dann kommt Leonard wieder auf sein Anliegen zurück. »Mein Urlaub wird nicht ewig dauern, Virginia. Deshalb muss ich dir sofort sagen, welche Fehler ich habe. Ich muss das einfach tun. Also: Ich bin egoistisch, besitzergreifend, eifersüchtig, egozentrisch, lüstern. Ich bin sehr, sehr nachtragend. Ich kann grausam sein. Ich habe Todesurteile unterschrieben. Ich kann sehr wütend werden. Und genau aus diesem Grund habe ich bisher nie heiraten wollen. Ich hatte Angst, dass eine Frau mich durch ihre Unterlegenheit so zur Wut reizen könnte, dass ich … nun, dass ich damit … nicht fertig werden würde, dass ich … ihr etwas antun könnte. Aber du bist mir nicht unterlegen. Bei dir habe ich diese Befürchtung nicht. Dir würde ich nie etwas antun. Dich müsste ich auch nicht anlügen. Wir könnten ehrlich miteinander sein, und das wäre sogar ganz leicht.«

»Ich weiß nicht. Ich bin nicht immer ehrlich, weißt du. Und ich habe ebenfalls eine Menge Fehler. Ich neige zu Übertreibungen. Und ein Geheimnis für mich behalten kann ich auch nicht.«

»Deine Fehler sind mir völlig egal. Was sind sie schon im Vergleich mit all deinen anderen Eigenschaften?«

»Warte. Du musst noch etwas wissen. Es gab Zeiten, da war ich verrückt. Ich habe versucht, mich umzubringen.«

»Wie gesagt, deine Fehler sind mir vollkommen egal. Ich werde lernen, auch deine Fehler zu lieben.«

»Aber der Wahnsinn ist doch kein Fehler.«

»Was immer er ist, es ist mir egal.«

»Aber siehst du es nicht als ein Hindernis an, dass ich nicht in dich verliebt bin?«

»Nein. Es gibt Dinge, die wichtiger sind.«

»Und die wären?«

»Wir mögen dieselben Dinge, wir mögen dieselben Menschen. Wir sind beide intelligent, haben Sinn für Realitäten. Und dann haben wir uns auch noch gern. Du stehst außerhalb des Feuerkreises, das weiß ich, aber ich glaube, wir könnten trotzdem glücklich miteinander sein. Das ist etwas sehr Seltenes.«

»Ich bin mir nicht sicher, ob das stimmt.«

»Aber ich brauche eine Antwort.«

»Ich kann dir heute keine Antwort geben, Leonard.

Überhaupt kann ich dir nichts versprechen. Aber ich werde so ehrlich zu dir sein, wie es mir möglich ist.«

»Und ich werde alles tun, was du willst, hierbleiben oder fortgehen, alles, wie du es willst. Ich möchte, dass du dich ganz frei fühlst mit dir und mit mir und mit deiner Entscheidung.«

Eine Weile sitzen sie schweigend vor ihren leeren Kaffeetassen. Dann winkt Leonard dem Kellner, bestellt zwei weitere Kaffee und dazu deutschen Apfelkuchen. Er kommt auf das Thema Heirat nicht mehr zu sprechen und fängt an, Geschichten aus dem Dschungel zu erzählen. Und am folgenden Tag, bei ihrem Mittagsspaziergang, fährt er damit fort, und am darauffolgenden Tag ebenfalls. Tag für Tag, Spaziergang für Spaziergang, Abend für Abend, und irgendwann geht es in all diesen Geschichten nur noch um einen Mungo, der sich in einen Affen namens Mandrill verliebt, und dann erzählt Virginia die Geschichte weiter, und der Mungo wird zu einem Dichter namens Mungosius, und dann erzählt Leonard weiter, und Mungosius schreibt für Mandrill ein Lied der Freude, welches so beginnt: *Ich bete dich an, ich bete dich an, ich bete dich an.*

»Er nennt dich *Mandrill*?«, fragt Clive, der am Brunswick Square vorbeigekommen ist, um sich nach dem Stand der Dinge zu erkundigen.

»Es ist nur eine Geschichte. Und Nessa sagt *mein Affe* zu mir.«

»Aber das kannst du doch nicht vergleichen. Ein Mandrill ist ein farbenfrohes, aber kein schönes Tier. Er hat kornblumenblaue Wangenwülste. Sein After ist hochrot. Ein Mandrill ist ein großer, geschwänzter Altweltaffe aus der Familie der Meerkatzen. Ein stämmiger Allesfresser mit

Stummelschwanz, Gesichtsmähne, gelblichem Kinnbart, unbehaartem rot-blauem Gesäß und rot-blauen Gesichtspartien. Der Mandrill gilt als äußerst gefährlich. Seine Eckzähne erinnern an die von Löwen. Ein zähnefletschender Mandrill ist ein furchterregender Anblick. Darf ich fragen, wie du ihn nennst?«

»*Mungo* oder *Dr. Mungosius.*«

»Mungo. So, so. Das ist doch nicht zu fassen. Ein Mungo, liebe Virginia, ist ein kleines, katzenartiges Raubtier, ein niedlich aussehendes Felltier aus der Familie der Schleichkatzen, berühmt für seine Fähigkeit, Schlangen, Ratten und Skorpione zu töten.«

»Du verstehst das nicht. Mungosius ist ein großer Dichter. Er hat für Mandrill ein *Lied der Freude* geschrieben, das so beginnt: *Ich bete dich an, ich bete dich an, ich bete dich an.*«

»Und wie glaubwürdig ist dieses Lied? Wie berechnend ist Dr. Mungosius?«

»Er ist nicht berechnend. Es ist ihm ganz ernst. Er macht sich nie über mich lustig, Clive, so wie du, Nessa und Lytton das oft tun. Er legt den größten Wert darauf, mich nicht zu verletzen. Mit ihm zusammen fühle ich nie den Druck, ihn unterhalten zu müssen. Ich muss keine Angst haben, ihn zu langweilen. Mit ihm kann ich nichts falsch machen. Er ist Thobys Freund gewesen, und manchmal ist es so, als sei Thoby mit ihm zu mir zurückgekommen, und mit Thoby dieses merkwürdige und sehr beruhigende Gefühl, beschützt und in Sicherheit zu sein.«

»Und du hast keine Zweifel bei dieser Affengeschichte?«

»Natürlich habe ich Zweifel.«

»Dann solltest du auf deine Zweifel hören.«

38

Sie sind in Covent Garden gewesen, um Mozarts *Don Giovanni* zu sehen. Zurück am Brunswick Square, drängt Leonard Virginia, ihre Zimmertür noch für einen Moment offen zu lassen. Er wolle ihr noch etwas geben. Dann eilt er die Treppe hoch. Virginia bleibt müde vor ihrer Zimmertür stehen. Sie möchte ins Bett. Bei Leonard ist immer alles so dringend, denkt sie. Immer muss es gleich sein. Warum kann er ihr Was-auch-immer-es-sein-mag nicht morgen früh geben? Sie bedauert, seine Bitte nicht rundweg abgeschlagen zu haben. Aber dazu hat Leonard ihr einfach keine Zeit gelassen. Sie merkt, dass seine fordernde Art anfängt, ihr auf die Nerven zu gehen. Doch bevor sie weiter darüber nachdenken kann, was das möglicherweise bedeuten könnte, ist Leonard auch schon zurück. Mit zwei übereinander gestapelten Kartons, die er auf seinen Unterarmen balanciert.

»Lässt du mich rein?«

»Bitte.«

Er kommt ins Zimmer und stellt die Kartons auf ihrem Schreibtisch ab.

»Du hast gesagt, du möchtest mich besser kennenlernen«, sagt er feierlich, »und ich möchte, dass du alles über mich weißt. Wenn du willst, kannst du dies hier lesen. Ich glaube, danach wirst du wissen, wer ich bin.«

Als er gegangen ist, öffnet sie die Kartons. Sie enthalten Lyttons und Thobys Briefe an Leonard und die Abschriften von Leonards eigenen Briefen an Thoby und Lytton. Sie nimmt einen Brief von Thoby heraus. Aber noch bevor sie an das Ende dieses ersten Briefes gekommen ist, legt sie ihn, von Trauer überwältigt, wieder zurück und nimmt einen Brief aus dem Karton, der Leonards Korrespondenz mit Lytton enthält. Sie beginnt zu lesen. Brief um Brief. Die ganze Nacht.

Leonard und Lytton haben sich über Jahre fast täglich geschrieben. Sie liest Lyttons ausführliche Schilderungen seiner unglücklichen Liebe zu Duncan, liest Lyttons schwämerische Henry-Briefe, liest Lyttons Klagen über Henrys *Teufeleien*, liest seine Lästereien über Ottoline Morrell. Sie liest den Brief, in dem Leonard Lytton seine *leidenschaftliche* Verliebtheit in Vanessa gesteht. Sie liest Lyttons Briefe vom Februar 1909. Sie liest all diese Sätze, die nie hätten geschrieben werden dürfen und von denen sie sofort nach der Lektüre wünscht, sie hätte sie nie gelesen: *Lieber Woolf, ich habe Virginia heute einen Heiratsantrag gemacht! – Bereits in dem Moment, wo ich es aussprach, wusste ich, dass es unmöglich war! – Verstehst du? Sie ist ihr Name: Virginia – die Jungfrau! – Mir graute davor, dass sie mich küssen könnte. – Wenn ich stärker wäre, als ich es bin, hätte ich sie heiraten und ganz zu der Meinen machen können, aber so, wie es ist, gibt es nur eine Lösung, lieber Woolf: DU musst Virginia heiraten.– Glaub mir, sie sitzt hier und wartet auf dich. – Wenn du meinen Rat hören willst: Telegrafiere, schreibe, komm her, erkläre dich.*

Der Heiratsantrag. Leonards »Verliebtheit«. Die Umsetzung eines lang gehegten Plans.

Weitergereicht!
Zweite Wahl!

Die Worte kreisen wie schmutzige Lappen in ihrem Kopf.

Du bist dies! Du bist das!

Es ist nicht richtig, so etwas über einen anderen Menschen zu sagen, findet sie.

Als Adrian am nächsten Mittag kommt, um zu sehen, wo seine Schwester bleibt, findet er sie stehend, unter der Lampe, merkwürdig erstarrt, unfähig zu sprechen. Er sieht die Kartons mit den Briefen, zieht seine Schlüsse und bringt Virginia zu Dr. Savage. Dr. Savage hört sich ruhig an, was Adrian zu sagen hat. Dann verbietet er der Patientin jeden weiteren Kontakt zu Leonard. Auf seinen Rat hin begleitet Adrian Virginia nach Twickenham. Zu ihrer absoluten Verblüffung besucht Lytton sie dort am nächsten Tag. Er bringt ihr Bücher und bittet eindringlich darum, Flecken und Eselsohren zu vermeiden. Kaum hat Lytton sich auf den niedrigen Holzstuhl gesetzt, der neben ihrem Bett steht, findet sie ihre Sprache wieder.

»Ich habe alle deine Briefe gelesen«, sagt sie. »Mein Gott, was für Einblicke ich jetzt habe in die Erschaffung der Welt.«

Lytton räuspert sich, nimmt die Brille ab, fährt mit der Hand über seine Augen, wippt mit dem Fuß.

»Alle?«

»Alle!«

Er sieht sie an, von einer plötzlichen Verlegenheit gepackt, die er nicht haben will.

»Vielleicht sollte ich jetzt besser gehen. Ich glaube, sie sagten etwas von: *Nicht länger als ein paar Minuten …*«

»Warte«, unterbricht sie ihn, »noch eine Frage: Stimmt es, dass du damals zu Thoby gesagt hast, Woolf dürfe niemals heiraten, denn er sei wie Swift und würde seine Frau ermorden aus bloßem Zorn über ihre mangelnde Intelligenz?«

»Ich erinnere mich nicht.«

»Dann frage ich anders. Rein theoretisch: Was für Hinweise gibt es, dass Swift ein Mörder war?«

»Nun, falls ich tatsächlich vor Jahren so etwas in der Art gesagt haben sollte, dann habe ich sicher nicht gemeint, dass Swift ein Mörder war, sondern möglicherweise, dass Swift, weil er die Gefahr, ein Mörder zu werden, vermeiden wollte, die Frauen in seinem Leben auf Abstand gehalten und niemals mit einer Frau zusammen gelebt hat.«

»Noch eine Frage: Wenn Woolf in deinen Augen wie Swift ist und niemals heiraten sollte, warum hast du ihn dann gedrängt, mich zu heiraten?«

»Woolf ist nicht wie Swift. Zwischen dem Intellekt von Swift und dem von Woolf liegen Abgründe. Aber jetzt muss ich wirklich gehen.«

39

Traum: Sie ist allein, läuft barfuß in ihrem Hochzeitskleid über Kopfsteinpflaster, an einer alten Stadtmauer entlang. Flirrende Lichtflecken wandern über die Mauer, zucken über das Pflaster, entzünden sich, setzen den Saum ihres Kleides in Brand.

»Du musst wissen, was du tust, mein Affe«, sagt Nessa, die zusammen mit Adrian gekommen ist, um Virginia aus Twickenham abzuholen, »aber ich habe zwei kleine Kinder. Ich kann mich nicht um dich kümmern. Das habe ich auch Savage gesagt. Und Adrian wird auch bald eine eigene Familie haben. Du hast nun die Chance zu heiraten, Ginia, und du solltest es dir gut überlegen, ob du es verantworten kannst, diese Chance auszuschlagen. Leonard steht zu seinem Antrag. Welcher andere Mann würde das tun?«

Zurück in London, sagt Leonard ihr, dass er seine Stelle in Ceylon gekündigt habe. Aber das sei allein seine Sache, fügt er hinzu. Er wolle sie nicht unter Druck setzen. Sie solle sich ganz frei fühlen. Er selbst tue das auch. Auch wenn er noch nicht wisse, wie er zukünftig seinen Lebensunterhalt verdienen werde. Vanessa habe ihn übrigens gewarnt. Doch das sei ihm egal. Er ziehe seinen Antrag nicht zurück. Wenn sie *Ja* sage, mache sie ihn zu einem glücklichen Mann. Natürlich sei es für ihn sehr schwierig, monatelang in einer Art Niemandsland zu leben.

»Willst du denn keine Kinder?«, fragt Adrian.

»Willst du denn keine Kinder?«, fragt Nessa. »Willst du kein Leben als Frau? Und selbst wenn du das nicht willst, wie willst du allein zurecht kommen? Du kannst nicht allein leben. Begreifst du das nicht?«

Wie soll sie Nessa erklären, dass sie keineswegs den Wunsch hat, für immer allein zu bleiben. Dass sie sich danach sehnt, ihren Verbannungsort, den Zuschauerraum des Lebens, zu verlassen. Dass sie sich nichts mehr wünscht, als die Schande abzuschütteln, als Frau sexuell stumm zu sein. Und dass sie genau aus diesem Grund …

Clive ist der Einzige, der sie in ihren Zweifeln bestärkt: »Tu das nicht, Virginia! Ein freiheitsliebendes Wesen wie du kann mit einem Mann wie Leonard nicht glücklich werden. Er wird dir Vorschriften machen, dir jedes Vergnügen am Leben vermiesen, dich zwingen, flache, derbe Schuhe zu tragen, mit ihm auf politische Versammlungen zu gehen und Kochkurse zu besuchen. Er sagt, er liebt dich, aber das ist nicht wahr. Er hat nicht die leiseste Ahnung, wer du bist.«

40

Die ganze Nacht stürzt sie immer wieder ab. Als es endlich vorbei ist, hat sie das Gefühl, durch eine Wand aus dem Traum geschleudert worden zu sein. Mit schmerzenden Gliedern, die Zähne aufeinandergebissen, findet sie sich vor einem Bett wieder, in dem sie nicht allein gelegen hat.

Die Hochzeit hat stattgefunden. Am 10. August 1912. Auf Nessas Wunsch hin wurde die Trauung zwei Tage vorverlegt. Sie hat sich unwohl gefühlt mit dieser Terminverschiebung, und bis zur Hochzeit ist dieses ungute Gefühl nicht mehr weggegangen. Noch auf dem Weg zum Standesamt von St. Pancras ist da dieser übermächtige Impuls gewesen zu fliehen. Hatte nicht auch Lytton es sich damals plötzlich anders überlegt? Und hatte sie nicht das Recht, dasselbe zu tun? Vielleicht. Aber sie ist nicht Lytton. Sie ist dem Impuls nicht gefolgt. Es ist ihr einfach nicht möglich gewesen, etwas so ungeheuer Dramatisches zu tun.

Direkt nach der Zeremonie hat ein vor dem Standesamt wartendes Taxi Leonard und sie nach Asheham gebracht. Die Hochzeitsgäste sind zu einem Trauungsfrühstück gegangen, zu dem die Bells eingeladen hatten. George und Gerald Duckworth, die im schwarzen Gehrock erschienen waren, Saxon, Duncan, eine Schwester von Virginias Mutter Julia, ein exzentrischer Maler, den Vanessa eingeladen hatte. Eine Menge Leute, die vielleicht damit gerechnet hatten, hatten keine Einladung bekommen, darunter Lytton und Leonards Familie.

41

Laut Heiratsurkunde trägt sie jetzt denselben Namen wie ihre Schwiegermutter: Mrs. Woolf. Woolf ist nicht ihr wirklicher Name, so viel ist klar. Aber wie viel Realität hat eine Tatsache, die nicht ausgesprochen werden kann? Auf der Hochzeitsreise machen sie Station in Venedig. Ihre Zimmer befinden sich in einem alten Palazzo mit Dachgarten, grünen Fensterläden und Blick auf den Canale Grande. An der Decke des Frühstückssaals hängen große Ventilatoren. Leonards Nase zuckt, als er das Ei aufschlägt.

»Du siehst aus, wie ein Kaninchen«, will sie sagen, aber sie sagt es nicht. Sie fühlt sich eingeschüchtert. Angespannt. Fürchtet seine Reaktion. Jede Nacht vermittelt er ihr, dass sie seine Geduld strapaziert, weil sie nicht so reagiert, wie er es gewohnt ist, und weil ihn das wieder und wieder kränkt.

Nach dem Frühstück nimmt sie hinter den geschlossenen Fensterläden ihres Zimmers Dostojewskis Roman *Schuld und Sühne* aus ihrer Büchertasche und geht hoch zum Dachgarten. Sie zieht ihren Liegestuhl in den Schatten und beginnt mit der Lektüre:

Es war im Juli, in der heißesten Zeit, als gegen Abend ein junger Mann seine Kammer verließ …

Es sei vollkommen offensichtlich, schreibt sie Lytton am selben Abend, dass Dostojewski der größte Schriftsteller sei, der jemals geboren wurde. Aber was solle aus ihnen werden, fragt sie ihn, wenn der Autor sich dafür entscheide,

ihnen die Schrecken der Welt zuzumuten? Die ganze Hochzeitsreise werde ihnen verdorben sein. Wenn er es aussprache: *Lasst alle Hoffnung fahren* – was könnten sie dann
noch anderes tun, als sich in den Canale Grande zu stürzen
und Selbstmord zu begehen?

42

*Traum: Ein Jahrmarkt in Venedig. Sie befindet sich auf
einer Drehscheibe mit Gitterkäfigen. Die Fahrt beginnt.
Mit jeder Drehung schraubt das Karussell sich weiter in
die Höhe. Mit jeder Drehung steigert es seine Geschwindigkeit. Als die größtmögliche Höhe erreicht ist, kippt die
Scheibe in die Rückenflugposition. Mit dem Kopf nach unten, in rasender Geschwindigkeit, fliegt sie in einer endlosen Kreisbewegung durch die Luft.*

Es ist Anfang Oktober. Ein dunstiger, nasskalter Tag. Die
Bürgersteige sind übersät mit feuchtem Laub. Sie sitzen un-
ter einem von Vanessa gemalten Blumenstillleben im ersten
Stock von Nr. 46 Gordon Square. Der vierjährige Julian
läuft mit gezücktem Holzschwert schreiend um den niedrigen Tisch herum, hält an, stößt seinen kleinen Bruder
Quentin mit dem Schwert zu Boden und stürmt aus dem
Raum. Nessa sieht liebevoll ihrem Ältesten hinterher, gießt
Tee ein und zieht den heulenden Quentin mit Psch-Psch-
Lauten auf ihren Schoß. Um Leonards Mund bildet sich
ein weißes Feld. Nessa bemerkt es, nimmt Quentin auf
den Arm und verlässt den Raum. Virginia sitzt stumm in
ihrem Sessel. Ihren Tee rührt sie nicht an. Leonard nimmt

ihre Hand und zieht an seiner Pfeife. Eine Viertelstunde vergeht.

»Entschuldigt«, sagt Nessa, als sie zurückkommt, »es hat etwas gedauert, aber jetzt ist er eingeschlafen. Nehmt doch noch von dem Gebäck. Ihr wolltet mir von der Hochzeitsreise erzählen, nicht wahr? War es schön in Venedig?« Nessa sitzt entspannt in dem roten Sessel mit der Blumendecke. Ihr Kleid ist mit Südseemotiven bedruckt, ihre Haare hat sie lose hochgesteckt. Von Clive hat sie sich getrennt. Sie scheint vollkommen in sich zu ruhen.

»Es war schön, aber wir haben ein Problem und brauchen deinen Rat.« Durch das atmosphärische Rauschen, das über sie hereingebrochen ist, hört Virginia Leonard über ihre *Kälte* klagen. Sie hört ihre Schwester sagen, dass *diese Kälte* wahrscheinlich die Schuld ihres Halbbruders George sei. Sie hört, wie Leonard durch hartnäckiges Nachfragen Nessa dazu bringt, sich selbst zu berichtigen und einzuräumen, dass es vermutlich nicht *allein* Georges' Schuld sei, sondern dass ihre Schwester von *diesen Dingen* vermutlich noch nie etwas verstanden habe. Sie hört, wie Leonard Nessa fragt, wann diese ihren ersten Orgasmus hatte. Sie hört Nessa Leonard fragen, ob er ihrer Schwester ein guter Lehrer sei? Sie hört Nessa sagen, dass sie nichts dagegen hätte, ebenfalls Leonards Schülerin zu werden. Natürlich nur, wenn Virginia einverstanden sei …

Später nimmt Nessa sie mit in die *Grafton Galleries*. Der Kunstkritiker Roger Fry, Nessas neuer Lebensgefährte, kuratiert hier eine Ausstellung, und Nessa hat angedeutet, dass er möglicherweise bereit sei, Leonard einen Job anzubieten. Gleich im ersten Ausstellungsraum treffen sie Lytton vor seinem eigenen Porträt. Es ist ein riesiges Gemälde von Henry Lamb, auf dem Lytton aussieht wie ein erschöpfter

Aal im Dschungel. Männer in grauen Anzügen und Frauen in hellen Kleidern stehen in Gruppen vor dem Bild und regen sich so sehr darüber auf, dass Lytton sich gezwungen sieht, zu sagen: »Aber ich bitte Sie. Sie irren sich. Ich bin nicht Strachey! Ich bin Augustus John!«

»Himmlisch, dich zu sehen«, sagt er zu Virginia und legt den Arm um ihre Schultern. »Wie war die Hochzeitsreise? War es eine dieser idyllischen Einöden? Der Beginn einer dauernden Feindschaft? Eine Zeit voller Beschämung und Langeweile, wie sie Posdnyschew in der *Kreutzersonate* beschreibt? Ich muss gestehen, dass einige deiner Briefe mich ein wenig alarmiert haben. Aber wir müssen ein andermal darüber reden, meine Liebe. Ich muss in einer Minute los.« Lytton sieht sich nach Hut und Mantel um, eilt Richtung Ausgang, drückt dem Aufseher sein Glas in die Hand und ist im nächsten Moment durch die Tür verschwunden.

Am folgenden Tag kommt ein Brief mit der Nachmittagspost. Sie erkennt die Handschrift sofort. *Liebe Virginia, gestern habe ich dich nur so kurz gesehen. Es war quälend. Ich würde dich gerne jeden Tag sehen, stundenlang. Das habe ich schon immer gewollt. Warum ist es unmöglich? Dein Lytton.* Der Brief bringt sie aus der Fassung. Er ist es doch gewesen, der sie zurückgewiesen hat. Warum kann er sie nicht in Ruhe lassen? Sie zerknüllt den Brief und wirft ihn Richtung Kamin. Sie wirft zu kurz, und aus irgendeinem Grund findet sie sich sofort damit ab.

43

Am Himmel hängen aufgetürmte Wolkengebirge, die, beschienen von einer unsichtbaren Sonne, an den Rändern leuchten. In der kurzen Zeit nach ihrer Rückkehr aus Italien hat Leonard seinen Ceylon-Roman *Das Dorf im Dschungel* beendet, einen Job als Sekretär bei Nessas neuem Lebensgefährten Roger Frey gefunden, eine Wohnung für sich und Virginia in der Fleet Street und einen Verlag für sein Buch. Und weil Virginia in seinen Augen der Typ der Zögerin und Zweiflerin ist, bietet er ihr an, ihr Agent zu sein und auch für ihren ersten Roman die Verlagssuche zu übernehmen.

»Du gehörst da nicht hin, wo Geschäfte gemacht werden, Virginia. Erlaube mir, dass ich dir das abnehme.«

Virginia akzeptiert sein Angebot mit zwiespältigen Gefühlen. Sieben Jahre hat sie an ihrem Opus 1 gearbeitet, und sie ist voller Zweifel in Bezug auf seine Qualität. Auf Clives Rat hin hat sie den Titel *Melymbrosia* geändert in *Die Fahrt hinaus* (»Ein Buchtitel muss verständlich sein, Virginia.«), aber die Zweifel sind geblieben. Als der Verlag ihres Halbbruders Gerald Duckworth das Manuskript akzeptiert, bedauert sie, dass sie Leonard die Verlagssuche überlassen hat.

»Ausgerechnet Duckworth. Wie konntest du? Du hättest mich fragen müssen. Du weißt doch, dass ich mit keinem meiner Halbbrüder mehr Kontakt haben möchte. Und du weißt auch, warum.«

»Du bist Anfängerin. Da wäre es dumm, nicht den Vorteil zu nutzen, den ein Verlag in der Familie bietet.«

»Du bist auch Anfänger und publizierst bei *Arnold*.«

»Ich kann in meinem eigenen Verlag nicht als Agent meiner Frau auftreten.«

»Hast du es überhaupt bei anderen Verlagen probiert?«

»Nein. Warum sollte ich? *Duckworth* schien mir die einfachste und beste Lösung zu sein. Du könntest dich wenigstens ein bisschen freuen.«

44

Sie sind in Asheham. In der Nacht hat ein Sturm gewütet, und Leonard ist seit dem Frühstück damit beschäftigt, herumliegende Äste aufzusammeln. Die Luft ist diesig. Alles ist nass. Es tropft von den Bäumen. Der Himmel ist überzogen mit wellenförmigen, grauen Wolkenstraßen. Den ganzen Vormittag wird es nicht richtig hell. Lytton kommt mit seinem kleinen braunen Lederkoffer gegen Mittag. Die Haare fallen ihm auf die Schultern, was das Apostelartige seiner bärtigen Erscheinung noch verstärkt. Er sieht aus, denkt sie, wie ein Mann, der 40 Tage in der Wüste verbracht und in dieser Zeit kaum Nahrung zu sich genommen hat. Später, als die Sonne durchgekommen ist, sitzen sie zusammen auf der Terrasse.

»Wie ihr vielleicht schon gehört habt«, legt Lytton los, »hat ein Freund mir 100 Pfund geliehen, und ich habe ein Haus mit dem romantischen Namen *Zu den Kastanien* gemietet. Jetzt gehört es für drei Monate mir, und ich lebe dort ganz zurückgezogen und versuche zu schreiben. Es gibt da eine Witwe, die sehr gut für mich sorgt. Frühstück gibt es um 8 Uhr. Von 11 bis 13 Uhr galoppiere ich auf einem grauen Pony über die Downs, jedenfalls wenn Henry da ist. Von 13 bis 14 Uhr gibt es Mittagessen, von 14 bis 15 Uhr halte ich Mittagsschlaf. Von 15 bis 16 Uhr mache ich einen erfrischenden Spaziergang. Um 16 Uhr gibt es Tee. Von 17 bis 19:30 Uhr unternehme ich verzweifelte Schreib-Anstrengungen – das heißt, wenn ich die Kraft dazu finde, was gelegentlich vorkommt.«

»Und von 9 bis 11 Uhr?«, fragte Leonard ironisch, aber Lytton antwortet ihm nicht und hebt nur die Schultern.

»Was ist mit dem Londoner Gesellschaftsleben?«, fragt Virginia.

»Ja, du hast recht, manchmal bin ich auch in London. Da war zum Beispiel letzte Woche diese Kostümparty bei meinem Bruder Oliver. Ich ging als Sarastro, in einen goldenen Umhang gehüllt. Duncan hatte sich als Hexe verkleidet. Saxon ging als Eunuch und Oliver war ein Harlekin. Es war ein Riesenspaß. Natürlich kam auch Ottoline vorbei. Sie segelte herein wie ein Schiff, weiß gepudert, mit einer aufgetürmten Perücke und in einem bis an das Kinn zugeknöpften Kleid, das durch einen Reifrock so weit abstand, dass sie damit zuerst nicht durch die Tür kam.«

»Warum waren wir nicht eingeladen?«, fragt Virginia.

»Natürlich wart ihr eingeladen«, ruft Lytton und sieht Leonard an, »aber Leonard war der traurigen Ansicht, Partys könnten im Moment deiner Gesundheit abträglich sein, was ich mir, ehrlich gesagt, nicht vorstellen kann. Denn warum sollte es schlecht für die Gesundheit sein, Spaß zu haben? Aber jetzt lasst uns losziehen und einen Spaziergang machen.«

»Geht nur, ich werde die restlichen Äste aufsammeln und aufschichten, dann können wir heute Abend ein Feuer machen«, sagt Leonard.

»Wie geht es Henry?«, fragt Virginia, als sie ein paar Schritte gegangen sind.

»Henry! Du weißt ja, er ist ein Engel. Und dann ist er natürlich auch ein Teufel und hat Launen und regt sich über meine *Zustände* auf, wie er das nennt, also über meine Krankheiten, und dann ist er voller Ungeduld und ohne jede Nachsicht, ohne jede Rücksicht, aber was soll ich tun? Der Körper macht, was er will. Wie Henry. Er ist unberechenbar. Unverhofft lässt er mich allein, eine Woche später taucht er überraschend wieder auf, wir reisen durch die Gegend, alles scheint gut, aber dann ist er plötzlich wieder verschwunden. Ohne ein Wort. Er behandelt mich schlecht, aber er streitet das ab und sagt, das Leben sei eben nicht berechenbar. Er hat mir dieses kleine graue Pony besorgt und mich gezwungen, Reitstunden zu nehmen. Ich bin fast gestorben vor Angst, doch nach einer Woche ging es schon besser, und ich konnte mich schon einige Minuten im Trab oben halten. Aber ich durfte kein Wort verlieren über den Muskelkater in meinen Beinen oder die Blasen an meinen Händen, wenn ich das tat, regte er sich sofort auf. Dabei war es schlimm, siehst du.« Er hält ihr seine Hände hin, und sie berührt vorsichtig die halb verheilten Blasen zwischen seinen Fingern.

Am nächsten Tag leihen sie sich Pferde von der Farm und trotten über die Wiesen. Zuerst gehen sie nur Schritt, aber dann lassen sie die Pferde traben, und am Ende wagen sie sogar einen kurzen Galopp. Lytton stößt immer wieder kleine Schreie aus, mal aus Angst, mal aus schierem Vergnügen an dem flotten Tempo, und sie lachen und lachen. Leonard ist wütend, als sie zurückkommen. Er hat Virginia aus Angst um ihre Gesundheit das Reiten verboten, und sie hat ausgenutzt, dass er in London zu tun hatte, aber Lytton ignoriert Leonards zorniges Schweigen und unterhält seine Gastgeber mit Geschichten über sein chinesisches Theaterstück *Ein Sohn des Himmels.*

»Ich habe es an mindestens ein Dutzend Agenten und Theaterleiter gesandt, zuletzt schickte ich es sogar zu Max Reinhardt nach Berlin, und alle haben sie das Stück gelobt, aber aufführen wollte es bis jetzt niemand. Erfolglosigkeit scheint mein Schicksal zu sein. Ich bin eben ein Versager, gesellschaftlich und als Schriftsteller.«

»Und was ist mit *Meilensteine der französischen Literatur?* Das war doch ein Erfolg, oder nicht?«, fragt Virginia.

»Eine Auftragsarbeit«, sagt Lytton wegwerfend, »erschienen in einem mittelmäßigen Verlag. Aber es verkauft sich ganz gut, da hast du recht, und 50 Pfund sind 50 Pfund, oder nicht? Aus diesem Grund habe ich ihnen ein weiteres Buch über Racine angeboten, aber sie zieren sich noch.«

»Entschuldigt mich bitte.« Leonard verlässt den Tisch und nimmt seine Arbeit im Garten wieder auf.

Leonard wartet darauf, dass du ihm etwas sagst zu seinem Roman. Was hindert dich daran?, will Virginia fragen, aber dann tut sie es doch nicht und fragt stattdessen, die Unterbrechung ignorierend: »Und woran arbeitest du sonst?«

»Nun, du weißt ja, da sind die Gedichte, und dann schreibe ich eine erotische Novelle, nur zu meinem Vergnügen, nur für mich und meine Freunde, das ist nichts für die britische Öffentlichkeit, und dann trage ich mich mit dem Gedanken, die Silhouetten einiger berühmter Viktorianer zu Papier zu bringen. Vielleicht werde ich den Männern auch eine Frau an die Seite stellen. Florence Nightingale ist eine interessante Figur, findest du nicht? Aber mein erstes Opfer wird, glaube ich, ein Kardinal sein. Oh, wie ich mich darauf freue, diesem Mann der Kirche Hut und Perücke abzunehmen, ihn von all seinem viktorianischen und kirchlichen Pomp zu entkleiden und ihn als Menschen zu zeigen, nackt, von Ehrgeiz zerfressen, des Verrats fähig, der Liebe unfähig, in seiner ganzen raubtierhaft-repressiven Männlichkeit. – Aber wie sehen deine Pläne aus? Wann wird dein Buch erscheinen?«

»Bald, nehme ich an. Aber aktuell schreibe ich nur Briefe und habe ansonsten andere Pläne.«

»Was bedeutet das, andere Pläne?«, fragt Lytton alarmiert, »heißt das etwa, du willst das Schreiben aufgeben?«

»Vorerst ja«, sagt Virginia. »Komm mit, ich will dir etwas zeigen.«

Sie steht auf, geht aus dem Zimmer und steigt die knarrende Treppe hoch zum Dachboden. Lytton folgt ihr, und endlich stehen sie vor der antiken Holzwiege, die eine Freundin Virginia zur Hochzeit geschenkt und für die Vanessa schon einen Himmel genäht hat.

»Bis du sicher, dass es das ist, was du willst?«, fragt Lytton.

»Ja! Das ist es, was ich jetzt will.«

45

Traum: In einer Arztpraxis. Sie hat ein Kind zur Welt gebracht. Das Kind liegt neben ihr in einer Wiege. Sie ist sicher, dass es tot ist, will aber die Hoffnung, dass es auch anders sein könnte, nicht aufgeben. Deshalb hält sie die Augen geschlossen, sieht nicht hin und fragt auch nicht den Arzt.

Lytton hat es geschafft, Leonards Buch *Das Dorf im Dschungel* eine ganze Woche lang nicht zu erwähnen. Jetzt ist er wieder abgereist, und Virginia bittet Leonard, mit ihr auf den Dachboden zu gehen.

»Wann haben wir geheiratet, Len?«, fragt sie, als sie vor der Wiege stehen.

»Am 10. August 1912 in St. Pancras«, antwortet Leonard. Seine Stimme klingt ungeduldig. »Aber ich verstehe nicht, was das Ganze hier soll?«

»Was siehst du?«

»Ich sehe hier viele Dinge.«

»Du weißt, was ich meine: die Wiege. Unser Hochzeitsgeschenk.«

»Ja, und?«

»Sie ist leer.«

»Aber wir waren uns doch einig.«

»Ja, wir waren uns einig, dass wir viel vom Leben erwarten: Liebe, Kinder, Abenteuer, Intimität, Arbeit, in dieser Reihenfolge.«

»Nein, wir waren uns einig, dass du erst ganz gesund werden musst, bevor du ein Kind haben kannst.«

»Nein, du irrst dich, es ist genau anders herum. Dr. Savage und Miss Thomas haben mir geraten, zu heiraten, Kinder zu haben, eine Familie zu gründen und ein normales Leben zu führen. Sie sagten mir beide, das werde mich erden und stabilisieren. Du warst dabei, Leonard. Nessa war auch dabei, und ich dachte bis jetzt, dass wir uns da einig seien.«

»Wir können kein normales Leben führen, Liebes. Wir werden es nie können, und es wäre auch nicht richtig für dich. Um mich ganz klar auszudrücken: Kinder zu haben wäre nicht richtig für dich. Zu dieser Entscheidung bin ich gekommen, und das Gesetz gibt mir das Recht dazu. Es erlegt mir sogar die Pflicht auf, solche Entscheidungen zu treffen, und glaube mir, es wird zu deinem Besten sein.«

»Du hast das ohne mich entschieden?«

»Ja.«

»Und wann hast du das entschieden?«

»In diesem Sommer.«

»Meinetwegen?«

»Ja!«

»Und nicht deinetwegen?«

»Nein.«

»Es fällt mir schwer, das zu glauben. Kinder stören dich. Ständig beschwerst du dich über Nessas Jungen.«

»Julian ist tatsächlich ein schreckliches Kind. Er ist so laut.«

»Jeder hat Kinder, Leonard. Warum tust du mir das an?«

Nach dem Abendessen findet Virginia Leonards kleines schwarzes Buch aufgeschlagen auf dem Tisch vor dem Kamin. In diesem Buch notiert Leonard jeden Tag stichwortartig seine Beobachtungen in Bezug auf den Gesundheitszustand seiner Frau. Er lässt es herumliegen, damit sie darüber Bescheid weiß, aber seine Eintragungen macht er in einer Geheimschrift, die er für diesen Zweck erfunden hat. Heute ist er von dieser Routine abgewichen. *Virginia erregt*, liest Virginia in dem aufgeschlagenen Buch, in englischer Sprache und in lateinischer Schrift.

»Warum machst du das?«, fragt sie Leonard.

»Das sind einfach nur Gedächtnishilfen, Liebes. Sie dienen deinem eigenen Schutz.«

Sie hat sich mit einem Buch und einer Decke in die Pilzsenke zurückgezogen. In den Baumkronen bewegen sich
Blätter und Äste ganz leicht im Wind. Zwischen den Bäumen ist ein Stück freier Himmel zu sehen, blaugrau, leer, bis
auf eine einzige Wolke, sehr hoch oben, nebelähnlich, ohne
Kontur, zerfasert an den Rändern. Etwas Kleines, Dunkles
weht ganz langsam von oben herunter. Sie muss zweimal
hinsehen, bis sie begreift: Es ist ein Blatt, das im Gegen-
licht schwarz aussieht. Jetzt scheint der Wind oben stärker
zu werden. Sie lässt das Buch unaufgeschlagen, legt sich auf
den Rücken, zieht das grüne Kleid über die Knie und folgt
mit den Augen den Blättern, die auf sie herunterwehen. Alle
Ärzte, zu denen Leonard sie gebracht hat, Dr. Head, Dr.
Craig, Dr. Wright, Dr. Hyslop, Dr. Savage, haben ihr zuge-
raten, ein Kind zu bekommen. Eine Schwangerschaft werde
sie erden, werde heilsam für ihre seelische Gesundheit sein.
Das war der Tenor. Und nun behauptet Leonard das Gegenteil. Sie glaubt ihm kein Wort. Sie weiß, dass es richtig
für sie ist, Kinder zu bekommen. Nicht zuletzt deshalb hat
sie ja ihre Zweifel in Bezug auf diese Ehe überwunden, im
Grunde mit Gewalt.

Sie hat mit Adrian gesprochen. Adrian als Jurist hat ihr
erklärt, dass familienrechtlich gesehen ein Ehemann im
Grundsatz nicht das Recht habe, seiner Frau seinen Samen
zu verweigern. Allerdings werde bei Geltendmachung ge-
sundheitlicher Fürsorge mit Sicherheit jedes Gericht der
Argumentation des Ehemannes folgen. Ob sie sich schei-

den lassen wolle, hat er gefragt. Im österreichischen Familienrecht sei die Verweigerung der Fortpflanzung als Scheidungsgrund anerkannt. In England sei das allerdings nicht der Fall. Hier bliebe ihr nur die Möglichkeit, Grausamkeit gegenüber dem Ehepartner geltend zu machen. Er selbst kenne allerdings kein Urteil, in dem die Verweigerung der Fortpflanzung als scheidungsrelevante Grausamkeit gegenüber dem Ehepartner anerkannt worden sei. Er würde die Erfolgsaussichten vor Gericht deshalb als gering einschätzen.

In der Pilzsenke staut sich die Hitze. Flirrende Lichtwellen wandern über die Bäume. Blinzelnd, mit schmerzenden Augen, zieht sie sich den Strohhut in die Stirn. Sie hat mit Nessa gesprochen. Nessa hat ihr zugehört, aber das Wichtigste, die Grausamkeit von Leonards Entscheidung und ihr Leiden daran, hat sie nicht verstanden. *Deine Bücher werden deine Kinder sein*, hat sie gesagt. Aber ein Satz, der nicht wahr ist, spendet keinen Trost. Nessas Bilder sind nicht ihre Kinder. Sie hat wirkliche Kinder. Zwei Jungen: Julian und Quentin. Nessa, denkt sie, hätte es sich von keinem Ehemann der Welt verbieten lassen, Kinder zu bekommen. Und kein Ehemann der Welt hätte dies von ihr verlangt.

In ganz Bloomsbury gibt es niemanden, der ihr zu einer Scheidung rät. Auch Clive nicht, der Leonards Aufzeichnungen über seine Frau *einen Akt der Barbarei* nennt und so weit geht zu behaupten, der Kolonialdienst habe Leonard für die Zivilisation für immer verdorben.

Der Himmel verbirgt sich hinter einer tief hängenden, geschlossenen Wolkendecke. Seit Tagen kann sie nicht schlafen. Ihr Kopf fühlt sich an, als sei er in einen Drahtkäfig gespannt. Der Arzt mit den blauen Augen und dem weißen Kaiserbart sieht wie immer außerordentlich distinguiert aus. Seine Erhebung in den Adelsstand, heißt es, sei nur noch eine Frage der Zeit. Um die Situation einzuschätzen, benötigt der erfahrene Psychiater nur einen Blick.

»Nun, Mrs. Bell und Mr. Woolf«, wendet sich Dr. Savage an Leonard und Vanessa, »Ihre Sorgen sind ganz unbegründet. Ihre Schwester, liebe Mrs. Bell, bzw. Ihre Gattin, Mr. Woolf, wird wieder ganz gesund werden. Es fehlt ihr nicht das Geringste. Sie sagen, Mrs. Woolf kann nicht schlafen? Warum geben Sie ihr nicht einfach vor dem Schlafengehen zwei in Wasser aufgelöste Bromtabletten? Ich schreibe Ihnen ein Rezept.« Die sonore Bassstimme des Arztes drückt unendliche Nachsicht aus, vielleicht sogar eine gewisse Sympathie für alle im Raum Anwesenden. Gleichzeitig lässt der Ton, in dem er spricht, Widerspruch undenkbar erscheinen.

Virginia kennt den Psychiater seit ihrer Kindheit. Sie weiß nicht, wo sie den Mut hernimmt, aber plötzlich hört sie sich sagen: »Ich glaube nicht, dass ich dann werde schlafen können, Dr. Savage. Das Nichtschlafenkönnen ist auch nicht mein größtes Problem. Das eigentliche Problem ist: Ich kann nicht fühlen. Oder wenn ich etwas fühle, dann habe ich die falschen Gefühle, und mein Mann wirft mir das vor.«

Der Arzt runzelt unwillig die Stirn. Dann fährt er fort, ohne auf den Einwand seiner Patientin einzugehen: »Mrs. Bell und Mr. Woolf, Sie haben mir berichtet, dass Mrs. Woolf nicht nur nicht schlafen kann, sondern sich auch weigert zu essen. Hat sie sich in der letzten Zeit zu irgendeinem Zeitpunkt möglicherweise auch dahingehend geäußert, dass sie nicht mehr leben will?«, und als beide zögernd nicken, fährt er fort: »Nun, ich denke, eine Ehefrau hat ihrem Ehemann gegenüber gewisse Verpflichtungen, und meine über 40-jährige Erfahrung sagt mir, dass Mrs. Woolf nicht das Geringste fehlt. Wie kann sie dann ihre Schwester und ihren Mann so ängstigen?« Dann verlangsamt der Arzt das Tempo seiner Sätze erheblich und wendet sich zum ersten Mal an Virginia: »Sie wollen sich also davonstehlen und Ihren Lieben Kummer machen, wie? Dabei fehlt Ihnen nichts, meine liebe Mrs. Woolf. Nicht das Geringste. Nur Ruhe. Sie müssen lernen, zu ruhen. Manchmal ist es nicht gut, im Kreis der Familie zu bleiben, wenn man krank ist. Nach meiner Erfahrung sind die Familienmitglieder oft zu nachsichtig mit den Kranken. Ich werde Sie an einen Ort bringen lassen, wo Sie lernen können zu ruhen, Mrs. Woolf. Sie müssen sich jetzt für eine Weile von Ihrer Schwester und Ihrem Ehemann trennen. Es besteht aber kein Grund, sich zu fürchten, denn der Ort ist Ihnen bereits bekannt. Und wenn Sie alles tun, was ich sage, dann verspreche ich Ihnen, dass Sie schon bald mit Ihrem Mann einen hübschen kleinen Urlaub werden machen können. Und so wird sich alles finden. Was Sie jetzt brauchen, mehr als alles andere, ist nichts als ein wenig Geduld.«

48

Twickenham. Dasselbe kleine Zimmer. Das schmale Bett.
Das straff gezogene Laken. Die abgeschlossene Tür. Die
verriegelten Fenster. Die zugezogenen Vorhänge. Das scharfe, kalte Licht. Die strenge Unschmeichelhaftigkeit der Kleider und Kostüme von Miss Thomas. Besorgte Blicke aus
blassblauen Augen. Es ist 22 Grad. Sie zittert vor Kälte, und
weder zusätzliche Decken noch Wärmflaschen können daran etwas ändern. Jeden Abend, wenn sie allein ist, zieht sie
die Vorhänge zurück und beobachtet die Wolken, die über
den Sternenhimmel ziehen.

Nach zwei Wochen fängt es an, ein klein wenig besser zu
werden. Aber genau da entscheidet Leonard, dass es diesmal keinen Zweck habe, und holt Virginia ab. Also wieder London. Die Wohnung in der Fleet Street. Kontrolle.
Vorhaltungen. Arztbesuche. Alle Ärzte raten zur Ruhe. Alle
raten dazu, vorerst in London zu bleiben. Keine Verände-
rungen. Keine Aufregungen. Leonard bringt Virginia zum
Brunswick Square, wo zwar nicht absolute Ruhe herrscht,
dafür aber sichergestellt werden kann, dass immer jemand
im Haus ist. Adrian ist nicht in London. Sie können sein
Zimmer haben. Virginia solle sich nach den anstrengenden Arztbesuchen hinlegen, drängt Leonard. Weil sie keine
Kraft für einen Streit hat, legt sie sich in Adrians Bett. Nessa
kommt vorbei. Sie holt ein Glas aus der Küche und stellt einen Krug Wasser neben das Bett. Leonard gibt Virginia drei
Tabletten und wartet, bis sie die Medikamente genommen
hat. Dann, wie schon so oft in letzter Zeit, gehen Nessa und

Leonard zusammen weg. Virginia sieht ihnen vom Bett aus nach. Die Tür ist schon ins Schloss gefallen, als ihr Blick plötzlich auf Leonards Tasche fällt, die er, völlig untypisch für ihn, im Zimmer vergessen hat. Eine große, braune, lederne Tasche mit goldenem Maulbügelverschluss und Ledergriff, wie Ärzte sie haben. Leonard bewahrt darin Virginias Medikamente auf, manchmal auch eigene Papiere. Die Tasche steht, gut sichtbar, mitten im Zimmer auf dem Teppich. Virginia, schon ein wenig benommen von den starken Schlaf- und Beruhigungstabletten, die Leonard ihr gegeben hat, krabbelt auf allen Vieren aus dem Bett und kriecht wie ein Tier auf die Tasche zu. Sie weiß nicht genau, warum sie das tut. Es ist eine Art Instinkthandlung. Sie erreicht die Tasche und bemerkt erst jetzt, dass sie nicht abgeschlossen ist. Sie steht sogar halb offen, und Virginia kann die beiden riesigen Packungen Medinal- und Veronal-Tabletten sehen, die Leonard für sie darin aufbewahrt. Leonard ist kein vergesslicher Mann. Vergesslichkeit bei anderen verurteilt er scharf als mangelnde Disziplin. Kann es sein? Nein, denkt sie, er ist auch nur ein Mensch. Sie will die Tasche schließen, als sie bemerkt, dass sich noch etwas anderes darin befindet: Ein kleines, in marmoriertes Papier eingeschlagenes Notizbuch, beschriftet mit *Die weisen Jungfrauen. Von Leonard Woolf.* Sie nimmt das Buch heraus und blättert es durch. Es sind ungefähr 40 handbeschriebene Seiten. Sehr, sehr langsam begreift sie, dass es sich hier um Notizen und Entwürfe zu Leonards zweitem Roman handeln muss. Sie zwingt sich wachzubleiben, kämpft gegen die sich ausbreitende Watte in ihrem Kopf und beginnt, in ihrem weißem Nachthemd, auf dem Fußboden zu lesen. Ein junger Mann namens Harry, der mit dem Verfasser einiges gemeinsam hat, ist die Hauptfigur. Harry ist in einer jüdischen Familie aufgewachsen, von der er sich weitgehend gelöst hat. Sein Konflikt: Er steht zwischen zwei Frauen. Es ist aber erstmal nur von einer der beiden Frauen die Rede, von Camilla, die der Autor so beschreibt, wie Leonard einmal Virginia beschrieben hat: Ein schneebedeckter Berggipfel, fern und kalt, von reinem Weiß und großer Schönheit. Camilla ist lebensuntüchtig, aber möglicherweise ein Genie. Und sie hat eine Schwester, die kein bisschen lebensuntüchtig ist. Harry unterhält sich mit der Schwester über Camilla. Beide fragen sich, ob es für Camilla möglicherweise besser sein könnte, früh zu sterben. Dann würden alle sagen können: *Wie tragisch, sie hätte eine geniale Schriftstellerin werden können, aber die Großen sterben eben früh.* Die Notizen zum letzten Kapitel legen nahe, dass Camilla überleben wird. Aber heiraten wird Harry sie nicht. Heiraten wird Harry seine andere Freundin, denn diese andere Freundin erwartet ein Kind von ihm. Virginia kriecht über den Teppich. Mit beiden Händen schiebt sie die weiß-blau-roten Medikamentenpackungen vor sich her und klettert zurück ins Bett. Sie setzt sich auf die Bettkante, drückt hastig 30 Tabletten aus den beiden Packungen und schiebt sie sich nacheinander in den Mund. Als der Wasserkrug leer ist, schluckt sie die beiden letzten Tabletten trocken, weil sie es nicht mehr schafft, neues Wasser zu holen. Dann legt sie sich auf das Bett. Die Gegenstände verlieren ihre Konturen. Alles löst sich auf. In der sich ausbreitenden Dunkelheit zieht eine Kraft sie nach oben, die Steilwand des Himmels hinauf, in den leeren Weltraum. Sie wundert sich: Warum nach oben? Für einen Moment fühlt sie sich auserwählt. Dann ist plötzlich ein Schatten über ihr. Ein Schatten mit einem Gewicht, der ihr den Kiefer auseinander drückt. Der ihr etwas in die Speiseröhre schiebt. Wortfetzen dringen an ihr Ohr, deren Sinn sie nicht versteht. Jemand schlägt ihr ins Gesicht. Sie holt tief Luft, atmet, hebt den Kopf, will sehen, wer ihr das antut, will hören, was derjenige zu sagen hat. Sie merkt, dass sie ihre Augen öffnen kann, lässt sie aber halb geschlossen, blinzelt. Nach und nach treten zwei verschwommene Gesichter in ihr Blickfeld, und sie erkennt Leonard an seinen riesigen Zähnen.

49

Traum: Eine leere Landstraße. Rechts Felder und Schafweiden, getrennt durch einen Drahtzaun. »Die Poststelle«, sagt jemand, »finden Sie links, hinter der kleinen Anhöhe.« Sie biegt links ab, folgt dem schmalen Pfad, findet die Poststelle, aber sie bekommt keine Briefmarken, weil sie auch noch Umschläge benötigt. Im Nachbardorf, auf der anderen Seite des Flusses, soll eine weitere Poststelle sein. Sie kann den Fluss nicht erreichen, das Dorf nicht finden, die zweite Poststelle kommt nie. Endlich ein großes Haus. Sie läuft durch endlose Gänge, immer wieder um die nächste Ecke. Da begreift sie: Sie ist in einem riesigen Krankenhaus. Endlich findet sie den Ausgang, aber da ist nichts, keine Poststelle, nur Felsen und Geröll.

Die Schwester bückt sich, hebt etwas auf, kommt wieder hoch und schlenkert eine Socke zwischen ihren Fingern.

»Sie müssen die Socken anbehalten, Mrs. Woolf. Sie wissen doch, was Mr. Woolf gesagt hat. Warme Füße sind wichtig.«

»Mir ist zu warm.«

»Halten Sie still, ich helfe Ihnen.«

Die Schwester hält ihren Fußknöchel fest und zieht ihr die abgestreifte Socke wieder an. Sie versucht, sich auf das sanfte Regengetropfe vor dem Fenster zu konzentrieren. Es hat keinen Sinn, Widerstand zu leisten, weil niemand ihr zuhört. Protest wird gedeutet als eine weitere Erscheinungsform des Wahnsinns. Sie hat hier keine Verbündeten. Besuche sind nicht erlaubt. Nessa, Adrian, Lytton, Duncan, Maynard, Saxon, Clive darf sie nicht sehen. Sie will das alles nicht. Sie ist ganz ungeeignet für dieses Leben hier. Sie will etwas anderes. Aber sie hat es aufgegeben, davon zu sprechen.

»Es war sehr schwierig für mich zu erreichen, dass die Behörden dich nicht für geisteskrank erklären und in eine Anstalt zwangseinweisen, Virginia«, hat Leonard gesagt. »Selbstmordversuche sind meldepflichtig – Geoffrey musste das tun.«

»Was?«

»Geoffrey. Maynards Bruder. Du kennst ihn. Er ist Arzt und hat meine früheren Räume am Fitzroy Square bezogen. Hast du das schon wieder vergessen? Er hat dir das Leben gerettet.«

»Du meinst Geoffrey Keynes?«

»Natürlich meine ich Geoffrey Keynes. Und, wie gesagt, die Einstellung von vier Krankenschwestern war eine Auflage der Behörde. Für dich, mich und vier Krankenschwestern ist aber am Brunswick Square kein Platz. Alle Zimmer sind vermietet. Und unsere Wohnung in der Fleet Street ist auch zu klein, genau wie Asheham. Darüber hinaus ist Asheham einfach zu abgelegen. Was also hätte ich tun sollen? Mir blieb nichts anderes übrig, als das Angebot von George Duckworth anzunehmen, in sein Landhaus nach East Grinstead zu kommen.«

»Aber du weißt, was George getan hat.«

»Die Vergangenheit sollte dich nicht hindern, gesund zu werden, Virginia. Oder willst du enden wie deine Schwester Laura? Hier, in Dalingridge Place, haben wir ein riesiges Haus mit genügend gut geheizten Zimmern, Köchinnen, Hausangestellten, Gärtnern, allen Bequemlichkeiten, und George übernimmt alle Kosten. Er scheint mir ein außerordentlich gütiger Mensch zu sein. Glaub mir, er hat dich sehr gern und will einfach nur helfen.« Zum Glück ist George nicht immer da. Er hat oft in London zu tun, wo er einen Posten bei der königlichen Denkmalkommission bekleidet, und wenn er in London ist, schläft er in einem seiner Klubs. Aber am Wochenende und manchmal auch in der Woche kommt er zurück in den von Lady Margaret Duckworth perfekt organisierten Haushalt mit drei Söhnen, einem hervorragenden Personalschlüssel und einer Herde Hochlandkühe, denen die besondere Liebe und Aufmerksamkeit der Hausherrin gilt. Und wenn George da ist, lässt er es sich nicht nehmen, nach seiner kranken Halbschwester Virginia zu sehen.

»Nicht weinen«, sagt er dann, »ich bin es doch, George.« Er betritt das Zimmer, reißt, trotz Leonards Verbot, alle Fenster auf (er erträgt einfach keine Räume mit geschlossenen Fenstern), leckt sich über die Lippen, setzt sich an den Bettrand, streichelt ihren Arm.

»Er hat das Recht dazu«, sagt Leonard. »Wir sind in seinem Haus.«

Schon ihre Verlobung mussten sie in Dalingridge Place feiern. George hatte darauf bestanden, Leonard hatte sie gedrängt, ihren Widerstand aufzugeben, und ihr selbst hatte der Mut gefehlt, konsequent *Nein* zu sagen. George, hatte Leonard gesagt, sei ein einflussreicher Mann. Ein Freund von Austen Chamberlain. Seine Frau sei die Tochter des 4. Earl von Carnavon. Es sei unklug, einen solchen Mann gegen sich aufzubringen. Und dann war da noch die unerklärliche Faszination, die George auf viele Menschen, einschließlich Leonard, ausübte. George mit seinen Zaubersprüchen. George, der eine 70-jährige Gräfin dazu bringen konnte, in ihm den Götterjüngling Hermes zu sehen und ein Gedicht über ihn zu schreiben. George, der Leonard dazu gebracht hatte, ihn einen *Adonis* zu nennen, von seiner Gastfreundlichkeit zu schwärmen, von seinen hervorragenden Manieren, von seiner *außerordentlichen Höflichkeit* gegenüber Frauen. Und deshalb stehen sie auf ihrem Verlobungsfoto vor dem kirchenähnlichen, säulenumrahmten Eingangsportal von Dalingridge Place. George hat ihre Verlobungsfeier ausgerichtet. Als Gastgeber ist er in seiner weißen Weste und seinem vollkommenen Frack herumgeschlendert und hat sie gezwungen, sich zu erinnern: an die von Schweiß durchtränkte Luft, die Hitze im Gesicht, die zerbissenen Lippen, die unerträglichen Berührungen.

Leonard ist gegangen, und in der Stille, die sie umgibt, kann sie das laute Atmen ihrer Zukunft hören: Ihr wird nicht zu helfen sein. Sediert und den Geruch von Karbol einatmend, wird sie in einer Anstalt für Wahnsinnige durch vergitterte Fenster starren und nie wieder eine Feder in die Hand nehmen.

Ihre Mutter Julia hatte, als sie noch lebte, George regelrecht angebetet. Ihr Vater dagegen war unbeeindruckt geblieben von Georges göttergleicher Schönheit. Er hatte ihm *abgrundtiefe Dummheit* bescheinigt und ihn, so gut es ging, ignoriert. Für Dr. Stephen waren alle seine Söhne, die Stiefsöhne George und Gerald und seine leiblichen Söhne Thoby und Adrian, eine Enttäuschung gewesen. Keiner von ihnen hatte die Anlage dafür gezeigt, ein Intellektueller oder Schriftsteller zu werden. Auch Laura, seine Tochter aus erster Ehe – immerhin eine Enkelin des großen Dichters William Makepeace Thackery (dessen Tochter er in erster Ehe geheiratet hatte) –, hatte nichts vom Genie des Großvaters geerbt. Im Gegenteil. Es war nicht zum Aushalten gewesen, wie langsam sie las. Irgendwann war es nicht mehr gegangen, und als sie 17 war, hatte er sie in die Anstalt von Dr. Corner in Southgate gegeben. Virginia dagegen war immer eine Tochter nach seinem Herzen gewesen, der er freien Zugang gewährt hatte zu seiner Bibliothek. Aber es wäre ihm nicht im Traum eingefallen, sich in Bezug auf George einzumischen und seiner jüngsten Tochter gegen ihren Halbbruder beizustehen. Nessa war die Einzige gewesen, die das getan hatte. Mit 15 Jahren war sie zu Dr. Savage gegangen und hatte erzählt, dass George, seit die Mutter gestorben war, jede Nacht in ihr Zimmer kam. Dass Virginia 13 war und halb verrückt vor Angst.

Seit ihrem Einzug geben sich die Ärzte in Dalingridge Place die Klinke in die Hand. Seltsame, konventionelle Männer, die immerzu Verbote und Anweisungen aussprechen: »Sie dürfen dies und das nicht lesen! Sie dürfen kein Wort schreiben! Sie müssen viel Milch trinken! Sie müssen still liegen! Sie dürfen nicht aufstehen!« Sie sind alle etwas zu freundlich. Sie lächeln ununterbrochen. Um zurücklächeln zu können, denkt sie bei jedem Arztbesuch an Lytton. Auch Lytton ist in der Hand der Ärzte. Auch ihm werden bei jeder neuen Krankheitsattacke Ruhe und kalorienreiche Nahrung empfohlen.

Am häufigsten kommt Dr. Savage. Mit wachsender Ungeduld versucht er, ihre verwilderten Körperreaktionen mit seiner Routine einzuhegen: Seltsame Ohrgeräusche.

Ohrenrauschen. Ohrentzündungen. Schmerzende Zähne. Schmerzende Hände. Ein unerträgliches Pochen in den Blutadern. Kälte. Insbesondere im Bereich der Oberschenkel. Frieren. Nicht-atmen-Können. Nicht-essen-Können. Nicht-schlafen-Können. Erbrechen. Übelkeit. Bauchkrämpfe. Bewusstseinstrübung. Komaähnlicher Tiefschlaf. Zittern. Berührungs- und Lichtempfindlichkeit. Durchfall. Erbrechen. Nasenbluten. Schweißausbrüche. Unkoordiniertes Sprechen und Lallen. Das seien nur die Nerven, sagt er. Ruhe sei das erste Gebot. Sie müsse lernen zu ruhen. Dann werde alles gut werden.

Damals, als Nessa nach dem Tod der Mutter wegen George zu ihm gekommen war, hatte Dr. Savage abgewiegelt. George war danach nicht mehr in ihr Bett gekommen, aber er hatte ihr die alleinige Schuld gegeben an diesem für ihn unangenehmen Gespräch. Ihren Übertreibungen!

Geduld, sagt Dr. Savage bei jedem seiner Besuche, sei das Zauberwort. Wenn sie sich an seine Anweisungen halte, werde sie schon bald wieder alle möglichen Dinge tun können. Das verspreche er. Schreibmaschine schreiben zum Beispiel (aber nur Texte abschreiben, nicht schreiben), stricken, Pilze sammeln, einfache Gerichte kochen, Brot backen, nähen, spazieren gehen. Geistige Anstrengungen seien dagegen unter allen Umständen zu vermeiden, um einem Rückfall vorzubeugen: Kein Briefeschreiben. Kein Briefelesen. Kein Bücherlesen. Kein Bücherschreiben. So, wie er das einschätze, auf unabsehbare Zeit

Es gibt etwas, denkt sie, worauf es ankommt, was hier, in Dalingridge Place, Tag für Tag in Banalitäten, Lüge und Geschwätz versinkt. An diesem Ort, wo von ihr verlangt wird, ihr Leben zu verplempern mit Unwichtigkeiten.

Der Regen hat aufgehört. Sie tritt ans Fenster, argwöhnisch beäugt von ihrer Bewacherin. Ihr Gesicht spiegelt sich in der Scheibe. Draußen auf dem Rasen ist George dabei, seinen beiden älteren Jungen den Umgang mit dem Kricketschlagholz zu erklären. Sie stellt sich einen kichernden Lytton vor, der sagt: »*Quelle joie! Ich meine für die, die ihre Zeit damit verbringen wollen, mit einem Schlagholz Bälle zu schlagen.*« Leonard hat die Rolle des Fängers übernommen. *George ist ein hervorragender Spieler,* hat Leonard erst gestern wieder zu ihr gesagt (als ob sie das nicht wüsste), *und ein sehr guter Lehrer für seine beiden Söhne.* Der jüngste Duckworth-Sohn ist ein Säugling und beim Kricket noch nicht dabei. Er wurde in Dalingridge Place geboren, wenige Tage, nachdem sie dort eingezogen sind. Nie wird sie den Moment vergessen, als bei ihrer Ankunft die hochschwangere Lady Margaret Duckworth mit ihrem vernichtenden Willkommenslächeln die Treppe herunterkam.

50

Traum: Lytton, auf dem Grünen Hügel in Bayreuth, im glitzernden schwarzen Jackett eines Zauberers.

Sie liegt, in eine Rot-Kreuz-Decke gehüllt, auf einem Liegestuhl vor Asheham House, unter einem knallblauen Himmel, eingerahmt, rechts und links, von zwei uniformierten Krankenschwestern, die beide, schweigend und aufrecht, auf grünen Gartenstühlen sitzen. Die Blätter der großen Ulmen glitzern silbern im Sonnenlicht. Nach der langen Zeit des erzwungenen Liegens fühlen sich ihre Beine verkrüppelt an. Leonard hat Nessa einen Besuch erlaubt – ohne die anstrengenden, lauten Kinder. Er selbst hat an diesem Tag in London zu tun und die Schwestern angewiesen, den Besuch auf eine halbe Stunde zu begrenzen. Nessa kommt, einen Strohhut auf dem Kopf, in einem selbst genähten Kleid und bequemen Schuhen – und sieht aus wie eine Königin. In einem Rucksack hat sie Erdbeeren und Kuchen mitgebracht. Sie erschrickt, als sie Virginias enorme Gewichtszunahme bemerkt. Virginia sieht ihr Erschrecken, erhebt sich mühsam aus dem Liegestuhl, umarmt Nessa und flüstert ihr auf Französisch ins Ohr: »Sie sagen, es soll gut sein für die Gesundheit.«

Nessa hat verstanden. Sie soll Französisch sprechen, damit die Aufseherinnen sie nicht verstehen.

»Comment ça va, ma chérie?«, fragt sie und hakt sich bei ihrer Schwester ein. Sie gehen ein paar Schritte. Virginia humpelt und stützt sich auf Nessas Arm.

»Gestern hat Leonard mich gezwungen, eine ganze kalte Ente zu essen.«

»Willst du damit sagen, er behandelt dich schlecht?«

»Nein. Er ist nur besorgt um meine Gesundheit.«

»Ich habe übrigens vor, mit Duncan den Rest meines Lebens zu verbringen«, platzt Nessa heraus.

»Weiß Duncan, dass du das vorhast?«

»Er muss das nicht wissen.«

»Ist Duncan nicht mehr mit Adrian zusammen?«

»Doch.«

»Und bist du nicht mehr mit Roger zusammen?«

»Doch. Aber das wird sich alles finden. Duncan und ich werden zusammen ein Kind haben, Ginia.«

»Ein Kind? Und Duncan ist einverstanden, Vater zu werden?«

»Das habe ich nicht gesagt.«

»Was hättest du getan, wenn Clive keine Kinder gewollt hätte, Nessa?«

»Aber wir haben doch geheiratet. Warum sollte man heiraten, wenn man keine Kinder will?«

51

Das Jahr nähert sich dem Ende, und Leonard hat seine strenge Besuchskontrolle gelockert. Adrian kommt für mehrere Tage nach Asheham und bringt Lytton und Maynard mit. Es schneit und schneit, und als es aufhört zu schneien, holt Adrian den Schlitten vom Dachboden. Sie stapfen den kleinen Hügel hinauf, stoßen sich ab und sausen hinunter in die Pilzsenke. Virginia und Lytton auf dem Schlitten, Maynard auf seiner Aktentasche und Adrian auf einem Stück Kartonpappe. Virginia legt ihre Arme um Lytton, der laut schreiend auf dem Schlitten sitzt und noch bevor sie zum Halten kommen in den Schnee purzelt, während Leonard stoisch oben stehen bleibt und sich an dem kindlichen Vergnügen nicht beteiligen will. Abends sitzen sie vor dem Kaminfeuer, und Lytton erzählt Geschichten von seiner Wirtin, einer diskreten älteren Dame, die, wie er sagt, die Kunst beherrsche, sich trotz ihrer enormen Größe und ihres erheblichen Gewichts fast lautlos durch das Haus zu bewegen, sodass sie ihn nie störe, manchmal aber zu Tode erschrecke, wenn sie plötzlich hinter ihm stehe und er sie nicht habe kommen hören.

»Wisst ihr«, sagt er, »sie bewegt sich so geräuschlos wie eine Maus – das heißt, wie eine Maus in Elefantengröße. Aber was macht das schon, ansonsten ist sie der reine Engel.

Sie sorgt dafür, dass ich schreiben kann, das ist wirklich wahr. Das Problem ist nur, dass ich es oft trotzdem nicht tue. Manchmal, wenn Henry für Wochen fort ist, habe ich das Gefühl, vor Einsamkeit zu sterben. Aber ihr müsst nicht denken, dass ich dort unglücklich bin.«

52

Am Himmel sind sonnenbeschienene Wolkengebirge zu sehen. Sie sind von Löchern durchzogen, die den Blick freigeben auf ein sehr fernes Blau. Leonard hat sein Schreibverbot teilweise aufgehoben. Er hat ihr das Briefeschreiben erlaubt, und sie hat ihre Korrespondenz mit Lytton wieder aufgenommen. Wie es gehe mit seinen *Viktorianischen Silhouetten*, fragt sie ihn. Und Lytton fragt zurück, ob er ihr die erste fertige *Silhouette* schicken dürfe, eine Kurzbiografie von *Kardinal Manning*. Ihr Urteil sei ihm wichtig, sei im Grunde entscheidend. Solle er weitermachen? In ihm seien Ozeane des Zweifels. Nicht nur in Bezug auf den Wert des *Kardinals*, sondern in Bezug auf das gesamte Projekt. Als das Manuskript kommt, stürzt sie sich in die Lektüre. *Göttlich unterhaltsam* sei *Kardinal Manning*, schreibt sie in ihrer Rückmeldung. Das Beste, was er je geschrieben habe. In ihren Augen habe er keine Wahl: Er müsse weitermachen. Ihre Ermutigung bedeute ihm viel, schreibt Lytton zurück und fragt, ob sie sich nicht bald mal treffen könnten. In seinem Kastanienhaus, bei Ottoline in Garsington, in Asheham oder an einem anderen Ort. Was sage sie? Wann würde es ihr passen? Plötzlich und unerwartet ist die alte Vertrautheit wieder da. Lytton nennt sie sein *liebstes*

Geschöpf; sie machen Pläne, schreiben hin und her. Aber Leonard möchte für den Moment jede Abweichung von der etablierten Tagesroutine vermeiden. Virginia versucht nicht, ihn zu überreden. Sie zieht sich zurück und konzentriert sich auf ihren nächsten Roman, ein Projekt, von dem Leonard nichts wissen darf. Dass Lytton ihre Meinung so viel bedeutet, macht sie fast glücklich. Sie fühlt sich wieder ganz gesund, kreativ, voller Tatendrang. Und jetzt, wo sie offiziell Briefe schreiben darf, kommt sie mit ihrem Buch auch viel besser voran. Ihre anhaltend gute Stimmung – trotz seines Verbots, Lytton zu besuchen – macht Leonard misstrauisch. Sie rede zu viel, sagt er. Das gehe ihm auf die Nerven. Das alarmiere ihn. Sie sei ja regelrecht aufgedreht, regelrecht geschwätzig. Er befürchte ein neues Abrutschen in den Wahnsinn. Das Haus ist erfüllt von Spannung. Von Unausgesprochenem. Von Worten, die wehtun. Aber schon einen Tag später scheint alles wieder gut zu sein, und Leonard unterbreitet Virginia seinen Plan, eine Druckerpresse zu kaufen und einen kleinen Verlag zu gründen. Es ist ihr 33. Geburtstag.

»Das Drucken wird für dich eine Möglichkeit sein, regelmäßig eine mechanische Tätigkeit auszuüben«, sagt er ernst und feierlich. »Das wird dir helfen, deine inneren Spannungen loszuwerden. Sag, was hältst du davon?«

Die Idee gefällt ihr. Keine Frage. Keine Zusammenarbeit mehr mit Gerald Duckworth. Ein eigener Verlag. Das ist großartig. Aber warum ein Verlag als Krankenbehandlung? Sie zwingt sich zu einem Lächeln. Wenn sie keine Freude zeigt, könnte ihr das als Krankheitszeichen ausgelegt werden.

»Eine tolle Idee.« Leonard nickt und zieht sie an sich. Aber dann macht sie einen Fehler. Sie weiß, dass es ein Fehler ist, sie will den Fehler nicht machen, doch es ist zu spät, der Satz ist raus, bevor sie es verhindern kann.

»Aber du weißt schon, was mein eigentlicher Geburtstagswunsch ist, oder? Ich möchte wieder in London leben.«

Seit dem letzten Oktober leben sie in einer Pension in Richmond upon Thames. Im März werden sie umziehen. Nicht zurück nach London, sondern in ein Haus in Richmond.

53

Januar 1915. Leonard hat Tinker mitgebracht, einen braun-weiß-gefleckten Clumber Spaniel, dessen Besitzer sich als Freiwilliger zur Armee gemeldet hat.

»Komm, lass uns mit dem Kleinen spazieren gehen«, sagt er lächelnd und drückt ihr die Leine in die Hand. »Dann kann er sich gleich an seine neue Umgebung gewöhnen. Er ist ja noch ein richtiges Baby.«

Es ist eindeutig, dass Tinker kein Welpe ist. Tinker ist zwei Jahre alt. Er ist vielleicht noch ein bisschen verspielt, aber er ist ein ausgewachsener Hund. Und selbst, wenn Tinker ein Welpe wäre, wäre er immer noch kein Baby. Ein Hund kann kein Baby sein. Ein Hund kann auch kein Ersatz für ein Baby sein. Es gibt keinen Ersatz. Aber weil es ihr unmöglich erscheint, diese Gedanken auszusprechen, nimmt sie die Leine und öffnet die Tür. Sie gehen runter zum Fluss. Mit den Augen folgt sie den Eisschollen, die auf der Themse treiben. Am gegenüberliegenden Ufer liegt Twickenham.

Als sie zurückkommt, geht sie in ihr Zimmer und schreibt einen Brief: *Liebster Lytton, suche ein Haus für mich, das*

niemand finden kann. Mit dir rede ich lieber als mit jedem
anderen Menschen auf der Welt. Deine Virginia.

54

Februar 1915. Sie läuft auf die Straße. Ohne Mantel. Ohne
Schuhe. Ohne Tasche. Ihren Kopf verbirgt sie in einem wol-
lenen Tuch. Sie hetzt die Fahrbahn entlang, weil dort mehr
Platz ist als auf dem Bürgersteig, weicht mehreren Kutschen und einem Automobil aus, tritt in Scherben, verletzt
sich. Ein Splitter bohrt sich in ihren rechten Fußballen. Sie
humpelt, wird langsamer, die Wunde tut höllisch weh. Seit
Monaten ist Krieg. Fahrbahn und Bürgersteig sind übersät mit Glassplittern Sie ignoriert den Schmerz. Hetzt weiter. Vorbei an Sandsäcken, an geborstenen Schreiben, an
mit Brettern vernagelten Fenstern. Jetzt fangen die Sirenen
an zu heulen. Sie wünscht sich, dass die Luftschiffe, die
den Himmel befahren, für immer verschwinden. Die Re-
klameluftschiffe und die Bombenluftschiffe und die Passa-
gierluftschiffe. Alle zusammen. Menschen in abgetragenen
Mänteln versuchen, den nächsten Schutzraum zu erreichen,
den erstbesten Keller. Sie folgt einer Frau mit einer Pelzkap-
pe und einem kleinen Hund. Die Frau rennt Richtung Fluss.
Sie weiß: Wenn sie dieser Frau folgt, wird sie bald in Sicherheit sein. Da greift jemand nach ihrem Handgelenk. Es ist
eine der vier Krankenschwestern, die Leonard weiter beschäftigt, um sie zu überwachen. Sie gibt sofort auf.

Er verstehe sie nicht, sagt Leonard, als er später nach Hause kommt. In Richmond upon Thames zu wohnen sei doch
so ähnlich, als wohne man auf dem Land. Der Botanische

Garten. Die Schwäne. Die frei laufenden Hirsche. Das warme Licht. Das romantische Flusstal der Themse. Die anmutige Auenlandschaft. Die Gärten mit ihren Heckenrosen. Richmond Park. Ruhe und Schönheit. All das werde ihre Gesundheit beschützen. Und sie seien doch trotzdem weiter nah am Londoner Geschehen. Nur nicht mehr mittendrin. Sie sei undankbar. Für viele Menschen sei Richmond der schönste Ort der Welt. Und für die meisten ein unerreichbarer Traum.

»Es ist zu pittoresk, um hier einen relevanten Roman zu schreiben, Len. Der Zuckerguss der Umgebung würde alles verderben. Man kann in einer Idylle auch ersticken.«

Das Haus in der Paradise Road hat hohe Schiebefenster, eine begrünte Fassade, liegt nahe beim Fluss und trägt den romantischen Namen The Hogarth House. An der Rückseite gibt es einen kleinen, gepflasterten Hof mit einigen Pflanzen, der mit viel gutem Willen als Garten bezeichnet werden kann. In Leonards Augen ist das Haus ideal. In Virginias Augen ist es ein trostloser Ziegelbau im langweiligen Richmond, dessen Wände einen unangenehmen Geruch ausströmen, der sich nicht weglüften lässt. Aber Leonard hat in dieser Sache nicht mit sich reden lassen. Richmond musste sein, und nicht nur London, auch das Romaneschreiben soll Virginia seiner Ansicht nach auf unabsehbare Zeit aufgeben. Er macht ihr Vorschläge, was sie tun soll: Texte abtippen (aber nicht die eigenen und auch nicht unbedingt Texte von Lytton), häkeln, stricken, kochen, nähen, Fahrrad fahren, einen Kochkurs besuchen, Brot backen. Jeden Abend um viertel nach sieben stellt er ihr das Tablett mit den Medikamenten hin: Sieben verschieden große Tabletten und ein Glas Leitungswasser.

Sie versucht es. Sie strengt sich an. Sie begeistert sich

für den Verlag. Sie hat sich mit dem Namen *The Hogarth Press* einverstanden erklärt. Sie hat versprochen, einen Druckerkurs zu besuchen. Sie hat London und das Schreibverbot nicht mehr erwähnt. Sie hat für Leonard einen langen Schal gestrickt, einen Kissenbezug gehäkelt und Versuche mit dem Kochbuch unternommen. Im Gegenzug hat sie durchgesetzt, dass sie sich, weil sie ja jetzt *vernünftig* ist, allein an- und ausziehen darf; dass sie die Tür schließen darf, wenn sie zur Toilette geht. Sie hat sich damit einverstanden erklärt, an ihrem Schlafzimmerfenster einen abschließbaren Riegel anbringen zu lassen, und ausgehandelt, dass sie dafür ohne Bewachung Mittagsschlaf halten kann. Aber es ist nicht einfach. Es ist harte Arbeit, fröhlich zu wirken, einsichtig, harmlos. Gestern ist sie in die Küche gegangen, um Brot zu backen, und am Küchentisch plötzlich in Tränen ausgebrochen. Sie schreibt in der Zeit der Mittagsruhe. Unter der Bettdecke, weil sie befürchtet, eine der Schwestern könnte auf die Idee kommen, durchs Schlüsselloch zu sehen. Die Schwestern arbeiten in zwei Schichten. Und es müssen immer zwei im Haus sein. Sie sind alle erfahren. Und sie kann überhaupt nur etwas versuchen, wenn Leonard nicht im Haus ist. Es ist sehr, sehr anstrengend, fünf Menschen zu täuschen. In ihrem eigenen Haus ist sie in feindlichem Gebiet. Sie schreibt in ein Schulheft, das sie unter ihrer Matratze versteckt. Sobald sie den Mut dafür findet, wird sie um getrennte Schlafzimmer und nicht überwachten Nachtschlaf bitten. Inzwischen ist sie auf Seite vier angekommen. In ihrem zweiten Roman möchte sie das Zustandekommen zweier Ehen beschreiben. Ihre Hauptfigur wird eine junge Frau sein, die den Wunsch hat, niemals zu heiraten.

55

*Traum: Ein länglicher Raum mit schrägen Wänden; ein
Gefühl wie in einem Zelt.*

Der Veröffentlichungstermin für *Die Fahrt hinaus*, der
26. März 1915, rückt näher. Sie nimmt den antiken vene-
zianischen Handspiegel aus der Schublade, in dessen Bekrö-
nung eine Blumenschale eingearbeitet ist. Clive hat ihn ihr
zur Hochzeit geschenkt. Ein aufgedunsenes Mondgesicht
blickt ihr entgegen. Es ist das Gesicht einer Frau, die niemals
Kinder haben wird. Wie soll sie so unter Menschen gehen?
Wenn sie es täte, würde ein großes Gelächter anbrechen.
Und ihrem Buch wird es nicht anders ergehen als ihr selbst.
So vieles fällt ihr jetzt ein, was sie in ihrem ersten Roman
nicht richtig gesagt hat. Es wird Missverständnisse geben.
Und dann wird ihr plötzlich klar, dass alles, was sie in dem
Buch versucht hat zu sagen, überhaupt nicht gesagt werden
kann. Was für eine Anmaßung von ihr zu glauben, sie könne
Romane schreiben. Ihr Buch wird von den Kritikern verris-
sen werden. Sie selbst, als Autorin, wird von den Rezensen-
ten verspottet und von ihren Freunden ausgelacht werden.
Nessa wird sie fallen lassen. Sie wird genug von ihr haben.
Lytton wird sie verachten. Sie wird alle Freunde verlieren.
»Was bedeutet es, von dem einen, was man kann und
was man unbedingt möchte, die niedrigste Meinung zu haben?«, fragt sie Leonard, woraufhin dieser ihr, um sie zu
schützen, wie er sagt, für die nächsten Monate jede Zei-
tungslektüre verbietet und jeden Besuch.

56

Traum: Eine Frau ruft: »Das hat doch alles keinen Zweck.
Sie lebt nicht mehr.«

Im September fahren sie, begleitet von nur einer Krankenschwester, nach Asheham. Immer noch weiß sie nicht, wie
die Presse ihren Roman aufgenommen hat. Aber eines Tages, als Leonard zu einer politischen Versammlung nach
London gefahren ist, kommt Clive vorbei und übergibt ihr
eine Mappe mit den ausgeschnittenen Besprechungen.

Die Krankenschwester dazu zu bringen, sich eine Pause
zu gönnen und ihn mit Virginia eine Weile allein zu lassen,
kostet Clive nur ein Lächeln. Ja, er habe das mit Mr. Woolf
so besprochen.

»Du wirkst eingeschüchtert!«, sagt er. »Aber vielleicht
wird dich aufmuntern, was ich dir jetzt sage: Die Kri-
tiken für deinen Roman sind enthusiastisch. Er wird mit
Sturmhöhe von Emily Brontë verglichen. Er wird beschrieben mit Worten wie *Witz, Ironie, Humor, Wahrhaftigkeit, Schmerzlichkeit der Empfindungen.* Du selbst wirst
mal als *Genie* bezeichnet, mal als *ein wilder Schwan unter
Graugänsen.«*

»Wieso glaubt Leonard, dass mich diese Rezensionen belasten könnten?«, fragt sie Clive.

»Die Frage ist doch eher, wieso er vorgibt, das zu glauben, meinst du nicht? Ich habe es dir ja immer gesagt: Er
ist nicht gut für dich. Kaum hast du ihn geheiratet, wirst du
schwer krank und bleibst es mehrere Jahre lang. Die Liebe

macht eine Frau schön. Er bewirkt das Gegenteil. Ich kann es kaum ertragen zu sehen, wie er dich zwingt, diese unschönen, flachen Schuhe zu tragen.«

»Er hat mich vor der Nervenheilanstalt gerettet.«

»Das sagt er. Man kann das aber auch anders sehen, Virginia.«

»Aber warum sollte er etwas vorgeben?«

»Kontrolle wäre eine sehr gute Erklärung, ist aber sicher nicht die einzig mögliche. Neid wäre ein anderes denkbares Motiv. Immerhin hat Leonards eigener Roman nicht annähernd ähnliche Beachtung erfahren. Aber lassen wir das. Wichtig ist nur, dass du weißt: Du bist nicht allein. Auch wenn Leonard versucht, dir einzureden, dass du nur ihn hast und sonst niemanden. Aber jetzt ist es genug. Nessa und ich werden uns nicht weiter von dir fernhalten lassen.«

Einige Tage später kommt Nessa vorbei und nimmt Virginia mit auf einen kurzen Spaziergang. Leonard hat nach einem Streit mit Clive nachgegeben, besteht aber darauf, dass die Pflegerin mitkommt. Schweigend laufen die Schwestern nebeneinander her.

»Wie geht es dir, Ginia?«, fragt Nessa laut, um dann im Flüsterton auf Französisch fortzufahren: »Ginny, du weißt, dass Leonard nicht will, dass wir mit dir über dein Buch reden, aber irgendwann musst du es doch erfahren, und so ganz verstehe ich ihn auch nicht, denn vielleicht freut es dich ja zu hören, was ich davon halte: Also ja, natürlich habe ich es gelesen, sofort, an dem Tag, als es erschien, und was soll ich sagen, also, es scheint mir außerordentlich brillant zu sein. Weißt du, dass Lytton vollkommen begeistert ist? Er schwärmte von deiner Art zu schreiben, von dem Witz, den Beobachtungen aller möglichen Charaktere und der Anteilnahme an deren Leben. Mir selbst kam es so vor, als unterhielte ich mich mit einer sehr witzigen und scharfsinnigen Person, mit der zusammen ich all diese Menschen und Dinge beobachte. Also mach dir keine Sorgen. Dein Buch ist gut. Deine Freunde lieben es. Die Kritiker feiern dich. In meinen Augen spricht nichts dagegen, das nächste Buch zu schreiben, das niemand außer dir schreiben kann.«

Als sie zurückkommen, hat Leonard Clives Mappe mit den Rezensionen gefunden. Er ist wütend, weil sein Verbot übertreten wurde, und er macht Nessa die heftigsten Vorwürfe. Aber Nessa bleibt unbeeindruckt. Sie sei nicht Clives Kindermädchen, sagt sie ruhig mit ihrer schönen Stimme, und Leonards Verbot sei grausam und mache in ihren Augen keinen Sinn. Wie er auf die Idee komme, dass Virginia seine persönliche Gefangene sei?

Ein paar Tage später bittet Virginia Leonard, Lytton einzuladen, aber Leonard lehnt ihre Bitte rundweg ab.

»Das wäre nicht gut für dich. Lytton und das, was du in ihm siehst, das sind zwei ganz verschiedenen Dinge.«

»Was meinst du damit?«

»Dass Illusionen langweilig sind.«

Kaum ist er aus dem Zimmer gegangen, nimmt Virginia das Briefpapier aus der Schublade und setzt sich an den Tisch. *Lieber Lytton, erinnerst du dich an die jüngere der beiden Leslie-Stephen-Töchter? Sie trug ihr Haar in der Mitte gescheitelt und verstand es nicht, sich anzuziehen. Du wolltest sie heiraten.* Sie sei jetzt 20 Kilo schwerer, schreibt sie, aber es gehe ihr gut. Im Übrigen lese sie gerade Dostojewskis Roman *Die Erniedrigten und Beleidigten*.

57

Traum: Nessa hat ihr einen Rosenmantel geschenkt. Der Mantel ist wadenlang und in altrosa Filetspitze gearbeitet.

Die Kirchturmuhr schlägt elf. Sie verbirgt ihr neues Schreibheft, das wie ein Haushaltsbuch eingebunden ist, unter dem Kissen, und Leonard erscheint mit einem Glas Milch. Gegen seine Anweisung arbeitet sie weiter an ihrem zweiten Roman. Inzwischen, mit nur noch einer Krankenschwester, ist das leichter geworden. Außerdem darf sie jetzt allein schlafen und kann zusätzlich die Nächte zum Schreiben nutzen. Ihr Schreibheft versteckt sie zwischen ihrer Unterwäsche, unter der Matratze oder in einer der Schachteln, in denen sie Briefe aufbewahrt. *Die Erniedrigten und Beleidigten* ist als Romantitel natürlich undenkbar, aber sie wird über Erniedrigung schreiben: Einen Roman über die Ehe und über die Gefühle einer Frau, die nicht heiraten will, aber Zuneigung empfindet zu einem unpassenden jungen Mann.

58

Dezember 1915. Leonard hat nachgegeben, und sie erwarten Lytton über die Weihnachtsfeiertage in Asheham. Bibbernd stapft er herein, Schnee auf dem Mantel, Eiskristalle im Bart, im Gepäck ein neues Manuskript. Bei Christmas

Cookies, Früchtebrot und Tee, halb liegend in seinem Sessel, ein kariertes Wollplaid auf den Knien, erzählt Lytton von seinem Schreibprojekt. Florence Nightingale, die zweite seiner *Viktorianischen Silhouetten*, sei dabei, Gestalt anzunehmen, sagt er. Noch sei es eine Gestalt ohne Körper. Aber er habe nicht vor, sich damit zufrieden zu geben.

»Heute Abend werdet ihr hören, wie ich gescheitert bin«, beginnt er feierlich. »Denn ich werde euch jetzt vorlesen, was ich bisher geschrieben habe. Es ist unfassbar! Aber bisher ist es mir nicht gelungen, in der Biografie dieser Frau auch nur den Schatten eines Sexuallebens zu entdecken. Mein Gott, diese Dame mit der Lampe macht mich fertig. Aber ich bin ihr auf der Spur, das könnt ihr mir glauben. Denn könnte es nicht sein, dass ihre enervierende Energie etwas zu tun hatte mit dem Streben nach Macht? Auf jeden Fall ist es nicht so gewesen, wie es in den Schulbüchern steht. Man muss sich nur einmal vorstellen, wie all diese Generäle vor ihr gezittert haben. Der Text ist natürlich noch nicht fertig, aber immerhin: Es lässt sich nicht leugnen, dass ich etwas geschrieben habe. – Doch bevor ich anfange: Was ist mit dir, Virginia? Schreibst du wieder?«

»Leonard meint, es sei noch zu früh.«

»Aber für einen Spaziergang ist es nicht zu früh, nicht wahr. Kommt, wir wollen erst noch einen Spaziergang machen.«

»Es wird schon dunkel«, warnt Leonard.

»Wir gehen nicht lange; wir sind bald zurück«, hält Lytton dagegen. »Und du solltest auch mitkommen, Leonard.«

Zu Virginias Überraschung gibt Leonard nach. Aber mitkommen möchte er nicht. Lytton wiederum weigert sich strikt, die Krankenschwester als Begleitung zu akzeptieren, und zu Virginias unendlicher Erleichterung setzt er sich auch in diesem Punkt durch. Als sie aus dem Haus treten, in dieses besondere Winterlicht, eingewickelt in dicke Mäntel und lange Schals, sehen sie auf einem Hügel einen Soldaten auf einem schwarzen Pferd.

»Schreibst du?«, wiederholt Lytton seine Frage.

»Ja.«

»Das ist gut. Das *Nein* war also nur die offizielle Version?«

»Ja.«

Eine Weile traben sie schweigend nebeneinander her, vorbei an den riesigen schwarzen Ulmen mit ihren weißen Ästen, unter den Schuhen das gefrorene Gras, über sich den trübgrauen Himmel mit seinen dicken Schneewolken. Ohne Mühe passen sich ihre Schritte einander an. Die alte Vertrautheit ist sofort wieder da. Sie folgen dem Bach, der neben der Straße herkriecht und noch nicht ganz zugefroren ist. Virginia spürt die ungewohnte Erdenschwere ihres Körpers, aber zum ersten Mal ist es in Ordnung, ist es sogar irgendwie beruhigend, zum ersten Mal seit Langem hat sie wieder das Gefühl, mit sich und der Welt im Frieden zu sein. Eine Schneelast rutscht von einem Ulmenzweig und plumpst Lytton vor die Füße. Er hopst einen Schritt zurück.

»*Huch*«, ruft er. Sie lachen, und dann können sie sprechen.

»Also, hm«, fängt Lytton an. »*Die Fahrt hinaus* – ich weiß selbst nicht, warum ich so lange gezögert habe, dir das zu sagen, Virginia, warum ich dir nicht wenigstens geschrieben habe. Es war nicht nur deine Krankheit oder Leonards Sorge, dich aufzuregen. Die Wahrheit ist: Ich konnte einfach nicht.«

»Es hat dir also nicht gefallen? Aber Nessa sagte …«

»Nein, nein, du verstehst mich falsch, das Gegenteil ist der Fall. Als dein Buch erschienen ist, kam noch am selben Tag ein Eilbote der Buchhandlung Bickers zu mir gerannt. Ich glaube, niemals zuvor habe ich es so genossen, ein Buch zu lesen, und meine erste Reaktion war, wie soll ich es sagen? – Nun, so etwas wie tiefste Bewunderung. Ich war selbst davon überrascht.«

»Bewunderung?«

»Bewunderung, ja, ich glaube, das ist das richtige Wort. Ein wenig wie Tolstoi, dachte ich – insbesondere die Beschreibung der Krankheit am Schluss –, und dann sind deine Figuren alle so lebendig mit ihren Widersprüchen. Shakespeare, dachte ich, hätte sich einiger von ihnen nicht zu schämen brauchen.«

»Shakespeare? Tolstoi?«

»Ja, das ist wirklich wahr, das habe ich gedacht. Und dann ist es einfach, ich meine, es ist sehr, sehr unviktorianisch!«

»Das ist das schönste Lob, das ich je bekommen habe.«

»Weiß du, Virginia«, fährt Lytton fort, »für mich ist das alles ganz anders. Für mich ist das Schreiben eine Qual. Und wie ich mit meinem Buch jemals bis ans Ende kommen soll, das weiß ich wirklich nicht.«

Es fängt an zu schneien. Die Schneeflocken sind nass, mit Regen gemischt.

»Du wirst das schaffen. Du weißt es vielleicht noch nicht, aber ich weiß es.«

Allmählich wird es dunkel: Die Abendkälte kriecht unter ihre Mäntel, und sie gehen zurück ins Haus. Um sich aufzuwärmen, laufen sie in Decken gehüllt auf und ab, schlagen die Arme um die Körper. Später liest Lytton ihnen vor, und als Virginia an einer Stelle anfängt, laut zu lachen, unterbricht er seinen Vortrag und schaut sie lächelnd an, auf eine Weise, die sie so froh macht, wie sie es lange nicht gewesen ist.

59

Traum: Lytton in einem grünen Zimmer. Sie will ihn fragen: »Bist du lebendig oder nicht?«

Lytton ist abgereist, und Leonard gestattet Virginia, jeden Tag, im Bett sitzend, eine halbe Stunde zu schreiben. Kaum hat sie angefangen, muss sie schon wieder aufhören. Trotzdem ist eine halbe Stunde besser als keine halbe Stunde. Virginia widmet ihre halben Stunden Effie, wie sie ihre Heldin genannt hat. Aber dann entscheidet sie nach einigen Wochen, dass Effie nicht sterben wird. Und weil der Name Effie zu einer Heldin, die nicht sterben wird, nicht mehr passt, findet sie für ihre Hauptfigur einen neuen Namen: Katherine. Katherine wird nicht sterben. Sie wird heiraten, auch wenn sie das zuerst nicht will. Nicht den Mann ohne eigene Kreativität, der alles weiß über Literatur. Dieser Mann wird eine Frau heiraten, die ihn anbetet. Eine Frau, die er, so wie er es sich wünscht, wird ganz zu der seinen machen können. Eine sehr viel jüngere Frau. Sie spielt sehr schön Klavier. Aber ohne den letzten Ernst (der auch ihm fehlt), ohne die Ambition, Künstlerin zu sein. Katherine dagegen wird einen Mann heiraten, der ernsthaft ist.

Jeden Tag, in dieser halben Stunde, in der sie Katherine erschafft, fühlt sie sich lebendig. Da kommt ein verwirrender Brief von Lytton. Die Schrecken der Welt in Form von örtlichen Militärtribunalen seien über ihn hereingebrochen, berichtet er. An Schreiben sei nicht zu denken. Energielose,

totenähnliche Zustände bestimmten seine Tage. *Schreib'*
mir ein Wort oder zwei, Santa Beatrice, und lade mich
zum Tee ein, bittet er.

60

April 1916. Sie verabreden sich für die Osterwoche. Lytton
bittet Virginia um kalorienreiche Nahrung, die ihm sein
Arzt verordnet habe. Seinen Brief unterzeichnet er mit: *In*
Liebe dein Lytton.

Leonard rechnet damit, in den nächsten Wochen einen Einberufungsbescheid für die Armee zu bekommen. Er ist nervös, schläft nicht, isst kaum noch etwas und ist praktisch
über Nacht zum Kettenraucher geworden. Rollentausch:
Virginia legt ihm beruhigend die Hand auf den Unterarm.
Der Arm ist eiskalt. England befindet sich seit dem 4. August
1914 im Krieg mit Deutschland. Nicht alle Regierungsmit-
glieder sind mit dieser Entscheidung des Premierministers
einverstanden gewesen. Die Zahl der Toten ist extrem hoch.
Die Armee hat nicht mehr genug Freiwillige, um sie zu erset-
zen. Ein neues Wehrpflichtgesetz soll Abhilfe schaffen. Der
Military Service Act vom 27. Januar 1916 verpflichtet alle
ledigen Männer zwischen 18 und 41 Jahren, entweder dem
Einberufungsbescheid zu folgen oder vor Militärtribunalen
zu erscheinen. Für Mai 1916 ist eine Ausweitung der allge-
meinen Wehrpflicht auf verheiratete Männer geplant.

Ostersonntag ist der Himmel überzogen mit sonnenbeschie-
nenen, welligen, weißen Wolkenstraßen. Sie trinken Kaffee

und frühstücken auf der Terrasse. Von der Schafweide ist das Geblöke der Lämmer zu hören. Auf einem Hügel erscheint ein Mann in Uniform mit einem Gewehr, schaut zu ihnen herüber, treibt sein Pferd an und verschwindet in einer Senke. Das zweite Kriegsjahr nähert sich seinem Ende. Die Lebensmittel sind rationiert. Lyttons Wunsch nach einer kalorienreichen Fleisch-Gemüse-Nudeln-Kartoffeln-Diät zu erfüllen ist schwierig. Virginia tut ihr Bestes. Sie ärgert sich darüber, dass Lytton ihre Bitte, eigene Lebensmittelmarken mitzubringen, ignoriert hat, entscheidet sich aber dafür, das Thema nicht anzusprechen. Zu ihrer Überraschung sagt auch Leonard kein Wort. Alte Freundschaften sind kostbar. Und seit August 1914 kann fast jedes Wort, auch unter Freunden, einen Flächenbrand auslösen. Lyttons Gesicht, halb verborgen hinter der starken Brille und dem mächtigen rotbraunen Bart, ist sehr blass. Die dunklen Haare trägt er inzwischen wieder kurz geschnitten. Er geht ein bisschen gebeugt, ist noch dünner geworden, wirkt ausgezehrt, kränklich, leidend. Nach Kaffee, Toast und Eiern holt Leonard für alle Zigaretten, lässt den Tisch abräumen und schickt die Schwester ins Haus. Das Thema Krieg liegt auf dem Tisch, und alle wissen es, aber keiner will den Anfang machen.

Es ist Lytton, der schließlich das Schweigen bricht: »Habt ihr von Rupert gehört?«

»Rupert Brooke?«

»Rupert Brooke. Ja. Er hat sich freiwillig gemeldet. Ein Dichter. Ein Cambridge-Mann. Ich würde sagen, er hatte andere Gaben. Und diese Gaben bedeuteten eine Verpflichtung. Aber er wollte kämpfen. Was für eine Verschwendung. So viel Schönheit. So viel Begabung. Und dann ein so früher Tod. Gestorben in Griechenland an einer Blutvergiftung mit 27 Jahren.«

»Er hat sich gewünscht, früh zu sterben«, sagt Virginia. »Das hat er mir gesagt. Er hatte mehr Angst vor dem Alter als vor dem Tod.«

»Du meinst, er ist in den Krieg gezogen, um nicht 30 werden zu müssen?«, fragt Lytton. »Wenn das stimmt, dann ist das für mich eine Erscheinungsform des Wahnsinns. Aber es wäre zumindest eine Erklärung. Rupert hat sich ja auch vor dem Krieg schon merkwürdig verhalten. Plötzlich wollte er niemanden von seinen alten Freunden mehr sehen. Plötzlich hasste er mich. Plötzlich war er voller Vorwürfe. *Zynische Frigidität* warf er mir vor. Plötzlich fürchtete er sich vor Schmutz. Ja, wusste er denn nicht, dass Krieg immer schmutzig ist? Oh, ich könnte weinen, wenn ich daran denke, dass er jetzt schon ein Jahr tot ist. Sinnlos für England gestorben – an einem Mückenstich.«

»Er selbst hat seinen Tod vermutlich nicht als sinnlos angesehen«, wendet Leonard ein.

»Du spielst auf die Kriegsgedichte an? Ja, er hat sie geschrieben. Aber wie konnte er das tun? Meiner Meinung nach ist es eines Cambridge-Mannes unwürdig, ein Kriegsdichter zu sein.«

»Und was ist mit Henry?«, fragt Virginia. »Hast du etwas von ihm gehört, Lytton?«

»Henry, ja Henry«, antwortet Lytton gedehnt »Ich glaube, er wird als Kriegsmaler enden, auch wenn er jetzt noch in London ist. Soweit ich weiß, hat er sofort nach Kriegsausbruch sein Medizinstudium wieder aufgenommen und qualifiziert sich gerade in irgendeinem Krankenhaus für seinen Traumberuf als Militärarzt. Wahrscheinlich wird er noch in diesem Jahr zu irgendeiner kämpfenden Einheit geschickt. Und ich frage mich immer: Wieso? Wie ist das möglich? Es ist unvorstellbar. Ein Künstler wie Henry.

Niemand zwingt ihn dazu. Aber er will *dabei sein*, wie er sagt, er will *nicht abseits stehen*. Er sagt, dies seien *keine Zeiten für Bilder*. Pazifisten sind für ihn Schwächlinge oder Verräter. Und so, wie es ist, scheint mir, haben wir uns nichts mehr zu sagen.«

»Die Zeitungen schreiben, dass sie vom nächsten Monat an auch verheiratete Männer einziehen werden, sagt Virginia. »Leonard muss wahrscheinlich vor das Militärtribunal.«

»Nun, ich war schon dort«, berichtet Lytton. »Zuerst bei der Voranhörung. Dann musste ich vor dem Hampstead-Tribunal erscheinen. Eine unglaubliche Farce. Aber für die Herren hinter der Richterbank war die ganze Sache natürlich vollkommen ernst. Ich erklärte ihnen, dass ich nach reiflicher Überlegung zu der Ansicht gekommen sei, mit keiner meiner Handlungen dazu beitragen zu wollen, diesen Krieg zu unterstützen. Auch wenn ich eine so endgültige, umfassende Aussage wie die, ich sei für alle Zeiten gegen jeden denkbaren Krieg, nicht treffen könne (hier schienen sie erleichtert zu sein), so richte sich meine Haltung aber auch nicht nur gegen diesen einen Krieg (hier wurden ihre Mienen bedenklich). Noch bedenklicher wurden ihre Mienen, als ich sagte, ich halte ein System, in dem internationale Streitigkeiten mit militärischer Gewalt ausgetragen werden, für ein abgrundtiefes Übel. Sie fragten mich: ›Was würden Sie tun, Mr. Strachey, wenn Sie einen Ulanen sähen, der gerade versuchte, ihre Schwester zu vergewaltigen?‹ Und ich sagte: ›Ich würde vermutlich versuchen, mich dazwischen zu werfen.‹«

»Das klingt amüsant«, sagt Leonard. »Ich selber fühle mich leider außerstande, diese Dinge locker zu sehen und mit Humor zu nehmen. Was mich vor allem interessiert, ist: Bist du damit durchgekommen? Es könnte für mich wichtig sein zu wissen, welche Argumente sie anerkennen, denn mir steht ja dasselbe bevor.«

»Sie sagten keinen Ton, aber ich konnte sie wohl nicht überzeugen. Jedenfalls haben sie mich als Kriegsdienstverweigerer aus Gewissengründen abgelehnt, und ich musste zur Musterung. Stundenlang wartete ich zusammen mit jungen Arbeitern nackt auf einem Gang. Schließlich erklärten sie, ich sei für alle Zeiten unfähig zu jeder Art von Militärdienst.«

»Ich hoffe, genau das werden sie bei mir auch feststellen«, sagt Leonard. »Wäre ich allein, würde ich den Kriegsdienst vielleicht nicht verweigern. Die Idee, dass England besetzt werden könnte, macht mich krank. Aber was soll aus Virginia werden, wenn ich zur Armee muss? Sollten sie mich zwingen, wäre das eine ausweglose Situation.«

»England ist nicht in diesen Krieg eingetreten, weil die Gefahr bestand, dass England besetzt werden würde«, antwortet Lytton. »Das ist nichts als Propaganda. Asquith will diesen Krieg nutzen, um Deutschland als Großmacht zu schwächen. Es ist ein Krieg des Premierministers, und seine Gründe sind rein machtpolitischer Art. Das ist eine Denkebene, auf der ein Menschenleben nicht zählt.«

»Duncan wurde auch nicht anerkannt«, berichtet Virginia, »und kein Arzt will ihm bescheinigen, dass er untauglich ist. Nessa sucht gerade nach einem Bauernhof, auf dem er kriegswichtige landwirtschaftliche Arbeit leisten kann. Sollte ihr das gelingen, stehen seine Chancen gut, um eine Einberufung herumzukommen. Bei Clive hat es jedenfalls geklappt. Er leistet jetzt kriegswichtige landwirtschaftliche Arbeit in Garsington. Das wäre auch für Duncan eine Möglichkeit. Aber Nessa würde nie zulassen, dass Duncan zu Ottoline nach Garsington geht.«

»Wisst ihr was von Maynard?«, fragt Lytton. »Wurde er vorgeladen?«

»Er war neulich zum Essen bei uns«, berichtet Virginia. »Ich glaube, du kannst nicht für das Kriegsministerium arbeiten, ohne dass das eine Wirkung auf dich hat.«

»Genau so ist es«, stimmt Lytton ihr zu. »Maynard arbeitet dafür, dass die Regierung möglichst kostengünstig diesen Krieg führen und gewinnen kann. Gleichzeitig hat er – rein privat – Sympathien für seine pazifistischen Freunde. Er unterstützt Nessa und Duncan finanziell. Er will das Bohème-Leben und die Karriere, und seine Moral ist so beschaffen, dass er beides problemlos unter einen Hut bringen kann.«

»Wie Quecksilber auf einer schiefen Ebene«, fährt Virginia fort, »so kam er mir jedenfalls vor. Ein bisschen unmenschlich, aber sehr zuvorkommend, sehr höflich, sehr freundlich, wie solche Menschen eben sind.«

Lytton fährt mit dem Daumen und dem Zeigefinger seiner rechten Hand über seine Nase und drückt ganz kurz seine Nasenlöcher zu. »Als Volkswirtschaftsdozent in Cambridge«, sagt er, nach Luft schnappend, »und als Politikberater in London gilt Maynard vermutlich als Geistesarbeiter von nationalem Interesse. Mit an Sicherheit grenzender Wahrscheinlichkeit wurde er gar nicht vorgeladen. Ich selbst gehöre für die britische Regierung natürlich nicht in diese Kategorie. Ich bin für sie kein Geistesarbeiter oder Künstler von nationalem Interesse; doch eines Tages werden sie gezwungen sein, mich anzuerkennen.«

»Willst du denn als Geistesarbeiter kriegswichtige Arbeit leisten?«, fragt Leonard mit einem ironischen Lächeln.

»Du bringst da etwas durcheinander, Woolf«, antwortet Lytton. »Ich sprach von Anerkennung. Genau das ist es, worum es hier geht: Anerkennung und Respekt. Aber es ist typisch für dich, dass du das bewusst missverstehst.«

61

Sie sind nach Suffolk gefahren und werden am Bahnhof mit dem Pferdewagen abgeholt. Auf dem Kutschbock sitzt, in einer merkwürdig schiefen Haltung, ein junger Mann mit einem asymmetrischen Gesicht, kurzem blonden Haar und kreisrunden braunen Augen. Er trägt bäuerliche Kleidung und stellt sich als David vor.

»Aber ihr könnt *Bunny* zu mir sagen. Vanessa und Duncan nennen mich jedenfalls so.«

Vanessa hat einen Bauernhof in Suffolk gefunden, auf dem Duncan kriegswichtige Arbeit leisten kann. Seit Wochen hat Virginia Leonard zu einer Reise nach Suffolk gedrängt, und jetzt sind sie da.

Wie sich herausstellt, ist das Haus mit dem Namen Wissett Lodge ein schöner alter Fachwerkbau, der einem von Duncans Verwandten gehört. In der dazugehörigen Scheune haben Nessa und Duncan ihr Atelier eingerichtet. Nessa empfängt Leonard und Virginia in einer roten Bluse und in einem mit Farbflecken übersäten, selbst genähten Rock. Nie wieder, erklärt sie, wolle sie *anständige* Kleider tragen oder *eine Dame* sein müssen. Sie zeigt ihnen das Gästezimmer mit den frisch bezogenen Betten und führt sie herum. Zum Gelände gehören zwei Teiche, von denen der eine voller Goldfische ist. Im Atelier steht auf der Staffelei ein fast fertiges Porträt von David. Nessa hat ihn als nackten, rosigen

Fleischkloß gemalt, der sehr viel Ähnlichkeit aufweist mit einem Schwein. David ist Buchhändler und Kriegsdienstverweigerer, und weil Duncan sich in ihn verliebt hat, ist er mit nach Wissett Lodge gekommen. Duncan und David versuchten sich im Obstanbau, erklärt Nessa. Duncan sei im Moment noch auf den Streuwiesen beschäftigt.

»Macht es dir nichts aus, Nessa?«

»Das verstehst du nicht, mein Affe. Duncan ist ein Genie.«

Virginia betrachtet ein fast fertiges Bild auf Duncans Staffelei. Es zeigt Nessa und die Jungen mit hässlichen dumpfen Gesichtern. Alle drei strahlen Leblosigkeit aus – und die Hoffnungslosigkeit von gefangen Tieren. Ein anderes Bild, das an der Wand lehnt, zeigt David, lebendig, strahlend, schön. Während Nessa sie weiter zu den Bienenstöcken führt, spielen Julian und Quentin in dem von Schlammpfützen übersäten Hof Krieg. Sie laufen in zerrissenen Hosen herum, schwenken laut brüllend große Stöcke, die für sie Gewehre sind, und versuchen, *deutsche Bestien* zu erschießen: *Peng, Peng, Peng!*

Später, als sie einen kurzen Moment allein sind, versucht Virginia, ihre Schwester zu überreden, zurück nach Sussex zu kommen.

»Ich brauche dich, Nessa«, sagt sie. »Und ich habe auch schon ein passendes Bauernhaus für dich gefunden. Ein ganz wunderbares, romantisches, altes Haus mit einem großen Garten und einem Teich, ganz in der Nähe von Asheham. Willst du es dir nicht wenigstens einmal ansehen.«

»Ich hätte es mir angesehen, mein Affe, aber jetzt sind wir hier. Du hättest mir das früher sagen müssen.«

»Aber ich habe das Haus nicht früher gefunden. Überlege es dir. Ich bitte dich!«

Vor dem Abendessen berichtet sie Leonard von dem Gespräch. »Sprich du doch nochmal mit ihr. Auf dich würde sie hören.«

David und Duncan kommen über den Hof, die zerknüllten Hemden in der Hand, um sich an der Pumpe rechts und links Wasser ins Gesicht zu klatschen. Duncan richtet sich auf, wirft sein tropfnasses Haar zurück und läuft strahlend auf Virginia zu.

»Ich finde, wir sollten morgen wieder fahren«, sagt Leonard.

62

Ein dunstiger blauer Tag. Sie sitzt in ihrem Zimmer in Richmond und zieht die Beine auf den Sessel, unendlich froh, dass das wieder geht. Langsam verliert ihr Körper die unförmigen Ausmaße, die er durch die erzwungene Diät angenommen hatte. Leonard kommt herein und bringt die Post.

»Es ist ein Brief aus Wissett Lodge dabei«, sagt er zögernd. »Versprich mir, dass du dich nicht aufregen wirst. Egal, was Vanessa schreibt.«

»Versprochen!«

Leonard nickt, geht zur Tür, zögert kurz und verlässt dann das Zimmer. Sie nimmt den Brieföffner und schneidet den Briefumschlag so langsam und vorsichtig auf, als handele es sich um eine seltene Kostbarkeit. Wenn Nessa zurückkommen würde. Sie kann nicht immer nur mit Leonard allein sein, ohne einen Menschen, der ihr innerlich nahe ist. Zögernd nimmt sie den Brief heraus, klappt ihn auf und beginnt zu lesen. Nessa schreibt, dass sie zurückkommen wird. Die Erleichterung, die sie empfindet, ist so groß, dass sie es zuerst nicht glauben kann. Aber dann ergießt sich ein solcher Freudenschwall über ihr Inneres, dass sie aufspringt und, den Brief in der Hand, schwirrend und vibrierend aus dem Zimmer läuft.

»Nessa hat das abgelegene Farmhaus gemietet, das ich vor Monaten für sie gefunden habe«, berichtet sie Leonard. »Charleston Farmhouse. Nessa wird zurück nach Sussex kommen, Len. Sie hat in der Nähe einen Bauernhof gefunden, auf dem Duncan und David kriegswichtige Arbeit leisten können. Alles ist bereits organisiert. Und Charleston Farmhouse liegt ganz in der Nähe von Asheham.«

Leonard zieht die Augenbrauen hoch: »Du weißt, dass ich mir Sorgen mache, Virginia. Für deine Gesundheit war die Entfernung zwischen Asheham und Wisset Lodge durchaus förderlich. Wenn du jetzt dauernd zu Nessa radeln willst, sobald wir in Asheham sind, könntest du dich körperlich überanstrengen. Und das dort herrschende Chaos könnte dich erneut aus dem inneren Gleichgewicht bringen.«

»Charleston liegt nur vier Kilometer von Asheham entfernt. Das ist eine Strecke, die ich mit dem Fahrrad gut bewältigen kann.«

»Trotzdem möchte ich nicht, dass du dort hinfährst, bevor sie sich eingerichtet haben und eine gewisse Ordnung eingekehrt ist.«

63

Wenn das Hindernis zu groß ist, musst du warten, bis sich eine Lücke zeigt. Das ist Virginias Erkenntnis aus den Kriegsjahren, aber diesmal will die Lücke sich nicht zeigen.

Es ist unfassbar. Nessa ist seit Oktober 1916 in Charleston, und es wird Januar 1917, bis Leonard ihr den ersten Besuch dort erlaubt. Weil es geschneit hat, stapfen sie in dicken Stiefeln von Asheham nach Charleston herüber. Das schneebedeckte alte Bauernhaus mit seinen Schornsteinen, das abseits des Dorfes liegt, macht, so wie sie es in Erinnerung hat, von außen einen höchst romantischen Eindruck. Innen hat Nessa in den letzten drei Monaten jede Menge Wunder vollbracht. Sie hat Vorhänge, Patchworkdecken und Sesselbezüge genäht, billige Möbel besorgt und zusammen mit Duncan angefangen, Möbel, Wände, Türrahmen, Tische und Paravents zu bemalen. Es gibt kein Telefon. Es gibt keinen Strom. Es gibt keine Innentoilette. Das Wasser muss aus dem Pumphaus geholt werden. Es gibt in der Nähe keine Geschäfte. Alles ist noch nicht fertig, und die Jungen toben herum. Aber Nessa bereitet den Tee und wirkt vollkommen entspannt. Sie hat sich hier ihr Reich geschaffen – oder sie ist jedenfalls dabei, das zu tun: Räume voller Farben, Stoffe und Bilder. Räume, in denen sie malen, leben und sich ausdrücken kann. Räume, die, so findet Virginia, einen wohnlichen und einladenden Eindruck machen und gleichzeitig selbst faszinierende Kunstwerke sind.

»Bist du glücklich, Nessa?«

»Ich bin glücklich, mein Affe.«

»Freust du dich, mich wiederzusehen?«

»Natürlich, Ginia. Wie kannst du das fragen.«

»Hast du mich vermisst? Wenigstens ein kleines bisschen?«

»Sicher. Aber es war auch so viel zu tun.«

»Ich bewundere dich. Du hast diese unglaublichen praktischen Fähigkeiten. Und dann ist da diese Atmosphäre, die du zu schaffen verstehst, sodass alle sich wohlfühlen.«

»So viel gibt es da nicht zu bewundern, Ginia. Trotz

deiner langen Erkrankung bist du eine anerkannte Rezensentin, Essayistin und Romanautorin. Du bist finanziell auf niemanden angewiesen. Aber ich verdiene gerade mal genug, um meine Modelle zu bezahlen.«

Virginia lässt sich von Nessa durchs Haus führen. Zu ihrer Überraschung hat nicht nur Clive, sondern auch Maynard sein eigenes Zimmer in Charleston bekommen.

»Warum Maynard? Warum nicht ich?«.

»Maynard übernimmt zusammen mit Clive die Kosten für das Haus.«

»Ottoline erzählt überall herum, Maynard sei immer noch in Duncan verliebt. Und dass Maynard mit Vanessa Bell eine Affäre habe, erzählt sie auch.«

»Ottoline ist ein altes Klatschweib. Eine unangenehme Person. Sie wollte Duncan zu einem ihrer hoffnungsvollen jungen Männer machen. Ich werde nie wieder eine Einladung nach Garsington annehmen.«

Sie haben kaum ihren Tee getrunken, da drängt Leonard schon wieder zum Aufbruch.

»Wollt ihr nicht warten, bis Duncan und David von der Farm zurück sind?«, fragt Nessa. »Sie werden enttäuscht sein.«

»Du weißt, wie früh es dunkel wird, Vanessa. Ich möchte noch im Hellen wieder in Asheham sein.«

64

Zurück in Richmond, treibt Leonard das Verlagsprojekt *Hogarth Press* voran. Zuerst hat er versucht, Virginia und sich selbst an der St. Bride's Gewerbeschule für Drucker anzumelden. Keiner von ihnen wurde angenommen, und nun haben sie nichts als eine 16-seitige Anleitung, die zusammen mit der Druckerpresse geliefert wurde. Ein Tisch im Esszimmer wird zur Arbeitsplatte umfunktioniert. Wie sich herausstellt, ist das Setzen von Typen eine mühsame und schmutzige Angelegenheit. Virginia ist feinmotorisch ungeschickt, Leonard bereitet sein Handtremor Schwierigkeiten, und nach kurzer Zeit schwimmt alles in Tinte. Hilflos hebt Virginia ihre befleckten, tropfenden Hände und sieht Leonard an. Im trüben Nachmittagslicht steht er vor dem großen Fenster mit den halb geschlossenen Läden und wirkt auf eine ungeduldige Weise glücklich.

»Wir sind noch ein bisschen ungeschickt«, sagt er und schaut lächelnd auf seine schwarzen Finger. »Aber das sind nur Anfangsschwierigkeiten, über die wir bald lachen werden. Unseren Verlag wird es geben, Virginia! Es geht gar nicht mehr anders, denn ich habe die *Hogarth Press* bereits als Gewerbe angemeldet. Unser Opus 1 wird etwas Kurzes sein. Zwei Geschichten; von Leonard und Virginia Woolf. Ein Verleger- und Schriftstellerpaar. Das werden wir sein.«

Virginia nickt. Sie sieht vollkommen ein, dass das Drucken als mechanische Tätigkeit gut sein könnte für ihre Gesundheit. Das Abenteuerliche an der ganzen Unternehmung gefällt ihr auch. Und was für eine Erleichterung, nicht mehr auf den Verlag ihres Halbbruders angewiesen zu sein. Aber in ihrem Element und mit dem Herzen bei der Sache ist sie nicht. Wie sollte sie auch? Sie ist gerade dabei, etwas zu erschaffen, das ihre ganze Kraft in Anspruch nimmt, und ihre innere Aufmerksamkeit ist bei ihrer Romanheldin Katherine.

65

Mai 1917. Das Abenteuer Verlagsgründung hat sich herumgesprochen. Ganz Bloomsbury redet über nichts anderes mehr. Lytton kommt vorbei und läuft mit spitzen Fingern und hochgezogenen Augenbrauen im Esszimmer herum. Er hat ungefragt ein sehr junges Mädchen mit riesigen blauen Augen mitgebracht und versucht die durch diese Unhöflichkeit entstandene Verlegenheit zu überbrücken, indem er ununterbrochen redet.

»Das ist sie also: eure Verlags- und Druckereiposse! Bist du dir im Klaren darüber, Virginia, dass du von nun an nie mehr saubere Hände haben wirst? Aber wenn ihr das hier wirklich machen wollt, habe ich einen Vorschlag für euch: Diese junge Frau hier, Dora Carrington, ist Malerin. Vielleicht könnte sie Holzschnitte für euch machen? Ihr müsst euch ihre Sachen mal ansehen. Sie ist wirklich sehr gut. Und bitte sagt *Carrington* zu ihr. Nur *Carrington*. Es ist ihr Wunsch, dass sie so angesprochen wird.«

»Warum nicht. Wir können da sicher später etwas verabreden«, antwortet Leonard geduldig. »Aber jetzt erkläre ich euch erstmal die Druckmaschine, und dann trinken wir Tee. Also, was ihr hier seht, ist eine gewöhnliche Tiegel-Handpresse. Das Mittelteil, das hier noch fehlt, müsst ihr euch so vorstellen …« Während Leonard mithilfe der Anleitung die technischen Details der Druckerpresse erklärt, spaziert das Mädchen, das nach Lyttons Worten *Carrington* genannt werden möchte und bisher noch kein Wort gesprochen hat, geistesabwesend in dem riesigen holzgetäfelten Esszimmer herum, wobei sie immer engere Kreise um Lytton zieht. Zwischendurch nimmt sie ein herumliegendes Buch in die Hand: *Die Traumdeutung* von Sigmund Freud, in der Übersetzung von Abraham Brill.

»Was ist das für ein Autor, Lytton?«, fragt sie mit einer so hellen, jungen Stimme, dass Virginia überrascht aufblickt. Die Stimme ist ihr spontan unsympathisch. Künstlich verkindlicht, lautet ihr Urteil.

»Das werde ich dir erklären, wenn du älter bist«, antwortet Lytton. Wie merkwürdig er zu ihr spricht, denkt Virginia. Mit diesem großväterlichen Spott, in dem ein Hauch von Wärme enthalten ist. Plötzlich hat sie das Gefühl, in ihrem eigenen Haus fehl am Platz zu sein. Als sie schließlich alle gemeinsam am Teetisch sitzen, bietet Leonard zu Virginias absoluter Überraschung Carrington an, Holzschnitte für die *Hogarth Press* zu machen. Außerdem lädt er Lytton und Carrington nach Asheham ein, was Lytton für beide lächelnd akzeptiert.

»Ja, das Landleben«, fährt er fort. »Mein Arzt sagt, die Landluft bekommt mir, und deshalb werden wir, das heißt«, verbessert er sich, »werde ich London wahrscheinlich demnächst endgültig den Rücken kehren. London ist etwas für Menschen wie Virginia, Menschen mit der Physis eines Kutschpferdes, und ich gehöre nicht zu dieser Art Menschen.«

Kurz darauf brechen Lytton und Carrington auf, und als sie die Tür hinter sich ins Schloss gezogen haben, sagt Leonard: »Lytton scheint sehr viel daran zu liegen, dass wir beide seinen neuen Schützling mögen, und ich muss sagen, das tue ich.«

»Weil sie aussieht wie eine Puppe? Ich bitte dich, Leonard. Man wundert sich, dass sie sprechen kann.«

»Kann es sein, Liebes, dass sie zu den vielen Menschen gehört, die du nicht magst?«

»Nun, Len, ich habe sie erst einmal gesehen. Aber ja, möglicherweise gehört Carrington zu den wenigen Menschen, die ich nicht mag.«

66

Ein diesig-grauer Tag, feucht, düster. Eine lang gezogene, geschlossene Wolkendecke, die in der Ferne so abrupt endet, als sei sie abgeschnitten worden. Hinter der Wolkenkante strahlend blauer Himmel. Es ist elf Uhr vormittags. Das Telefon klingelt. Leonard nimmt den Hörer ab. Sie versucht vergeblich zu erraten, wer der Gesprächspartner am anderen Ende der Leitung ist. Das Gespräch dauert länger, und sie geht in den kleinen Hof an der Rückseite des Hauses, läuft auf den von der Morgenfeuchtigkeit glänzenden Steinfliesen auf und ab und raucht eine Zigarette. Die Entspannung beim Rauchen lässt sie noch deutlicher als sonst das tiefe Unwohlsein spüren, das sie an diesem Ort empfindet. In diesem traurigen kleinen Hof, den sie Garten nennen. In diesem Gebäude mit seinem unangenehmen Geruch. Wie sehr sie das alles hasst. Sie raucht die Zigarette zu Ende und geht zurück ins Haus.

Auf einem Tablett in der Eingangshalle liegt die Post. Ein Brief von Lady Ottoline ist dabei. Vermutlich die soundsovielte Einladung nach Garsington Manor, Ottolines Herrenhaus in der Nähe von Oxford, wo Lytton seit Beginn des Krieges, seinen Briefen nach zu urteilen, viele Monate gelebt haben muss. Sie geht ins Esszimmer, wo Leonard, der sein Telefonat inzwischen beendet hat, damit beschäftigt ist, eine Druckplatte mit altertümlichen Lettern zu bestücken.

»Hier ist ein Brief von Ottoline Morrell. Ich habe ihn noch nicht geöffnet. Wahrscheinlich wieder eine Einladung nach Garsington. Falls dies so ist, kann ich ihr diesmal zusagen?«

»Jetzt nicht. Du siehst doch, ich muss mich auf das hier konzentrieren.«

Später, am Abend, vor dem Kaminfeuer, bei einem Glas Wein, geschieht das Wunder, und Leonard erklärt sich einverstanden. Sie darf die Einladung annehmen. Sie fahren nach Garsington.

67

Traum: Sie befindet sich am Rand einer Wüste. Ein Wettlauf soll stattfinden. Das Ziel ist ein gläserner Kasten, in dem das Bild einer Frau ausgestellt ist. Als sie das Ziel erreicht, ist der Glaskasten leer.

Als sie ankommen, eilt ihnen die Hausherrin entgegen, eine Zigarettenspitze in der Hand, eingewickelt in einen breiten, mit scharlachroten Blumen bestickten Schal, begleitet von zwei hechelnden Möpsen. Lady Ottoline Morrell hat ihren Landsitz Garsington Manor in eine Zufluchtsstätte für Pazifisten verwandelt. Kriegsdienstverweigerer können sich vom Militärdienst freistellen lassen, um in Garsington kriegswichtige landwirtschaftliche Arbeit zu leisten. Das ist eine politische Heldentat erster Güte, zu der das weiße

Herrenhaus aus der Tudor-Zeit mit seinen Türmen und Erkern, mit seinen verspielten Gärten, seinen Pfauen, geschnitzten Holzbänken, Säulen, Skulpturen und Teichen in einem gewissen Widerspruch zu stehen scheint.

»Virginia! – Leonard! – Meine Lieben! Ich darf Sie doch Leonard nennen, Mr. Woolf? – Wie schön! – Ich freue mich so sehr, euch zu sehen!«

Alles ist in etwa so, wie Virginia es sich nach Lyttons, Clives und Nessas Erzählungen vorgestellt hat. Ottoline zeigt ihnen ihr Zimmer und führt sie dann ein bisschen herum. Sie laufen durch eine Welt von Blumen, Brokat und Gold; von riesigen Bodenvasen, antiken Säulen und lebensgroßen Porzellanfiguren; von Samt und Seide, Tüll und Stickereien; von Quasten, Granatäpfeln und getrockneten Rosenblättern. Kristallene Lüster tauchen Räume in ein geheimnisvolles Licht. Puderpartikel vernebeln die Luft.

Irgendwann wendet sich Ottoline an Leonard: »Leonard, mein Lieber, du hast doch sicher nichts dagegen, wenn ich dir deine Frau eine Weile entführe? Später werde ich euch meinen Mann, meine Tochter und alle meine Gäste vorstellen, aber jetzt ... Es gab eine Zeit, da waren Virginia und ich dabei, uns anzufreunden, weißt du, und ich würde gerne versuchen, da wieder anzuknüpfen, wo wir damals aufgehört haben.«

Ohne eine Antwort abzuwarten, zieht sie Virginia in ein kleines Nebenzimmer und bittet sie, sich zu setzen. Alles ist vorbereitet. Auf dem Tisch stehen, auf weißem Damast und zwischen getrockneten Rosenblättern, eine Teekanne aus indischem Silber, eine silberne Zuckerdose, ein silbernes Milchkännchen, zwei Teller aus weißem Porzellan mit Silberrand, zwei Teegläser mit silbernen Haltern, zwei silberne Schalen mit Obst und Gebäck.

»Was für ein großartiges Buch du geschrieben hast, Virginia«, beginnt Ottoline die Unterhaltung. »Ich bin froh, dass wir uns endlich einmal persönlich darüber unterhalten können. Dein Porträt von Lytton darin ist einfach göttlich: Ein Apostel der Liebe, der mit Frauen nichts anfangen kann. Herrlich! Was für ein interessantes Paar ihr doch seid. Oder sein könntet. Der reine Gegensatz: die Jungfrau und die Schlange. Haha. Entschuldige bitte, Virginia. Und gleichzeitig seid ihr euch auf eine gewisse Weise sehr ähnlich, glaube ich. Weißt du eigentlich, dass Lytton hier sein eigenes Zimmer hat? Kannst du ihn dir vorstellen, wie er nachts kichernd seine Füße in meine hochhackigen Schuhe zwängt, durchs Zimmer stakst und versucht, Pirouetten zu drehen? Es macht einen Mann für Frauen anziehend, nicht wahr, wenn er nicht ganz männlich ist.« Jetzt unterbricht Ottoline ihren Redefluss, wendet ihren Blick ab und beginnt, gedankenverloren aus dem Fenster zu starren. Alle Munterkeit ist von ihr abgefallen, und als sie nach einer Weile weiterspricht, liegt ein Schatten auf ihrer Stimme. Inzwischen, klagt sie, habe Carrington es leider geschafft, ihr Lytton zu entfremden. Carrington sehe aus wie eine unschuldige Puppe, doch in Wahrheit sei sie berechnend und besitzergreifend. Carrington mache sie schlecht bei Lytton, fährt Ottoline bitter fort. Sie erfinde Geschichten zu diesem Zweck. Dabei habe sie, Ottoline, so viel für Carrington getan. Inzwischen bedaure sie sehr, Carrington so oft eingeladen zu haben, und an diesem Wochenende werde Carrington auch nicht kommen. Ob Virginia schon das Porträt kenne, das Carrington letzten Winter von Lytton gemalt habe. Es hänge in Lyttons Zimmer. Lytton sei noch nicht da. Er werde aber sicher nichts dagegen haben, wenn sie Virginia das Bild zeige.

Lyttons Zimmer ist spartanisch eingerichtet. Ein Tisch, ein Bett, ein Stuhl, ein Teppich, ein Regal mit allen möglichen Büchern, von Macaulys *Geschichte Englands* bis zu *Die Fahrt hinaus* von Virginia Woolf. Über dem Bett hängt, in einem einfachen Holzrahmen, Carringtons Lytton-Porträt: Lytton mit seiner runden Metallbrille und seinem langen rötlichen Apostelbart, priesterlich, in schwarzer Jacke und weißem Hemd, die dunklen Haare kurz geschnitten, den Kopf auf ein weißes Kissen gebettet, lesend. Eine rote Decke mit Blumenmuster ist über ihn gebreitet. Seine schmalen Hände mit den langen Fingern – wie zum Gebet erhoben – halten ein Buch mit einem rot-gemusterten Einband. Sein Gesicht wirkt schön. Es hat einen Ausdruck von Sammlung, Ruhe, Konzentration und Hingabe.

Ob sie eigentlich schon wisse, dass Carrington für Lytton und sich ein Haus gefunden habe, eine alte Mühle, Tidmarsh Mill, in Berkshire bei Pangbourne, fragt Ottoline beiläufig. Carrington sei schon dort, bereite alles vor, und Lytton werde im nächsten Monat dort einziehen, um mit ihr zusammen zu leben. Er habe es seiner Mutter noch nicht gesagt, aber sie, Ottoline, glaube, Lytton werde Carrington letzten Endes heiraten. Carrington habe sich auch um die Finanzierung gekümmert und Prof. Keynes, Saxon Sydney-Turner (der sie ja bedauerlicherweise nicht leiden könne), Lyttons Bruder Oliver und wer weiß wen noch überredet, sich an einem Fonds zur Finanzierung des Hauses zu beteiligen, mit dem Versprechen, die Geldgeber könnten dann dort ihre Wochenenden verbringen, wann immer sie wollten. Sie selbst sei nicht gefragt worden. Es sei übrigens eine von Nessas Malerpartys in Asheham gewesen, auf der die beiden sich kennengelernt hätten. Angeblich habe Lytton versucht, Carrington auf einem Spaziergang zu küssen. Angeblich habe Carrington sich für den erzwungenen Kuss rächen wollen und sei nachts mit einer Schere in Lyttons Schlafzimmer geschlichen, um ihm den Bart abzuschneiden. Angeblich sei Lytton aufgewacht und habe sie angesehen. Angeblich habe dieser Blick bewirkt, dass Carrington sich unsterblich in ihn verliebt habe und seitdem nicht mehr von seiner Seite gewichen sei. Aber sie, Ottoline, glaube kein Wort davon. Ob Virginia die Bibel kenne? Ob ihr die Bedeutung von *und sie erkannten einander* bekannt sei?

Am Abend findet sie Lytton im Salon, umgeben von schwatzenden Menschen, mehr liegend als sitzend, in einem goldenen, mit rotem Samt bezogenen italienischen Sessel, die Beine ausgestreckt, den Kopf gesenkt, das Kinn auf dem Brustbein, brütend, nicht zum Reden aufgelegt. Er nickt ihr kurz zu. Dann rollt er weiter sein Whiskyglas zwischen seinen Handflächen hin und her. Später wird er munter und liest der ganzen Gesellschaft Auszüge seines letzten Essays über berühmte Viktorianer vor: *Das Ende von General Gordon.*

»Niemand wird diesen Text je veröffentlichen«, beginnt er seinen Vortrag. »Nicht zu meinen Lebzeiten. Für eine Publikation ist er einfach zu skandalös.«

68

November 1917. Den ganzen Tag über waren die Zeppeline in der Luft. Sie haben versucht, die Fenster mit Säcken vor den Druckwellen zu schützen, aber zwei Scheiben im ersten Stock, zur Straße hin, sind trotzdem zersprungen. Am späten Nachmittag war es eine Weile ruhig, aber jetzt, am Abend, heulen wieder die Sirenen. Die Lichtkegel der Suchscheinwerfer wandern über den Himmel. Märchenhafter Mondschein. Alle rennen durchs Haus, um Vorhänge zu überprüfen, um eventuell noch brennende Lampen zu löschen und treffen sich dann im Keller. In den nächsten zwei Stunden fallen keine Bomben. Etwas später gibt es Entwarnung. Virginia geht in ihr Zimmer, schläft ein, erwacht, hört die Sirenen, sitzt senkrecht im Bett. Mit Leonard, mit der Hausangestellten Nellie, mit der Köchin Lottie und mit den Hunden rennt sie zum zweiten Mal in dieser Nacht in den Keller. Zitternd, in Decken gehüllt, warten sie auf die Einschläge. Vier Stunden lang passiert nichts. Leonard entscheidet, dass das Wagnis, in die Küche zu gehen, unter diesen Umständen vertretbar sei. Es wird Tee gekocht. Alle werden ruhiger. Die Sirenen geben Entwarnung. Plötzlich sind draußen Schüsse zu hören. Sie lauschen angestrengt, aber es erschließt sich nicht, was auf der Straße vor sich geht. Leonard tritt ans Fenster, zieht einen der Vorhänge ein wenig zur Seite und späht hinaus. Dann geht er an die Tür, öffnet sie einen Spalt. In diesem Moment witscht Tinker an ihm vorbei. Er wagt es nicht, dem Hund zu folgen, der auf seine leisen Rufe nicht reagiert.

In den nächsten Tagen suchen sie immer wieder die umliegenden Straßen ab. Sie melden Tinker bei der Polizei als vermisst, und Leonard nimmt Kontakt zum örtlichen Tierheim auf. Aber Tinker bleibt verschwunden.

69

Sie sind vor den Bomben nach Asheham geflohen und lassen sich die Post nachschicken. Leonard klettert in den Bäumen herum, um tote Äste abzuschneiden, und Virginia hält ihm die Leiter. Gemeinsam jäten sie Unkraut, entfernen trockene Blätter, gießen provisorisch abgesteckte Beete und legen einen Komposthaufen an. Am Nachmittag bricht die Sonne durch die Wolken. Virginia schleppt ihren Liegestuhl in die Pilzsenke und richtet sich dort mit Decken und Büchern ein für den Nachmittag. Ein Brief von Lytton ist gekommen. *Es wäre herrlich, einmal wieder diese sanfte grüne Hügellandschaft zu durchwandern*, schreibt er und bittet um eine Einladung. Er sei herzlich willkommen, schreibt Virginia zurück. Die Anreise sei kein Problem. Die Zugverbindung von London Victoria Station nach Lewes funktioniere trotz des Krieges einwandfrei. Es gebe nur ein Problem: Sie seien rationiert. Wenn er länger bleiben wolle, müsse er also entweder eigene Lebensmittelmarken mitbringen oder Lebensmittel für eine Woche, in jedem Fall Butter, Fleisch und Zucker. Und natürlich hoffe sie, dass dies kein Hinderungsgrund für seinen Besuch sein werde.

Als Lytton kommt, den Panamahut auf dem Kopf, schlackern die weißen Hosen um seine Beine. Sein Gepäck besteht aus einem einzigen Koffer und einer Tasche mit Büchern. Er habe keine Lebensmittelmarken dabei; auch Lebensmittel habe er nicht mitbringen können, sagt er entschuldigend. Er habe James beauftragt, sich darum zu kümmern, aber irgendwie habe das nicht geklappt. Ob er trotzdem bleiben könne. Natürlich darf er bleiben, und es ist zu sehen, dass er nichts anderes erwartet hat, aber der Besuch beginnt mit einer Verstimmung. Leonard ist noch in London. Virginia gießt Teewasser auf, und sie setzen sich auf die Terrasse. Lytton liegt, in Schweigen versunken, ausgestreckt in seinem Liegestuhl, dösend, grüblerisch, eingewickelt in eine warme, wollene Decke.

»Wir haben mit Gartenversuchen begonnen, Lytton. Ist dir das aufgefallen?«

»Mmh.«

»Ich habe Blumensamen in Seifenkisten mit Erde gesät.«

»Mmh.«

»Leonard hat ein Kartoffel-, ein Gemüse- und ein Kräuterbeet angelegt.«

»So.«

»Was macht das Leben in Tidmarsh?«

»Wenn ich das gefragt werde, pflege ich zu sagen: Die Landluft bekommt mir.«

»Und du lebst dort zusammen mit Carrington?«

»Was soll ich machen? Diese Frau folgt mir auf Schritt und Tritt. Sie lässt mich nicht schreiben. Das ist wirklich wahr.«

»Ottoline sagt, du würdest sie letzten Endes heiraten.«

»Ich werde nie jemanden heiraten, Virginia. Jedenfalls keine Frau. Wenn ich das könnte, hätte ich es damals getan, und wir beide wären jetzt verheiratet.«

»Aber wenn Carrington in dich verliebt ist?«

»Nun, das ist ihr Risiko.«

»Ich glaube, manchmal bin ich eifersüchtig.«

»Auf sie? Das ist unvorstellbar!«

»Du magst mich mehr, nicht wahr?«

»Das weißt du.«

»Und du wirst Carrington nicht heiraten?«

»Wie gesagt: Nein. Wenn es in England allerdings möglich wäre, als Mann den Mann zu heiraten, den du liebst, hätte ich damals bei Duncan und später bei Henry keine Sekunde gezögert, genau das zu tun. Aber selbst dann wäre ich heute noch Junggeselle, denn man kann niemanden heiraten, der einen nicht will. Und jetzt kann ich mir auch nicht mehr vorstellen, das noch einmal zu wollen.«

»Wirst du mir schreiben, wenn du zurück in Tidmarsh bist?«

»Natürlich werde ich das. Ich verspreche es.«

Sie hört seine Worte und glaubt nicht daran, aber es ist trotzdem schön, die alte Vertrautheit zu spüren, das Versprechen zu hören, er werde ihr schreiben, die Beteuerung, er möge sie mehr als Carrington.

»Und was machen die *Berühmten Viktorianer*?«

»Das wird sich zeigen, Virginia. Aber was ich dich fragen wollte: Würdest du mein Buch rezensieren? Es würde mir etwas bedeuten.«

Sie kann Lyttons Augen nicht sehen. Das Sonnenlicht spiegelt sich in den Gläsern seiner Brille, aber Lyttons Stimme macht seine Bitte sehr, sehr dringend, so dringend, dass es sie irritiert und dass sie mit der Antwort zögert. Während sie noch überlegt, wie ein höfliches, nicht verletzendes *Nein* zu formulieren wäre, springt Lytton plötzlich auf und läuft Richtung Haus. Als er zurückkommt, hat er sich umgezogen.

»Und, Virginia, hast du es dir überlegt?«

»Was ist mit dir, Lytton?«

»Nichts, der Magen, das Übliche, mach dir keine Gedanken. Aber was ist mit der Rezension?«

»Nun, nichts würde ich lieber tun, Lytton, aber Bruce Richmond wird es sicher nicht schätzen, wenn ich jemanden rezensieren möchte, den ich so gut kenne. Er verabscheut Gefälligkeitsrezensionen unter Freunden.«

»Aber mir würde sehr viel daran liegen. Und du würdest keine Gefälligkeitsrezension schreiben. Das muss Richmond doch wissen.«

»Ich habe kein gutes Gefühl dabei, aber, nun gut, ich werde ihn fragen.«

Später, als Leonard zurück ist und sie drinnen beim Abendbrot sitzen, kommt Lytton auf sein Buch zurück: »Vier Jahre habe ich an diesem Buch gearbeitet. Vielleicht waren es sogar sechs Jahre. Vier Kurzbiografien in, sagen wir mal, vier Jahren. Das ist nicht viel. Aber es ist das, was mir möglich war. Und nun meine Frage: Was haltet ihr davon, Leonard, Virginia?«

»Nun, Lytton«, sagt Leonard, »wir haben dir doch jedes Mal, wenn du uns etwas vorgelesen hast, gesagt, was wir davon halten, und wir haben im Laufe der Jahre alle vier Biografien gehört. Jetzt, würde ich vorschlagen, dass du uns das Buch schickst, wenn es gedruckt ist. Dann können wir alle Biografien noch einmal im Zusammenhang lesen und uns dann anschließend darüber unterhalten. Was meinst du? Jede einzelne dieser Biografien ist großartig, das habe ich dir doch schon mehrmals gesagt. Warum sollten sie es im Zusammenhang nicht sein? Wahrscheinlich ist doch eher das Gegenteil: Das Ganze wird mehr sein als seine Teile. Also sei ganz ruhig. Wir werden sehen. Und jetzt, schlage ich vor, machen wir noch einen Abendspaziergang.«

»Das wollte ich die ganze Zeit, Leonard, aber ich bin zu malade. Ich muss mich hinlegen. Lass uns morgen gehen.«

Lytton zieht sich die blaue Wolldecke, die Virginia ihm auf seinen Stuhl gelegt hat, eng um die Schultern und geht langsam Richtung Treppe. Er geht wie ein alter, kranker Mann.

70

Zu Virginias Überraschung hat Lytton Wort gehalten und ihr aus Tidmarsh geschrieben. Und das nicht nur einmal. Er fragt nach der Rezension. Betont, wie viel ihm diese bedeuten würde. Ihr Urteil sei ihm sehr, sehr wichtig. Ob sie Richmond schon gefragt habe? Er warte auf ihre Antwort.

Virginia zögert. Sie fühlt sich nach wie vor unwohl bei dem Gedanken, das Buch eines engen Freundes zu rezensieren, und sie versteht nicht, warum Lytton sie so drängt. Im Grunde will sie ihren Auftraggeber, den Herausgeber des *Times Literary Supplement*, nicht fragen, auch wenn sie Lytton auf sein Drängen hin versprochen hat, das zu tun. Ihr Widerstand dagegen, sich nötigen zu lassen, ist erheblich. Warum ist Lytton so hartnäckig? Er ist auf ihre Rezension in keiner Weise angewiesen. Er ist nicht mehr der, der er bei seinem letzten Besuch in Asheham noch war. Nach dem Erscheinen der *Berühmten Viktorianer* ist Lytton eines Morgens aufgewacht – und war selbst berühmt. Aktuell steht er im Zentrum der öffentlichen Aufmerksamkeit. Die Kritiker überschlagen sich vor Begeisterung. Jedes Adelshaus in England schickt ihm Einladungen. Der Verlag kommt mit dem Nachdrucken kaum hinterher. Seine Geldsorgen sind Vergangenheit. Aus dem Gefängnis von Brixton wurde gemeldet, der wegen *pazifistischer Umtriebe* verurteilte

Philosoph Bertrand Russel habe in seiner Zelle bei der Lektüre von *Berühmte Viktorianer* laut gelacht (und sei deshalb ermahnt worden). Alle Zeitungen zitieren Ex-Premierminister Asquith mit dem Satz, dieses Buch müsse unbedingt verbreitet werden. Aber Lytton möchte eine Rezension von Virginia Woolf in der Literaturbeilage der Londoner *Times*.

Virginia ist unglücklich, dass Lytton sie in diese Situation bringt, aber sie fühlt sich an ihre Zusage gebunden. Mit einem unguten Gefühl schreibt sie schließlich an Bruce Richmond. Dieser reagiert ablehnend, überlässt aber – mit einem salomonischen *Wenn Sie es geheim halten können* – ihr die Entscheidung. Soll sie, versteckt hinter einem Pseudonym, die Grundregeln journalistischer Integrität umgehen? Ganz abgesehen davon, dass sich nicht geheim halten ließe, wer sich hinter dem Pseudonym verbirgt (Bloomsbury ist ein klatschsüchtiges Dorf) – sie kann das nicht tun. Der Verdacht einer Gefälligkeitsrezension wiegt schwer.

Sie schreibt einen weiteren Brief an Richmond, und sie schreibt einen Brief an Lytton, in dem sie verschweigt, dass Richmond ihr etwas angeboten hat, das sie nicht annehmen kann. Aber Lytton nimmt ihr die Absage nicht übel und lädt sie und Leonard nach Tidmarsh ein. Aus irgendeinem Grund scheint ihm sein eben noch so dringendes Anliegen plötzlich nicht mehr wichtig zu sein.

71

Schon von Weitem hören sie die Gänse auf der Wiese schreien. Kurz darauf kommt ein Gebäude in Sicht: Tidmarsh Mill. Eine alte Mühle im Dorf Tidmarsh in Berkshire. Ein biss-

chen abseits gelegen. Mehr als 300 Jahre alt. Auf dem Mühlteich weiße und schwarze Schwäne. Ein alter Mühlstein, der
an der Wand lehnt. Das Geräusch des knarrenden Mühlrads
und des in den Tank donnernden Wassers. Eine Fußgänger-
brücke über den Fluss Pang. Bäume. Wiesen. Blumen.

»Hast du bemerkt, wie schlammig das Wasser ist?«, fragt
Leonard. »Und diesen fauligen Geruch von Sumpf und Mo-
der? Die Vorbesitzer werden die Mühle nicht umsonst aufgegeben haben. Bestimmt sind die Wände alle feucht.«

»Ich verstehe nicht, was du meinst«, antwortet Virginia.
»Ich finde die Romantik dieses Ortes überwältigend.«

Lytton und Carrington kommen ihnen entgegen.
Carrington in flachen Schuhen, dicken Strümpfen und einer
von Obstflecken übersäten Schürze über dem verwaschenen
Baumwollkleid, sehr jung, mit schwarzen Fingernägeln und
weit aufgerissenen blauen Augen unter dem kurz geschnittenen dicken blonden Haar. Lytton, abgezehrt, fast ge-
brechlich wirkend, milde lächelnd, großväterlich, in einem
klassischen Dreiteiler, mit frisch gewaschenem Bart. Die
beiden wirken sehr vertraut. Carrington zeigt den Gästen
ihr Zimmer und führt sie herum. Virginia folgt ihr schweigend, während Leonard mit lebhaftem Interesse Fragen zur
Anlage des Gartens stellt, welche Carrington bereitwillig
und kenntnisreich beantwortet. Im Wohnzimmer wellt sich
auf dem rohen Dielenboden ein dünner Teppich, und im
Kamin brennt ein angenehmes Feuer. In den Bücherregalen
stehen Baum-, Blumen- und Gartenbücher, Bildbände über
Sträucher und Vögel, über heimische Tiere und Pflanzen,
über Teichanlagen und die Anlage von Gemüsebeeten. Später brechen sie alle auf zu einer Wanderung am Bach entlang, unter einem wolkenlosen blauen Himmel.

»Wie geht es dir, Lytton?«, fragt Virginia. Sie laufen

nebeneinander her, während Carrington und Leonard, die ein schnelleres Tempo angeschlagen haben, die Vorhut bilden.

»Nun, du hast es doch gesehen, ich meine Tidmarsh, das alles hier, es ist ziemlich wundervoll, findest du nicht? Und das ist allein Carringtons Werk. Sie hat das Haus gefunden, die Handwerker beaufsichtigt, Geschirr, Möbel und Teppiche besorgt, endlos sauber gemacht, Wände, Fenster- und Türrahmen gestrichen, Vorhänge genäht, sich um die Inneneinrichtung gekümmert, finanzielle Unterstützung von Freunden organisiert – die ich jetzt nicht mehr brauche, aber als wir hier einzogen, war das noch eine andere Situation.«

»Es ist dein erstes eigenes Zuhause, nicht wahr?

»Wenn du es so nennen willst. Das Komische ist nur, dass meine Träume zu behaupten scheinen, sie wüssten nichts davon.«

»Wie meinst du das?«

»Nun, das ist ganz einfach: In meinen Träumen lebe ich immer noch, und zwar Nacht für Nacht, in der Lancaster Gate. Dort sitze ich dann in unserem Wohnzimmer, wo schwere dunkle Vorhänge jedes Tageslicht aussperren, umgeben von unzähligen gesichtslosen Verwandten. Dieses Haus hat offenbar einen so unauslöschlichen Eindruck in meiner Seele hinterlassen, dass sein Bild durch Umzüge nicht gelöscht werden kann.«

Am folgenden Tag zeigt Carrington ihnen ihr Atelier unter dem Dach. Ein Bild steht auf der Staffelei, das den Mühlbach und die Mühle von Tidmarsh zeigt. Im Wasser des Baches spiegeln sich ein Stück Himmel und das unglaublich intensive Orange der Dächer. Zusammen mit Schilf, Gras,

Bäumen, Turm und Holzzaun erzeugt das einen Eindruck magischer Schönheit. Am unteren Rand des Bildes sind auf der orange glühenden Wasseroberfläche zwei tiefschwarze Schwäne zu sehen. Der eine kreuzt die Bahn des anderen, seine Konturen vermischen sich mit dessen Schwärze, wobei sein Schnabel in die entgegengesetzte Richtung zeigt.

72

Wenige Wochen später teilt Leonard Virginia mit, dass er noch einmal nach Tidmarsh fahren werde – diesmal allein. Lytton sei krank und brauche ihn, sagt er – zumindest brauche er jemanden mit seiner krankenpflegerischen Erfahrung. Drei Tage später, früher als geplant, ist er wieder zurück.

Sie sitzen im Wohnzimmer, die Fenster offen zur Straße hin, vor sich die aufgeschlagenen Zeitungen. Lange Zeit ist nichts zu hören als das Rascheln, wenn eine Seite umgeblättert wird. Endlich legt Leonard die Zeitung aus der Hand.

»Wir haben kaum miteinander gesprochen«, sagt er. »Wie sollten wir auch?«, fährt er nach einer Pause fort. »Die meiste Zeit des Tages verbrachte Lytton im Bett. Oder er saß zitternd vor dem Feuer, mit einem geschwollenen Finger und Flecken auf der Hand, kaum fähig, sich zu bewegen, jeder Satz eine Klage, über die Kälte, über nächtliche Höllenqualen, über Zahnschmerzen, die sich nur mit Morphium ertragen ließen. Carrington lief herum wie ein Schatten, und Lytton sprach davon, zu seiner Cousine Mary zu ziehen, die angeboten habe, ihn zu pflegen, in einer Umgebung von ungleich größerem Komfort, mit Hauspersonal, medizinischem Personal, den besten Ärzten, geheizten Schlafzimmern, mit kalorienreicher Nahrung, mit Schinken und Steaks, Wintererdbeeren und ganzen Schüsseln voller Eier. Der Lytton, den ich einmal gekannt habe, Virginia«, fasst Leonard seine Eindrücke zusammen, »war praktisch nicht mehr vorhanden. Wie soll ich es sagen? Er war verschwunden, verschluckt von seiner Krankheit. Vielleicht ist es nicht schön, das über einen Freund zu sagen, aber ich fand ihn quengelig.« Er gießt sich einen Whisky ein, steht auf und beginnt, mit dem Glas in der Hand durch das Wohnzimmer zu wandern. »Diese drei Tage ohne dich waren schrecklich, Virginia«, sagt er leise. »Im Grunde konnte ich es dort kaum aushalten. Lyttons Verbindungen zu anderen Menschen sind so dünn. Alles ist ihm von so geringer Bedeutung. Nichts bedeutet ihm wirklich etwas, auch unsere Freundschaft nicht – oder mein Kommen. Ich war für ihn nur eine weitere Klagemauer.« Er stellt sein Glas auf den Tisch, setzt sich zu Virginia auf das Sofa, nimmt ihre Hand und lehnt seinen Kopf an ihre Schulter. Diese ungewohnte Geste überrascht sie so sehr, dass ihr Körper automatisch mit Anspannung reagiert. Leonard scheint es nicht zu merken. Er zieht sie an sich, klammert sich an sie wie ein Ertrinkender. »Aber was wir beide zusammen haben, Mandrill«, flüstert er, »das ist so reich, so lebendig, so wundervoll.«

73

Die Luftangriffe haben aufgehört. Der Weltkrieg ist zu Ende. Maynard ist mit der britischen Delegation zu den Friedensverhandlungen nach Versailles gereist. In den Kirchen wird die Weihnachtsbotschaft verkündet: *Friede auf Erden*, und in Charleston bringt Nessa am 1. Weihnachtsfeiertag 1918 ihr drittes Kind zur Welt. Alle wissen, dass Duncan der Vater des Babys ist, aber offiziell ist Clive der Vater, und er ist einverstanden, diese Rolle zu spielen. Die Wahrheit, erklärt Nessa Virginia und Leonard, gehe niemanden etwas an, nur Duncan, sie und Clive. Auch ihren kleinen Engel Angelica werde sie damit nicht belasten.

»Du hast vor, sie anzulügen? Dein eigenes Kind?«

»Das verstehst du nicht, Ginia. Angelica soll unbelastet aufwachsen. Sie soll glücklich sein. Sie soll eine Familie haben. Die Wahrheit ist nichts für Kinder. Weißt du das denn nicht?«

»Nein.«

»Nun, du kannst das wahrscheinlich nicht wissen, weil du keine Kinder hast.«

Nessas Worte treffen sie, auch wenn sie weiß, dass diese, jedenfalls wenn Ottoline recht hat, nichts weiter sind als ein hilfloses Ablenkungsmanöver. Duncan würde das zwar nie aussprechen, hatte Ottoline gesagt, aber er fühle sich von Nessa reingelegt. Nessa habe gewusst, dass er keine Kinder wolle, und Duncans Vaterschaft halte sie nur aus einem einzigen Grund geheim: Sie habe Angst, Duncan, der kein Vater sein wolle, noch mehr zu erzürnen. Hätte Duncan sich, wie sie wahrscheinlich gehofft hatte, über die Geburt seiner Tochter gefreut, hätte Nessa nichts lieber getan, als allen zu erzählen, wer Angelicas Vater sei. Jetzt müsse sie mit den Folgen leben. Duncan habe ihr, um das Risiko einer weiteren ungewollten Vaterschaft zu vermeiden, die sexuelle Gemeinschaft aufgekündigt. Wohngemeinschaft ja, Sex nein, nur unter diesen Bedingungen sei Duncan bereit, in Charleston zu bleiben.

74

Ein Brief ist gekommen. Er liegt auf dem Tablett in der Eingangshalle. Ein offizielles Schreiben. Die Kündigung des Mietvertrags für Asheham zum 1. September 1919. Eine Katastrophe, mit der Virginia nicht gerechnet hat. Fieberhaft sucht sie nach einem neuen Haus. Sie findet eine alte Mühle und erwirbt sie spontan auf einer Versteigerung. Das Problem scheint gelöst oder könnte gelöst sein. Es ist aber nicht gelöst, denn Leonard ist nicht einverstanden und besteht darauf, dass sie die Mühle wieder verkauft. Er findet ein seiner Meinung nach besseres Haus mit dem romantischen Namen Monk's House und schafft es, bei der Versteigerung den Zuschlag zu bekommen. Es scheint zweifelhaft, dass je ein Mönch in diesem Haus gelebt hat, aber ihm gefällt die Vorstellung, dass es vielleicht doch so gewesen sein könnte. Das Haus liegt am Ende der Dorfstraße von Rodmell. Es ist aus Back- und Feldsteinen erbaut und zur Straßenseite hin mit Schindeln verschalt. Es hat kleine, niedrige, ineinander übergehende Zimmer, ziegelgepflasterte Böden und enge Treppen. Von der Küche führen ausgetretene Backsteinstufen in den höher gelegenen Garten. Durch eine niedrige Tür unter der Flurtreppe gelangt man in den Keller. Hinter dem Haus liegt, von einer Natursteinmauer umgeben, ein großer verkrauteter Garten mit Nebengebäuden, der mit einem noch dahinter liegenden Obstgarten verbunden ist. Der Obstgarten mit allein 24, teilweise sehr alten Apfelbäumen, mit Kirschbäumen, Pflaumenbäumen, Birnbäumen, mit Stachelbeersträuchern und einem uralten Feigenbaum grenzt an den Friedhof der Gemeinde St. Peter. Die mittelalterliche Feldsteinkirche mit ihren aneinander geklebten Gebäuden steht direkt hinter der Gartenmauer. Der niedrige Kirchturm duckt sich unter einem Löschhütchen mit Wetterfahne. Die Turmfenster erinnern an Schießscharten. Im Haus gibt es keinen Strom, kein fließendes Wasser, weder Bad noch WC, nur ein im Kirschlorbeergebüsch verborgenes, verrottetes Plumpsklo. Wasser muss per Hand gepumpt und auf dem Herd erwärmt werden. Aber allein die Möglichkeiten des riesigen Gartens versetzen Leonard in eine regelrechte Euphorie. Nessa und Duncan kommen vorbei, um Wände, Stühle und Tische zu bemalen. Für die Zimmerwände hat Virginia ein leuchtendes Smaragdgrün gewählt, was Nessa und Duncan aus irgendeinem Grund amüsant finden. Für die Wände in der Diele hat sie ein Granatapfelrot ausgesucht, für das hölzerne Treppengeländer ein wunderschönes Blaugrün. Sie richten ein provisorisches Bad in der Küche ein und stellen hinter einem Vorhang eine Zinkwanne auf. Leonard verteilt überall im Haus Rattenfallen. Virginia streicht die Trockentoilette im Kirschlorbeergebüsch in einem freundlichen Sonnengelb. Gemeinsam setzen sie Kletterpflanzen und Ranken. Nessa tauft die beiden riesigen Ulmen vor dem Haus »Leonard« und »Virginia«.

75

November 1919. Es ist schon fast Winter, als sie das nächste Mal nach Tidmarsh fahren. Virginias zweiter Roman ist soeben erschienen. Gegen ihren Willen wieder im Verlag *Duckworth*. Eine Entscheidung Leonards, der argumentiert hatte, mit dem Druck eines ganzen Buches würde sich die *Hogarth Press* im Moment noch übernehmen. Während sie unter einem dunkelgrauen Himmel über Raureifwiesen und nasses Herbstlaub Richtung Haus gehen, platzt Lytton, der ihnen ein Stück entgegengekommen ist, damit heraus, dass er das Buch bereits gelesen habe: »Was *Tag und Nacht* betrifft, Virginia, ich weiß nicht, wie ich es sagen soll, aber auf jeden Fall muss ich es dir jetzt gleich sagen: Also ich glaube, das richtige Wort wäre hier *Triumph*. Ist dir bewusst, dass du einen Klassiker geschrieben hast? Und stell dir vor, Clive und ich sind in dieser Sache völlig einer Meinung. Wie ungewöhnlich! Ich glaube, er sprach sogar vom *Werk eines Genies*.«

»Ich danke dir, Lytton«, sagt Virginia, überflutet von Erleichterung und hakt sich bei ihm ein, während der Rauch, der aus dem großen roten Ziegelschornstein kommt, ihre Fantasie beflügelt und Bilder von einem herrlichen Festmahl heraufbeschwört. »Das bedeutet mir viel. Leonard gefällt das Buch auch, aber einige Kritiker werfen mir vor, ich hätte den Krieg ausgeblendet. Sie sagen, diese Leerstelle mache den ganzen Roman zu einem Buch der Lüge und des intellektuellen Snobismus, zu einem Buch ohne jede Aktualität.«

»Das ist nur journalistisches Gebell, Virginia. Was die

Kritiker sagen, ist völlig unwichtig, denn du hast etwas erschaffen. Du hast diese Fähigkeit, die mir selbst vollkommen abgeht, auch wenn ich wünschte, es wäre nicht so.«

»Aber ich kann nur schreiben, wenn ich Anregungen habe. Ich muss beobachten können. Ich muss unter Menschen sein. Ich gehöre nicht zu den Schriftstellerinnen, die alles aus sich selbst holen und eine erfundene Geschichte nach der anderen aus sich herausspinnen.«

»Und ich kann auch *mit* Anregungen nichts erfinden. Ich kann einfach nicht. Nimm mir meine Autoritäten weg, und schon bin ich an einem toten Punkt.«

»Aber du bist viel erfolgreicher als ich.«

»Nun ja! Aber weißt du, dafür ist der Ruhm zu spät gekommen, als dass ich jetzt fröhlich auf meiner Hühnerstange herumhüpfen könnte. Und außerdem habe ich einmal etwas anderes gewollt.«

Inzwischen sind sie im Haus angekommen. Leonard nimmt die Koffer, um sie in das Gästezimmer zu bringen. Er wechselt einen Blick mit Virginia.

»Geht schon mal vor«, sagt er und nickt ihr zu, »ich komme gleich nach.«

Virginia folgt Lytton ins Wohnzimmer. Sie weiß, dass Leonard bei jedem seiner beiden Romane auf ein Wort von Lytton gewartet hat. Sie weiß, dass Lytton ihm beide Male dieses Wort verweigert hat und dass Leonard sich immer noch wünscht, Lytton würde ihn als Schriftsteller anerkennen. Monate nach Erscheinen von Leonards erstem Roman *Das Dorf im Dschungel* hat Lytton sein Schweigen in einem Brief aus Paris damit begründet, dass ihn Menschen, die in der Wildnis lebten, nicht interessierten. Zu dieser Zeit war er wochenlang auf dem Kontinent unterwegs, was eine Aussprache unmöglich machte. Bei *Die weisen Jungfrauen* hat

Lytton sich auch dann geweigert, etwas zu sagen, als Leonard ihn direkt gefragt hat. Anderen gegenüber soll er geäußert haben, Leonard sei ein *Moraltrompeter*, könne nicht schreiben, und sein Buch sei einfach *abscheulich*. Virginia weiß das von Clive, der es nur ihr erzählt hat und nicht Leonard, aber Leonard weiß es auch von irgendwoher, vielleicht sogar von Nessa. Lyttons kleine Erzählung *Ermyntrude und Esmeralda* wiederum, die Lytton, nach eigener Aussage, nur für seine Freunde geschrieben hat, hat Leonard *Pornografie* genannt, und Lytton hat ihm das übel genommen.

»Lytton«, hatte Leonard gesagt, »erklärt die Aufrichtigkeit in der Liebe zum höchsten Wert – aber das ist nur Gerede – in einem oberflächlichen, pornografischen Machwerk, in das moralische Begriffe wie Aufrichtigkeit oder Liebe nicht hineingehören.«

Sie setzen sich in die beiden gemütlichsten Sessel. Eine Öllampe verbreitet diffuses Licht. Carrington ist nirgendwo zu sehen.

»Wie gesagt«, nimmt Lytton die draußen begonnene Unterhaltung wieder auf, »ich habe einmal etwas anderes gewollt.«

»Du wolltest über Thoby schreiben.«

»Ja.«

»Und dann war da dieses Projekt mit dem Premierminister und seinem aufsässigen Sohn.«

»Ja.«

»Aber du könntest trotzdem glücklich sein. Du bist berühmt. *Der Meister englischer Prosa*, ist das nicht genug?«

»Natürlich nicht. Jedenfalls hoffe ich, dass ich in meinem Leben noch ein oder zwei weitere Bücher schreiben werde.«

»Das möchte ich auch. Ich denke gerade über einen neuen Roman nach.«

»Wovon wird er handeln?«

»Das weiß ich noch nicht.«

»Du solltest über Thoby schreiben. Da ich es nicht konnte – wer sollte es tun, wenn nicht du? Und über den Krieg.«

»Über Thoby und über den Krieg?«

»Ja! Wie gesagt, im Grunde hätte ich dieses Buch schreiben sollen, aber da ich es nicht kann, solltest du es für mich tun. Du bist keine Jane Austen, die sich mit der Schilderung von privaten Verhältnisse begnügt.«

»Es überrascht mich, dass du mich so siehst.«

»Glaub mir, ich weiß es. Also, wirst du das für mich tun? Oder wirst du es zumindest versuchen?«

»Versuchen kann ich es. Mein nächstes Buch wird übrigens in unserem eigenen Verlag erscheinen. Und wie sieht es bei dir mit neuen Projekten aus?«

»Ich denke gerade darüber nach, meine Memoiren zu verfassen.«

»Bist du dafür nicht zu jung?«

»Ich bin nicht jung!«

»Und hast du schon angefangen?«

»Nein. Bei meinem gegenwärtigen Arbeitstempo würde ich vermutlich daran sitzen, bis ich 70 bin. Und dieser Gedanke hindert mich daran, anzufangen.«

»Wir sollten einen Klub der Erinnerungen gründen.«

»Ja, das sollten wir – vielleicht – irgendwann.«

Leonard kommt herein, nimmt auf dem niedrigen Sofa hinter dem Tisch Platz und fragt: »Worüber habt ihr beide euch in der Zwischenzeit unterhalten? Seid ihr immer noch bei Virginias Buch?«

»Ja, das heißt, nein. Im Grunde waren wir schon zu anderen Themen ...«

In diesem Moment werden sie unterbrochen. Carrington

kommt herein, gefolgt von einem jungen Mann mit breiten Schultern und muskulösen Oberarmen, der frisch geschlagene Holzscheite in einem Korb vor dem Kamin ablädt. Mit ausgestreckter Hand kommt er auf sie zu.

»Major Ralph Partridge« stellt er sich vor, »ich bin ein Freund von Carringtons Bruder.« Nacheinander schüttelt er ihnen die Hand. Ralph sei zurzeit Gast in Tidmarsh, ergänzt Lytton, aber er hoffe, Ralph werde bleiben. Inzwischen könne er sich schon nicht mehr vorstellen, sagt er lächelnd, ohne ihn zurechtzukommen.

Carringtons Blick wandert unter halb geschlossenen Lidern von einem zum anderen, bleibt an Virginia hängen, wandert unstet weiter zu Lytton. Sie ist mitten im Zimmer stehen geblieben, mit hängenden Armen und gesenktem Kopf, offenbar unentschlossen, ob sie sich setzen soll. Schließlich trifft sie eine Entscheidung, murmelt: »Ich bringe gleich den Tee« und verlässt eilig das Zimmer.

Ralph folgt ihr auf dem Fuß, und als beide gegangen sind, legt Lytton seine linke Hand auf seinen Mund, streicht sich über das Kinn und sagt: »Könntet ihr euch vorstellen, meinen neuen Schützling in eurem Verlag anzustellen? Wenn ihr Virginias nächstes Buch selber drucken wollt, habt ihr doch bestimmt bald viel zu tun und braucht über kurz oder lang Hilfe. Ralph kommt aus dem Krieg und braucht unsere Unterstützung. Mir scheint das eine Sache zu sein, die für beide Seiten vorteilhaft sein könnte. Wisst ihr, Ralph ist sehr patent und praktisch veranlagt. Ihr werdet es bestimmt nicht bereuen, wenn ihr es mit ihm versucht. Und mir würdet ihr damit einen großen Gefallen tun.«

»Nun«, sagt Leonard zögernd, »wir sind gerade erst angekommen. Lytton. Und bisher hast du doch nur Spott übrig gehabt für unsere *Verlags- und Druckereiposse*, wie du es genannt hast. Lass uns nicht gleich über Geschäfte sprechen. Lass es uns ruhig angehen. Virginia und ich werden den jungen Mann kennenlernen, und dann werden wir gemeinsam überlegen, ob wir uns eine Zusammenarbeit vorstellen können. Versteht er denn etwas von Literatur?«

»Nun, das möchte ich nicht gerade behaupten, aber er ist, wie ich schon sagte, sehr praktisch veranlagt.«

»Also gut. Sollte sich herausstellen, dass er zu uns passt, dann, warum nicht. Denn wir werden sicherlich jemanden einstellen müssen, da hast du recht. Aber wir werden eine solche Entscheidung gewiss nicht heute treffen. Das braucht Zeit.«

»Nur hat Ralph diese Zeit nicht, Leonard. Er braucht eine Perspektive. Aber du hast recht: Ihr müsst euch kennenlernen. Wie wäre es, wenn ich Ralf und Carrington zu euch ins Monk's House schickte? Nur für ein Wochenende. Und dann sehen wir weiter. Mir liegt wirklich sehr viel daran.«

»Darüber lässt sich reden, Lytton. Aber bitte lass uns jetzt nicht weiter über Geschäfte sprechen. Erzähl uns, wie es dir geht. James sagte, du seist erneut sehr krank gewesen.«

»Ja, das ist schon richtig. Aber willst du wirklich Näheres wissen? Einzelheiten? Über meine Krankheiten?«

»Natürlich interessiert es mich, wie es dir geht, Lytton. Und wie es dir ergangen ist.«

»Also gut. Es begann mit einer sehr schmerzhaften Gürtelrose. Dann ging es weiter mit Eiterbeulen, Wundblasen, Ausschlägen, grünem und blauem Erbrechen. Soll ich wirklich weiterreden?«

»Das ist sehr betrüblich, Lytton«, fällt Virginia ihm ins Wort, »aber könnte es nicht sein, dass dies die Plagen sind, die Gott denen schickt, deren Bücher innerhalb von sechs Monaten vier Auflagen erreichen?«

»Bist du eifersüchtig, Santa Beatrice?«

»Selbstverständlich nicht. Das heißt, nun ja, vielleicht ein wenig. Ja. Ich kann es nicht leugnen.«

»Um auf meine Frage zurückzukommen. Wie geht es dir denn jetzt, Lytton? Bist du wieder gesund?«

»Warum sollte es mir nicht gut gehen, Leonard? Die Ärzte sind momentan mit mir zufrieden, und, wie du siehst, ist es ziemlich wundervoll hier. Die Mühle, unsere kleine Wohngemeinschaft, die Abgeschiedenheit, der Teich, der Garten. Vielleicht ist es so etwas wie das Paradies.«

76

Richmond 1920. Leonard hat Ralph für den kommenden Herbst einen Posten als Verlagssekretär angeboten. Virginia ist nicht glücklich darüber. Ralph scheine ihr eine in Selbstüberschätzung ertrinkende männliche Diva zu sein, sagt sie zu Leonard, und mit dieser Diva könne sie sich eine Zusammenarbeit schwer vorstellen. Wie sie darauf komme, fragt Leonard gereizt und verblüfft. Noch verblüffter ist er allerdings, als sich herausstellt, dass auch Ralph mit seinem Angebot unzufrieden ist. Ralph verlangt eine Perspektive für eine Partnerschaft. Ansonsten habe er kein Interesse an Leonards Angebot. Und nun ist es an Virginia, sich zu wundern, denn Leonard hat Ralph, ohne weitere Diskussion, eine Perspektive für eine Partnerschaft in Aussicht gestellt.

»Lytton scheint viel daran zu liegen, dass wir seinem Schützling unter die Arme greifen, und ich möchte ihm diesen Gefallen gern tun, Virginia. Aber das ist selbstverständlich nicht der einzige Grund für meine Zusage. Ich denke dabei auch an den Verlag. Wir werden jemanden brauchen, so viel steht fest, und hier ist ein junger Mann aus dem Freundeskreis, der den Job machen möchte. Ob er sich eignet, wird sich zeigen, aber meiner Meinung nach ist es einen Versuch wert. Und wenn alles gut gehen sollte, wer weiß, vielleicht drucken wir dann irgendwann auch Lyttons Bücher. Und das wäre natürlich finanziell sehr lukrativ.«

Lytton ist hocherfreut über Leonards Entscheidung. Die beiden telefonieren jetzt öfter, und bei einem dieser Gespräche fragt Lytton wie nebenbei, ob er ein paar Tage ins Monk's House kommen könne.

»Ich dachte an morgen«, antwortet er, als Leonard nach einem Termin fragt, und am nächsten Tag steht er vor der Tür. Es ist ein perfekter Spätsommernachmittag. Unter den Glockenschlägen von St. Peter laufen sie an der Farm vorbei in die Downs. Lytton in einem nagelneuen hellen Anzug mit fast unsichtbaren Streifen, einen Bowlerhut auf dem Kopf, mit weißen Schuhen, frisch gestutztem Bart und kurz geschnittenen Haaren, den Wanderstock in der Hand, eilt mit gesenktem Kopf und großen Schritten voran. Sie gehen eine Weile. Lytton scheint nervös, aber guter Stimmung zu sein. Er nennt die Landschaft *göttlich*, die Welt *amüsant*, dann, etwas kryptisch, das Leben *komplex*. Ab und zu unterbricht er sich selbst mit einem unmotiviert aufflackernden Kichern.

»Wir haben übrigens überlegt, in Tidmarsh schwarze Schweine anzuschaffen. Könnt ihr euch das vorstellen? Natürlich wurde dann doch nichts daraus. Aber einen Film haben wir tatsächlich gedreht.« Saxon sei sehr überzeugend gewesen als dämonischer Leiter einer Irrenanstalt, berichtet Lytton. Er selbst habe nur zugesehen. Aber es sei ein großer Spaß gewesen. Ein aufblasbarer Schwan im Mühlteich, eine

Badewanne und eine Frau mit einem Blumenkranz hätten eine Rolle gespielt. Es habe auch einen Mord gegeben.

Später, als sie nach dem Dinner zusammen im grünen Salon sitzen, vor dem von Weihwassernischen eingerahmten Kamin, in dem ein Holzfeuer brennt, rückt Lytton endlich mit der Sprache heraus. Die Sache sei so, berichtet er: Ralph habe sich in Carrington verliebt, Carrington sich aber nicht in Ralph. Ralph wiederum sehe nur dann eine Zukunft in Tidmarsh für sich, wenn er und Carrington ein Paar würden. In der Liebe sei natürlich jeder frei, aber Carrington dürfe auch nicht nur an sich denken. Ralph mit seinen praktischen Fähigkeiten sei in Tidmarsh inzwischen unentbehrlich geworden. Carrington müsse einsehen, dass sie auf Dauer die ganze Arbeit allein nicht schaffen könne, und er selbst sei ein Invalide. Ralph müsse also bleiben. Mit viel Mühe habe er Carrington zu einer Probebeziehung mit Ralph bis Weihnachten überredet, aber das Ganze sei eine unsichere Angelegenheit. Was solle er tun? Was könne er tun?

»Warum lässt du dich von Ralph unter Druck setzen?«, fragt Leonard. »Er wird schon nicht gehen. Dazu hat er zu viel zu verlieren. Könnte er sich aus eigener Kraft aufbauen, was er jetzt hat? Nein. Dazu hat er, würde ich sagen, nicht die Kapazitäten. Und mit allem, was ihm fehlt, ist er durch eine Laune des Schicksals im Zentrum von Bloomsbury gelandet. Das wird er nicht aufgeben wollen.«

»Es hilft mir nicht, Leonard, wenn du Ralph kritisierst. Und unrecht hast du auch. Ich kenne Ralph. Er hat seinen Stolz. Und wenn er nicht bekommt, was er will, wird er gehen.«

»Es ist schon spät«, mischt sich Virginia ein, »wollen wir nicht eine Nacht darüber schlafen und morgen weiter reden? Du bist noch die ganze Woche hier, Lytton, und wir müssen das Problem nicht heute Abend lösen. Warum liest du uns nicht noch etwas vor?«

»Ich habe in der Tat etwas mitgebracht. Und zwar einige Kapitel meines neuen Buches über Königin Victoria. Darf ich?«

»Es ist schon halb elf«, gibt Leonard zu bedenken.

»Was bist du doch für ein Langeweiler geworden, Leonard, seit du in Richmond wohnst. Gib mir wenigstens noch eine halbe Stunde. Ich verspreche, es wird amüsant.«

Lytton beginnt mit einer Schilderung der Kindheit Prinz Alberts, der schon in seiner Jugend eine auffällige *Abscheu* gezeigt habe gegenüber dem weiblichen Geschlecht. Es folgen kurze Passagen über die Hochzeit mit seiner Cousine Victoria, über sein Leben als Prinzgemahl und seinen frühen Tod. Prinz Albert von Sachsen-Coburg und Gotha, intelligent, sensibel. Er hätte ein eigenes Leben haben können, ging aber den Weg, den seine Eltern und Verwandten für ihn ausgewählt hatten, und hielt ihn für seine Bestimmung: Der Mann der Königin von England zu sein, ein Mann, für den – da es diese Position in der Geschichte Englands bisher nicht gegeben hatte – keine eigenen Aufgaben vorgesehen waren. Ein Mann von labiler Gesundheit, der sein individuelles Leben geopfert hatte. Ein Mann, der nicht glücklich war. Er diente England, einem Land, in dem er ein Fremder war, ein Ausländer, einem Land, für das seine Funktion allein darin bestand, für königlichen Nachwuchs zu sorgen. Immerhin brachte er es zum Berater seiner Frau. Der Prinzgemahl wurde für seine Zeugungskraft bewundert, sagte aber von sich selbst, er wolle keine Bewunderung, er wolle Verständnis – etwas, worauf er nicht hoffen konnte in diesem Land, in diesem Palast, in dieser Ehe. War es ein Wunder, dass Albert nicht sehr alt geworden war?

Am nächsten Morgen sieht Virginia von ihrem Fenster aus Lytton in seinen üblichen grauen Sachen, ein Buch vor der Nase, auf dem Kopf den weißen Panamahut als Schutz gegen die Morgensonne, im Garten in einem der Liegestühle liegen. Immer wieder hört er auf zu lesen und sieht sich um. Die morgendliche Geräuschkulisse von Rodmell scheint ihn zu irritieren: die Glocken von St. Peter, Schulklassen, die im Singsang das Einmaleins rezitieren, das Klappern von Pferdehufen, Pausengeschrei. Sofort nach dem Frühstück brechen sie zu einem weiteren langen Spaziergang auf und traben los in die Downs. Diesmal sind sie zu zweit. Leonard ist im Garten beschäftigt. Er ist dabei, die alte Waschküche abzureißen und eine neue Trockentoilette zu bauen. Außerdem wurden die Ziegel geliefert, mit denen er gepflasterte Wege durch den Garten anlegen will.

»Ich schaffe es nur mit größter Mühe, Leonard einmal vom Garten wegzulocken«, berichtet Virginia und zieht das Gartentor hinter sich zu. »Er schneidet, spritzt und erntet in jeder freien Minute. Gestern Vormittag habe ich mit ihm den ganzen Tag Unkraut gejätet und keine Zeile geschrieben. Nachts geht er mit einer Lampe raus und sammelt die Gehäuseschnecken von den Zinnien.«

»Mmh!«

»Es ist ja auch immer etwas zu tun. Möhren, Zwiebeln, Kartoffeln, Äpfel, Kirschen, Kohl und Pastinaken müssen geerntet und verkauft werden. Letztes Jahr waren die Stachelbeeren verschimmelt durch den vielen Regen.«

»Mmh!«

»Unser Garten ist auch sehr beliebt im Dorf. Die Leute fragen Leonard nach Blumen für ihre Beerdigungen. Die Kinder klauen unsere Äpfel. Wir haben sehr alte Sorten, weißt du.«

»Hör mal, Virginia«, unterbricht Lytton sie und legt seine Hand auf ihren Unterarm. »Mein Buch über Königin Victoria ist natürlich noch nicht fertig, und sein Gegenstand ist definitiv deprimierend. Aber da es nun mal so ist, und da es so aussieht, als würde es tatsächlich fertig werden: Darf ich es dir widmen? Der unviktorianischsten Frau, die ich kenne?«

Virginia ist überrascht. Sie bleibt stehen, zögert, sucht nach Worten.

»Selbstverständlich darfst du das. Ich würde es als eine große Ehre empfinden. Aber solltest du das Buch nicht Carrington widmen?«

»Oh, nein, nein, nein, das ist überhaupt nicht unsere Art Verhältnis.«

»Und was ist mit Ottoline? Sie wird außer sich sein.«

»Möglicherweise. Aber was macht das schon? Ich dachte an: *Für VW.*«

»Nein, das gefällt mir nicht. Irgendeine Vivien West könnte sich gemeint fühlen. Wenn du mir das Buch widmen willst, worüber ich mich, wie gesagt, sehr freuen würde, dann fände ich es schön, wenn dort mein ausgeschriebener Name zu finden wäre. Um jedes Missverständnis auszuschließen.«

»Ich werde es natürlich so machen, wie du es möchtest, Virginia.«

»Danke. Darüber freue ich mich sehr, Lytton. Aber was ist jetzt mit Carrington und Ralph? Hast du über Nacht einen Entschluss gefasst?«

»Ich überlege tatsächlich, dauerhaft an den Gordon Square zu ziehen. James lebt da, Adrian lebt da, Maynard und Clive haben da ihre Wohnungen. Ralph ist gerade Untermieter bei James, der sich momentan in Wien von Freud analysieren lässt. Sogar Vanessa hat am Gordon Square jetzt wieder einen eigenen Ort in der Stadt. Und ich glaube, das möchte ich auch.«

Ich auch, denkt Virginia, ich auch, aber laut sagt sie: »Und was wird dann aus Carrington? Beziehst du sie in deine Pläne nicht mit ein?«

»Sie ist für sich selbst verantwortlich. Aber da sie kein Einkommen hat, wird sie wohl Ralph heiraten müssen.«

Am Nachmittag treffen sie sich zum Bowlsspiel im Garten. Danach zeigt Leonard Lytton die niedrigen Feuersteinmauern des alten Schweinestalls, die er hat stehen lassen, um den Garten zu unterteilen, die drei alten Mühlsteine, die er in die ziegelgepflasterten Wege einbauen will, und den kleinen viereckigen Fischteich, in dem sich die Goldfische unter den Seerosen verstecken.

77

Ralph hat seine Arbeit im Verlag *Hogarth Press* aufgenommen und droht weiter, aus Tidmarsh fortzugehen, sollte Carrington ihn nicht heiraten. Seine gebetsmühlenartigen Beteuerungen, er sei in Carrington verliebt, während er gleichzeitig als Don Juan durch London zieht, wirken auf Virginia nicht glaubwürdig, und sie vermutet dahinter irgendeine Berechnung. Warum will Ralph diese Ehe unbedingt?, fragt sie sich. Ist es schlichtes Besitzen-Wollen? Braucht er die Ehe mit Carrington als äußeren Beweis seiner Männlichkeit? In Bloomsbury gilt Ralph als einer von Lyttons jungen Männern, gut aussehend und nicht allzu intelligent, ein Bloomsbury-Groupie. Will er diesen Gerüchten entgegentreten? Oder möchte er einer möglichen Ehe zwischen Lytton und Carrington zuvorkommen, die seine finanziellen Ansprüche an Lytton und seine Stellung als Lyttons zukünftiger Erbe gefährden könnte? Im Mai trifft Carrington dann die Entscheidung, die sie treffen muss, wenn sie Lytton nicht verlieren will. Nein, Mrs. Partridge will sie nicht werden, sagt sie, ihren Namen werde sie niemals aufgeben, aber ja, sie werde Ralph heiraten, so wie Lytton es wünsche.

78

Sie sitzen in dem riesigen Wohnzimmer der MacCarthys, auf Sofas und Samtsesseln, unter goldgerahmten Gemälden, um zwei kleine Tische herum, auf denen Flaschen und Gläser stehen. Eingeladen hat die Schriftstellerin Molly MacCarthy, von der Nessa behauptet, sie habe die Treffen des geheimen Bloomsbury-Erinnerungsklubs nur darum ins Leben gerufen, um ihren Mann, den Theaterkritiker und Cambridge-Apostel Desmond MacCarthy dazu zu bringen, endlich seine Memoiren zu schreiben. Desmond vermag so faszinierend zu erzählen und zu unterhalten, dass seit Jahren alle auf ein relevantes Buch von ihm warten, das zu schreiben er bisher noch nicht begonnen hat.

Nicht jeden, der zu Bloomsbury gehört, möchte Molly im Klub dabei haben. Ralph und Carrington, deren Gesellschaft Virginia immer als etwas anstrengend empfindet, sind zu ihrer Erleichterung nicht eingeladen. Die beiden sind inzwischen zusammen mit Lytton, ohne Tidmarsh aufzugeben, an den Gordon Square gezogen, wo nun die ganze alte Truppe wieder versammelt ist: Maynard und Duncan in der 46, Lytton in der 51, Lyttons jüngerer Bruder James, seine Freundin Alix, zeitweise Maynards Frau Lydia Keynes, Ralph und Carrington in der 41, Adrian und seine Frau Karin in der 50, wo auch Nessa inzwischen wieder Zimmer bezogen hat, wobei sie langfristig einen Umzug zurück in die Nr. 46 plant.

Dort, am Gordon Square, so empfindet es Virginia, ist das Leben, und Leonard und sie selbst sind davon ausgeschlossen, stehen abseits, sind immer noch draußen in Richmond, sozusagen am Ende der Welt. Könnten sie nicht auch an den Gordon Square ziehen? Leonard sagt, sie können nicht. Sein *Nein* bedrückt sie und macht sie wütend, aber diese Gefühle werden für den Moment von anderen überlagert: Dankbarkeit und Erleichterung. Leonard hat sie aus dem noch bestehenden Vertrag mit *Duckworth* herausverhandelt. Ihr dritter Roman *Jakobs Zimmer* wird in der *Hogarth Press* erscheinen.

Im Bloomsbury-Erinnerungsklub hält Lytton an diesem Abend einen Vortrag über die Wirkung von Häusern auf das Seelenleben ihrer Bewohner. Sie sitzen gedrängt um einen kleinen Tisch herum. Die Gastgeberin hat die Begrüßung und die Einführung übernommen, und wie immer, wenn Molly spricht, beginnt Virginia sofort, sich tödlich zu langweilen. Nach einer endlosen Viertelstunde erteilt die Moderatorin dem Vortragsredner das Wort. Lytton hat als Beispiel für sein Thema das Haus Lancaster Gate Nr. 69 gewählt, in dem er aufgewachsen ist und in dem er bis zum Alter von 28 Jahren gelebt hat. Virginia kennt das Haus: Die einzige Toilette für sechs Stockwerke, die dunklen Möbel, die schweren Vorhänge, die ewig geschlossenen Fenster, die finsteren Ölgemälde in riesigen stuckverzierten Goldrahmen, die verwirrende Fülle von unnützen kleinen Gegenständen, die alle vorhandene Energie aufsaugen, den ewigen Mangel an Licht und Luft, die vielen Menschen, Geschwister, Verwandte, Dienstboten, die Abwesenheit von Privatsphäre – aber so, wie Lytton das Haus in seinem Vortrag beschreibt, als quasi lebendiges, alptraumhaftes Wesen, das seine Bewohner bis in ihre Träume verfolgt, kennt sie es nicht, und sie ist zutiefst schockiert, als der Redner bekennt, dass er in diesem Haus bis heute im Traum glücklich sei.

»Warum bist du im Traum dort glücklich?«, fragt Virginia Lytton, als sie nach dem Vortrag bei einem Glas Wein zusammensitzen.

»Dort?«

»Du weißt, was ich meine: in der Lancaster Gate 69.«

»Ich glaube, Virginia«, sagt Lytton zögernd, während er seine langen dünnen Beine schlangenartig ineinander verknotet, »dass wir nicht immer die sind, die wir sein wollen. Ich zumindest bin es nicht. Das heißt, einerseits bin ich es, andererseits bin ich es nicht. Denn, weißt du, Virginia, ich habe einmal darüber nachgedacht, wo all die Energie bleibt, die ich nicht habe oder die ich nur manchmal bzw. sehr selten habe. Sie ist, glaube ich, dort irgendwo hängen geblieben, zwischen all diesen Menschen und Möbeln. Vielleicht konnte ich deshalb so lange nicht dort weg, und als ich es endlich geschafft hatte, konnte ich das, was von mir dort unfreiwillig festhing, nicht mitnehmen. Ich kann auch versuchen, es anders zu sagen: Ja, ich bin, der ich bin, aber im Untergrund läuft die ganze Zeit etwas mit, was mich schwächt, was mich manchmal auch ängstigt, was mich gefangen hält, was mich nicht loslässt, und ich weiß nicht, was das ist, was für eine Kraft das ist, sie ist jedenfalls für mich zu groß. Vielleicht ist es ein alter Kummer, wer weiß. Jedenfalls ging es mir nie gut, solange ich dort war, aber andererseits ging es allen so, es war normal, und wenn einer versuchte, wegzugehen und sich seine Freiheit zu erkämpfen, wurde ihm das übelgenommen, aber wenn er zurückkam, boten ihm die anderen eine Art Frieden, nicht mit sich selbst, aber mit den anderen. Er wurde wieder Teil des Molochs, und der Moloch hatte bei allen Schrecken immer auch eine gewisse Wärme. Vielleicht sogar Wonne. Ich weiß es einfach nicht. Ich kann nur blinde Vermutungen anstellen. Und im Grunde bin ich mit anderen Dingen beschäftigt.«

»Ralph?«

»Ralph. Er ist keine treue Seele, weißt du. Er hat Affären mit allen möglichen Frauen, vielleicht auch mit Männern, wer kann das wissen. Aber er weigert sich, über seine Liebesaffären auch nur zu reden. Er macht ein großes Geheimnis daraus. Überhaupt macht er einfach, was er will. Und ich, Virginia, lebe jetzt die ganze Zeit in Angst. Ein falsches Wort, und Ralph deutet an, er werde möglicherweise jeden Kontakt abbrechen. Er ist einfach unberechenbar. Aber was soll ich machen? Ich brauche ihn. Ich bin ein Invalide der Liebe.«

»Wenn dich die Situation so quält, warum ergreifst du nicht selbst die Initiative? Etwas Distanz könne vielleicht einen endgültigen Bruch verhindern. Ralph könne nahegelegt werden, nun, zum Beispiel auf einer Farm in der Nähe von Tidmarsh zu leben.«

»Aber verstehst du nicht. Er wird nicht tun, was ich ihm sage. Und außerdem will ich, dass er bleibt.«

»Leonard und ich könnten an den Gordon Square ziehen, und du könntest die zweite Haushälfte von Hogarth House kaufen und Ralph und Carrington dort wohnen lassen. Wenn Ralph im selben Haus wohnt, schafft er es vielleicht, morgens pünktlich im Verlag zu sein.«

»Virginia, was redest du da? Was soll Ralph denn in diesem öden Nest Richmond? Das ist doch alles Unsinn, Virginia, das ist in keiner Weise hilfreich.«

»Und wie wäre es, wenn Ralph und Carrington nach Frankreich gingen?«

»Aber dann werde ich Ralph nicht mehr sehen. Verstehst du nicht, dass jede Veränderung des jetzigen Zustandes für mich eine Zumutung ist?«

»Aber der jetzige Zustand macht dich unglücklich.«

»Wie kommst du darauf, dass ich unglücklich bin? Ich will nur, dass Ralph begreift, dass er bei mir bleiben muss.«

79

Traum: Ein dürrer, tot wirkender kleiner Baum hängt mit den Wurzeln nach oben in der Luft.

Lyttons Einladung nach Tidmarsh kommt überraschend. Er wolle sich als Mediator ins Spiel bringen, sagt er am Telefon, und als solcher schlage er ein Treffen aller Konfliktparteien an einem ruhigen, neutralen Ort vor. Tidmarsh scheine ihm geeignet zu sein. In einem moderierten, sachlichen Gespräch könnten sicherlich alle Ralph betreffenden Missverständnisse ausgeräumt werden. Er jedenfalls traue sich zu, für die entstandenen Konflikte Lösungsvorschläge unterbreiten zu können.

»Warum sollen wir uns nach Tidmarsh zitieren lassen«, fragt Virginia Leonard. »Ich habe gar keine Lust dazu. Die Atmosphäre dort wird so spannungsgeladen sein, dass ich vermutlich die ganze Zeit Kopfschmerzen haben werde. Und Diva Ralph mit ihren Stimmungen langweilt mich.«

»Ralph arbeitet für uns, Virginia. Es stimmt: Er ist schwer zu begeistern und schnell zu enttäuschen. Und es ist wahr, dass es Konflikte gibt. Aber ich werde mich einem Versuch, diese zu lösen, nicht entziehen. Die einzige Alternative wäre, dass wir Ralph sofort und ohne eine weitere Aussprache entlassen, und das könnte uns Lyttons Freundschaft kosten.«

»Das klingt vernünftig. Aber warum müssen wir immer vernünftig sein, während Mr. Ralph sich seinen Stimmungen hingibt und alle Welt nach seiner Pfeife tanzt aus Angst, den empfindsamen jungen Mann zu verärgern?«

Leonard besteht darauf, dass sie fahren, und Ralph holt sie vom Bahnhof ab. Er trägt ein weißes Hemd, darüber eine schwarze Jacke aus dickem Baumwollcord, ausgebeulte schwarze Hosen, kniehohe Lederstiefel und einen schwarzen Hut. In der Hand hält er eine lange Peitsche. Er nimmt ihnen die Koffer ab, hilft ihnen in den Wagen und klettert auf den Kutschbock. Als sie ankommen, scheint die alte Mühle in der Nachmittagssonne zu schlafen. Kein Lytton, der aus der Haustür tritt, um sie zu begrüßen. Keine Carrington. Ralf bindet das Pferd an und zeigt ihnen das Kräuterbeet und die dunkelroten Astern, die Carrington und er gepflanzt haben, bevor er sie auf ihr Zimmer führt. Er müsse den Wagen zum Bauern zurückbringen, sagt er. Lytton habe sich hingelegt; die feuchten Wände der Mühle machten ihm zu schaffen. Carrington sei noch in ihrem Atelier. Um fünf Uhr würden sie sich alle im Wohnzimmer zum Tee treffen.

»Ganz der Hausherr und Gastgeber.«

Virginia zieht sich die Schuhe aus und legt sich auf das rechte der beiden schmalen Betten, während Leonard nur seine Jacke auszieht und ankündigt, er werde mit einem Buch schon einmal hinuntergehen. Später sind Leonard und Virginia die Einzigen, die zur verabredeten Zeit im Wohnzimmer sitzen. Wie bestellt und nicht abgeholt, denkt Virginia, aber kurz darauf stehen Lytton und Ralph in der Tür, Arm in Arm, das heißt, Ralph hat den Arm um Lytton gelegt, wie um ihn zu stützen. Carrington kommt herein, begrüßt Leonard und Virginia, bringt den Tee, legt Lytton eine blaue Wolldecke um die Schultern und verlässt das Zimmer. Lytton setzt sich auf seinen Stammplatz hinten an der Wand und verkriecht sich so tief in seinen Sessel, dass nur sein Kopf direkt über der runden Tischplatte zu sehen ist. Er wirkt mitgenommen und ist sehr blass.

»Virginia, Leonard, wie schön, dass ihr gekommen seid«, ergreift er als erster das Wort. »Verzeiht mir, dass ich nicht mit zum Bahnhof gekommen bin und erst jetzt aus meiner Höhle auftauche, aber meine Gesundheit ist mal wieder etwas labil. Lasst uns mit dem Geschäftlichen anfangen, danach können wir zum gemütlichen Teil übergehen. Wir wissen ja alle, worum es geht: Ralphs Zukunft in der *Hogarth Press*. Mir scheint, dass es da in der letzten Zeit einige Unstimmigkeiten und Missverständnisse gegeben hat, und ich dachte, ich könnte in dieser Sache vielleicht als Vermittler behilflich sein. Wie es aussieht, möchte Ralph in der *Hogarth Press* bleiben. Es ist nur so, dass er unzufrieden ist mit seinen bisherigen Aufgaben und seinem Status als Leonards Assistent. Aber vielleicht können wir heute eine Lösung finden, mit der alle zufrieden sind.«

»Nun, wenn ich Ralph richtig verstanden habe, ist er nicht

bereit, seine Arbeitszeit zu erhöhen. Das macht die ganze Sache aus meiner Sicht etwas schwierig«, sagt Leonard.

»Du könntest ihm mehr Verantwortung geben«, schlägt Lytton vor. »Vielleicht könntest du ihm die Geschäftskontrolle übertragen. Das wäre jedenfalls mein Vorschlag. Ich glaube, dann wird Ralph zur Ruhe kommen, und alles wird gut werden.«

»Das kann nicht dein Ernst sein, Lytton. Was für ein Manager soll das sein, der sein gebratenes Hähnchen wichtiger findet als die Interessen des Verlags?«

»Aber die Unsicherheit über seine Position im Verlag zehrt an Ralphs Nerven.«

»Das mag ja sein, aber dieser nervöse Mann macht keine Anstalten, die einfachsten Dinge für uns zu tun. Er nimmt nie einen früheren oder späteren Zug, und letzten Donnerstag verbrachte er den ganzen Morgen beim Friseur.«

Ralph starrt Leonard stumm brütend an, mustert ihn von oben bis unten, ohne jede Zurückhaltung, und erhebt sich dann langsam von seinem Stuhl.

»Du bist ein Despot, Leonard!«, sagt er, jedes Wort betonend. »Du willst die vollkommene Kontrolle. Du willst die absolute Befehlsgewalt. Aber ein Verlag ist keine britische Kolonie, und ich bin nicht dein Untertan. An allem hast du etwas auszusetzen. Nie bist du zufrieden. Jeder kleinste Fehler ist in deinen Augen ein Verbrechen. Du lässt niemanden atmen neben dir, du lässt niemanden gelten neben dir, du bist ein lebloser, vertrockneter, alter Tyrann. Und dann sprichst du auch noch über mich, als sei ich nicht da.«

Es entsteht eine kleine unangenehme Pause. Um Leonards Mund bildet sich ein weißes Feld.

»Du kannst mich beschimpfen, so viel du willst«, antwortet er schließlich mit der erzwungenen Ruhe eines Lehrers, der mit einem bewaffneten Schuljungen spricht, »aber eins steht fest: Für dich ist der Verlag ein hübsches Hobby, Ralph, für uns jedoch ist er eine ernste Angelegenheit. Wenn also Ernsthaftigkeit für dich unerträglich ist, dann müssen sich unsere Wege trennen. Nicht, dass ich das möchte. Aber ich schlage vor, dass du das, was ich gesagt habe, einmal in Ruhe überlegst.«

Ralph lacht wie über einen schmutzigen Witz. Dann steht er auf, verlässt ohne einen Versuch, die Situation zu retten, den Raum und knallt die Tür.

»Musste das sein, Leonard?«, fragt Lytton müde.

»Ich denke, ja!«, antwortet Leonard und nimmt einen Schluck Tee. »Aber jetzt sind die Argumente ausgetauscht, und wir sollten eine Nacht darüber schlafen, bevor wir weiterreden.«

80

»Ralph muss gehen«, sagt Virginia, als sie zurück in Richmond sind. »Warum zögerst du?«

»Ich habe Ralph eingestellt, um Lytton einen Gefallen zu tun«, antwortet Leonard, »und ich zögere, ihn hinauszuwerfen, weil ich befürchte, dass Lytton dann mit uns brechen wird, und das möchte ich nicht.«

»Aber es wird keinen Frieden geben mit Ralph. Und der Streit über geschäftliche Dinge belastet unsere Freundschaft mit Lytton.«

»Aber wenn ich Ralph rauswerfe, wird er vermutlich von Lytton verlangen, dass er mit uns bricht. Vielleicht ist das sogar der geheime Sinn seines ganzen unmöglichen

Benehmens. Vielleicht möchte er Lytton von seinen alten Freunden isolieren und jeden anderen Einfluss ausschalten. Und in diese Falle möchte ich nicht gehen.«

»Das verstehe ich. Aber wenn du ihm jetzt entgegenkommst, wird er neue Dinge verlangen, von denen bis jetzt noch nicht die Rede war. Mit der Masche Erpressung arbeitet Ralph doch die ganze Zeit. Das ist die Falle, in die wir nicht tappen sollten.«

»Nenn es, wie du willst, aber die Frage ist doch, wie Lytton sich entscheiden wird, wenn wir Ralph entlassen. Er ist wie besessen von diesem Mann.«

Es ist untypisch für Leonard, eine notwendige Entscheidung hinauszuzögern, aber in diesem Fall tut er es. Er zögert bis Dezember, dann sagt er Ralph, er müsse gehen. Er akzeptiere die Kündigung nicht, sagt Ralph. Als Leonard auf den Vertrag hinweist, droht Ralph, einen ähnlichen Verlag zu gründen wie die *Hogarth Press*, die *Tidmarsh Press*. Als auch das Leonard nicht beeindruckt, schlägt er vor, beide Verlage, von denen einer noch nicht existiert, zusammenzulegen, und fordert ein Drittel der Geschäftsanteile für sich selbst. Als Leonard weiter darauf beharrt, Ralph müsse gehen, versucht Ralph, Leonard damit zu locken, dass die *Hogarth-Tidmarsh Press* dann natürlich auch Lyttons Werke publizieren würde. Ralph, das muss Virginia zugeben, ist ein hervorragender Manipulator; denn natürlich würden sowohl sie als auch Leonard viel darum geben, mit Lytton im Bereich Literatur zusammenzuarbeiten. Aber der Preis, Ralph, ist einfach zu hoch. Und deshalb muss Ralph gehen, der offensichtlich nicht damit gerechnet hat, dass Leonard seinen Worten Taten folgen lassen könnte. Verletzt, wütend, fassungslos, Drohungen ausstoßend verlässt er das Haus und eilt mit offenem Mantel, verschränkten Armen und hochgezogenen Schultern die Paradise Road entlang Richtung Pferdebahn.

»Jeder weiß, dass ein schlafender Krebs vom Fluss mitgerissen wird«, sagt Leonard, »nur Mr. Partridge hat irrigerweise angenommen, dass allein er von dieser Regel ausgenommen ist.«

81

Seit Ralph nicht mehr da ist und immer mehr Bestellungen kommen für Virginias dritten Roman *Jakobs Zimmer*, ist das Packen von Päckchen zu ihrer Hauptbeschäftigung geworden. Die damit verbundene tödliche Langeweile, versucht sie sich zu sagen, sei eben der Preis für die Unabhängigkeit vom Verlag ihres Halbbruders. An einem Freitagnachmittag im Dezember 1922 kommt unerwartet ein Anruf von Clive – er müsse ihr unbedingt jemanden vorstellen. Sie sei Schriftstellerin, schreibe 15 Seiten am Tag, habe eben ein weiteres Buch beendet, veröffentliche bei *Heinemann*. Er werde ihr einen Wagen schicken. Am Gordon Square angekommen, läuft Virginia über einen nagelneuen grasgrünen Teppich mit knöchelhohem Flor und findet im Salon eine lässige Aristokratin mit Damenbart vor, die Clive ihr als Vita Sackville-West vorstellt, verheiratete Nicolson, von Beruf Schriftstellerin. Mrs. Nicolson trägt goldene Schuhe zu einem papageienfarbenen Kleid und sitzt sehr aufrecht vor ihrer Teetasse.

»Vita«, sagt sie und streckt Virginia eine vielfach beringte Hand entgegen, »bitte nennen Sie mich Vita, Virginia. Ich darf Sie doch Virginia nennen, nicht wahr?« Vita hat eine dunkle, schleppende Stimme, die voll ist von verwirrenden Untertönen, und ehe Virginia antworten kann, fährt sie fort: »Wissen Sie eigentlich, dass ich vor Ihnen gewarnt worden bin, Virginia? Natürlich habe ich sämtliche Warnungen in den Wind geschlagen. Ich habe alle Ihre Bücher und Artikel gelesen und mir schon lange gewünscht, Sie einmal persönlich kennenzulernen, vielleicht sogar näher kennenzulernen, in der Zukunft, wenn Sie das auch wollen und wenn Ihre Zeit es erlaubt. Glauben Sie, dass das möglich sein wird?«, fragt sie und legt ihre Hand auf Virginias Handgelenk.

»Gewarnt? Wovor?«

»Vor dem zerstörerischen Einfluss von Bloomsbury natürlich«, antwortet Vita, »und besonders«, hier macht sie eine Pause, »vor der Schlange Lytton Strachey und der wortmächtigen Oberschlange Virginia Woolf.«

Vita sieht sie an, lächelnd, abwartend. Ihre Blicke treffen sich. Vitas Blick sagt, dass dies der Beginn von etwas ist, und Virginias Blick sagt, dass sie das nicht glauben kann und vielleicht auch nicht möchte.

»Haben Sie Kinder?«, fragt sie spontan.

»Ja. Zwei Jungen.«

»Und Sie sind verheiratet?«

»Ja. Mit einem Diplomaten. Aber das sollte unserer beginnenden Freundschaft nicht im Wege stehen.«

»Virginia wohnt in Richmond«, sagt Clive zusammenhanglos.

»In Richmond? Wie ungewöhnlich. Sind Sie dorthin gezogen, um sich vor dem Leben zu verstecken?«

Virginia schweigt. Clive beeilt sich, das ins Stocken geratene Gespräch wieder in Gang zu bringen, was mit Vita die einfachste Sache von der Welt ist. Sie scheint einfach jeden zu kennen, ihr Repertoire an Klatsch und Tratsch ist unerschöpflich, und als die beiden Frauen schließlich gemeinsam aufbrechen, bittet Vita Virginia, am kommenden Freitag im Restaurant *Eiffel Tower* in der Percy Street mit ihr zu Abend zu essen.

Von der Südseite des Squares bewegt sich im Nachmittagslicht ein heller Fleck auf sie zu. Vielleicht ein Mantel, der jetzt näher kommt, leuchtend zwischen den anderen Passanten. Während Vita sich mit einem bedauernden Lächeln verabschiedet und in ihr Auto steigt, beginnt die Person in dem Mantel wild mit den Armen zu wedeln.

»Virginia«, fragt Lytton, noch halb außer Atem, als er sie erreicht hat, »warst du bei Clive? Ich wollte eben zu ihm, aber jetzt, wo ich dich hier treffe, darf ich dir meinen Arm anbieten und dich ein Stück begleiten?«

Virginia hakt sich bei Lytton ein und sieht dem abfahrenden Wagen hinterher.

»Ich habe übrigens eben bei Clive eine schreibende Aristokratin kennengelernt, die uns beide als *das Schlangenpaar von Bloomsbury* bezeichnet hat.«

»Wie nett von ihr.«

»Ja, das fand ich auch.«

»Was ich dich die ganze Zeit schon fragen wollte, Virginia: Was hältst du eigentlich von der *Tidmarsh Press*?«

»Ich dachte, die Idee sei gestorben.«

»Nein, das ist sie nicht. Aber was hältst du davon? Würde es euch verärgern?«

»Ich glaube, es gibt genug zu tun für zwei Verlage dieser Art«, sagt sie so leichthin, wie ihr das möglich ist, während sie gleichzeitig wahrnimmt, wie sehr sie Ralph und seinen Einfluss auf Lytton verabscheut.

»Es freut mich, dass du das so siehst«, sagt Lytton und drückt ihren Arm. Sie erreichen die Haltestelle der

Pferdebahn nach Richmond. Lytton, in seinem offenen hellen Mantel, eilt davon und ist im nächsten Moment aus ihrem Blickfeld verschwunden.

82

Als sie in Garsington ankommen, ist das Torgitter offen. Ottoline erwartet sie an der kleinen Engelsstatue, umgeben von radschlagenden und pickenden Pfauen. Spitze Fuchsschwänze liegen um ihren Hals und lange Goldbänder baumeln von ihren Ohren. 37 Gäste sind der Einladung in das historische Herrenhaus in der Nähe von Oxford gefolgt – die meisten davon hoffnungsvolle junge Männer. Später, im Salon, halb verborgen hinter einer weißen Säule, sitzt Virginia in einem samtbezogenen italienischen Sessel und skizziert in Gedanken das Porträt einer Frau, der sie eine zentrale Rolle geben möchte in ihrem neuen Buch. Selbstbezogen wird sie sein, seelisch unempfindlich, manchmal ein wenig schlüpfrig; verheiratet mit einem Abgeordneten; eine Tochter, mit der sie nichts anzufangen weiß. Vielleicht wird ein früherer Freund auftauchen, ein Freund, der lange in den Kolonien gewesen ist, aber an diesem Punkt ihrer Überlegungen wird sie unterbrochen, denn plötzlich steht Lytton vor ihr, nimmt ihre Hand und zieht sie mit sich fort.

»Virginia, du redest mit dir selbst, lass mich teilhaben an dem, was dich so amüsiert, sprich mit mir.«

Kurz darauf findet sie sich mit Lytton im Garten auf einer Teakholzbank wieder. Das grelle Sonnenlicht lässt die Bäume mit ihren silberglitzernden Blättern aussehen, als seien sie mit Lametta behangen.

»Ich bin letzte Nacht aufgewacht und habe mich gefragt, wie ich dich einordnen soll, Virginia.«

»Wirklich? Nun, ich bin die begabteste lebende Schriftstellerin. Das steht in der *British Weekly*.«

»Oh!«

»Und du?«

»Mein Gott!«

»Macauly?«

»Macauly! Der lebende Beweis, dass der Parnass selbst für einen Spießer nicht unerreichbar ist. Ich würde sagen: Etwas besser als Macauly!«

»Aber nicht so umfangreich wie er.«

»Wie auch immer. Eines ist jedenfalls sicher: Du beeinflusst mich.«

»Inwiefern tue ich das?«

»Wie du es machst, weiß ich nicht. Ich weiß nur, dass es so ist. Aber jetzt, schlage ich vor, sollten wir die Zeit, wo sie uns in Ruhe lassen, nutzen, um uns ein bisschen zu amüsieren. Hast du Piers Henderson gesehen in seiner weißen Weste und in seinem vollkommenen Frack?«

»Der schöne Piers.«

»Wie er herumgeschlendert ist, fast ertrinkend in Selbstgefälligkeit und Behagen.«

»Und mit diesen besonderen Socken, die natürlich wieder einmal die schönsten sind. Du weißt, wie stolz er darauf ist. Was macht er eigentlich inzwischen? Putzt er die Schuhe des Königs? Zählt er die Flaschen in Windsor?«

»Nein, er ist schlicht und ergreifend Sekretär. Ottoline ist sehr enttäuscht von ihm. Aus reiner Sentimentalität, sagt sie, lädt sie ihn noch ein. Weil sie doch damals diese wilde Affäre hatten.«

»Hast du die neuen, mit Papageien bedruckten Vorhänge

bemerkt, die Ott im Salon aufgehängt hat? Vielleicht schenken wir ihr bei unserem nächsten Besuch einen Papagei?«

»Mmmhhh.« Lyttons künstliches Räuspern lässt sie innehalten. Vom Haus her nähert sich die Gastgeberin mit ihrer Kamera – zusammen mit einem schreienden Pfau.

»Ignoriert mich. Ich bin gar nicht da.«

Aufbau und Einstellung der Kamera erfordern ihre Zeit. Als die Fotografin endlich zufrieden ist, klammert sich Lytton an der Gartenbank fest und weigert sich zu lächeln.

Ich werde über Einsamkeit schreiben, denkt Virginia. Über unerfüllte Liebe. Über das Verrücktwerden. Über die Unfähigkeit, das eigene Leben zu Ende zu leben.

83

Juni 1923. Sie hat sich dafür entschieden, die Dalloways aus *Die Fahrt hinaus* in ihrem neuen Buch wieder auferstehen zu lassen. Seitdem kann sie nicht mehr schlafen. Ihre Unfähigkeit zu schlafen macht ihr Angst. In Nachthemd und Morgenrock, gegen einen Anfall von Schwindel ankämpfend, taumelt sie barfuß Richtung Küche. Das Gefühl, durch eine Wolke von Rosenduft zu laufen, irritiert sie. Es sind keine Rosen da. Und doch ist die Wahrnehmung vollkommen real. So real wie eine Sehnsucht nach dem Unmöglichen, denkt sie, und im nächsten Moment überfällt es sie wie eine Erleuchtung:

Du musst Richmond verlassen!

Der erste Schritt, den sie unternimmt, um ihr Ziel zu erreichen, ist ein Eintrag in ihrem Tagebuch: *Ich muss Richmond
verlassen!*

Leonard sieht es als sein selbstverständliches Recht an,
ihr Tagebuch zu kontrollieren – und wenn er es für ange-
bracht hält, gelegentlich selbst etwas hineinzuschreiben. Sie
kann also sicher sein, dass er diesen Eintrag lesen wird. Und
er wird sie darauf ansprechen. Aber an diesem Tag tut er
das noch nicht. Maynards Einladung zu einem Abendessen
an den Gordon Square beschäftigt ihn, denn von Maynard
wird ab sofort seine berufliche Zukunft abhängen. Es hat
einen Machtwechsel gegeben bei der Wochenzeitung *The
Nation*, für die Leonard regelmäßig schreibt, und der neue
Vorsitzende des Verwaltungsrates ist Professor Maynard
Keynes. Der Gastgeber kommt selbst an die Tür – in einem offenen Hausmantel mit Leopardenmuster. Seit er mit
der Tänzerin Lydia Lopokova zusammenlebt, hat Maynard
sich verändert. Sein Gesicht wirkt teigig, sein Körper auf-
gedunsen. In der mit Stilmöbeln, Antiquitäten, Bildern und
Kunstgegenständen vollgestellten Wohnung bewegt er sich
wie ein Panther in einem Kleintierzoo. Nur seine Augen verraten, dass sein Geist immer noch derselbe ist. Und dass
seine legendäre Fähigkeit, die kompliziertesten Dinge in
atemberaubendem Tempo bis auf den Grund zu durchdrin-
gen, weder durch Krieg, Ruhm, Macht und Reichtum noch
durch Liebesverwicklungen, Erfolg oder Gewichtszunahme beschädigt worden ist. Maynard führt sie ins Esszimmer. Auf dem Tisch steht ein opulent verzierter dreiarmiger
silberner Leuchter. Serviert wird ein kleines Rebhuhn, das
sie sich zu viert teilen. Zu Virginias Überraschung entscheidet sich Leonard dafür, das Thema *The Nation* zu vermeiden, und trägt stattdessen seine neuste Theorie zum Thema

Frauen vor. Es gebe eine bestimmte Sorte Frauen, fängt er unvermittelt an, ohne sich die Mühe zu machen, irgendeine Verbindung zu der letzten Ansprache des Premierministers herzustellen, von der bis dahin die Rede war, zu denen er auch Virginia und Lydia zähle. Er nenne diese Frauen *Närrinnen*. Damit meine er, fährt er fort, nicht Närrinnen im üblichen Sinne, sondern eine von ihm selbst entwickelte Kategorie weiblicher Menschen.

»Was ist das für eine Kategorie? Was genau meinst du mit *Närrinnen*, Leonard«, fragt Lydia mit ihrer Kinderstimme, und Maynard, der dicht beim Feuer sitzt, zieht seinen gefleckten Raubtier-Hausmantel enger um die Knie und sagt: »Er meint, dass man euch verletzen kann, Liebes.«

»Nein«, widerspricht Leonard, »ich habe dabei eher an Dostojewskis *Idiot* gedacht, an Menschen, die nicht berechnend sind. Im praktischen Leben sind sie völlig unfähig, dazu sind sie einfach zu schlichten Gemüts, aber gleichzeitig sind sie auf irgendeine verrückte Weise höchst kompliziert.«

»Was sind das für merkwürdige Ideen, Leonard«, sagt Maynard. »Mir scheint, du lebst einfach schon zu lange in dieser Vorstadteinöde von Richmond. Statt dich da einzuigeln und abstruse Theorien über Frauen auszubrüten, solltest du zurück nach London kommen. Und zwar so schnell wie möglich. Virginia geht es wieder gut, und ein politischer Redakteur sollte in London leben, nah am politischen Geschehen, nah an seinem Arbeitsplatz. Und noch etwas: Ein Redakteur der *Nation* darf kein Spießer sein, wenn du verstehst, was ich meine.«

84

»Ich hasse Maynard! Seine Macht, seinen Dünkel, sein großes Auto, seine Dummheit, sein aufgedunsenes, hässliches
Gesicht. Ich hasse seinen Geiz, seinen Hausmantel und seine Einmischung in unsere Angelegenheiten«, sagt Leonard
am nächsten Morgen zu Virginia, während er auf seinen
Toast mit Bacon und Spiegeleiern starrt und keine Anstalten macht, davon zu essen. »Aber ich kann es mir nicht
leisten, sein Angebot abzulehnen. Eine feste Stelle als Redakteur bei der *Nation* bedeutet finanzielle Sicherheit. Ich
vermute auch, dass der Job okay sein wird. Er wird mir
nicht reinreden. Dazu hat er zu viel zu tun.«

»Heißt das, du nimmst sein Angebot an?«

»Ja.«

»Bedeutet das, dass wir nach London ziehen werden?«

»Ja. Du kannst ja schon mal ein paar Makler anrufen.«

»Nessa sagt, am Gordon Square wäre etwas frei.«

»Nein«, sagt Leonard. »Nicht an den Gordon Square.«

An der Südseite des Tavistock Square ist, wie Virginia bereits am nächsten Tag herausfindet, ein Objekt annonciert.

»Ist es groß genug für uns und den Verlag?«, fragt
Leonard.

»Ich denke, ja. Wir würden die oberen beiden Stockwerke
und das Untergeschoss bekommen. Im Erdgeschoss und in
der ersten Etage sitzt eine Anwaltskanzlei.«

»Dann versuche, es zu bekommen.« Die Verhandlungen
mit dem Makler verlaufen erfreulich. Er bietet ihnen einen

Mietvertrag über zehn Jahre an. Virginias Stimmung ist euphorisch, und sie beschließt, nicht gleich nach Richmond zurückzufahren, sondern ihren Ausflug nach London mit einem Besuch in der Tate Gallery zu krönen. Aber dann kommt alles anders, denn schon auf der Freitreppe kommt ihr Lytton entgegen, und beide beschließen spontan, zum Fluss hinunterzugehen. Carrington habe ein neues Haus gefunden, in der Nähe von Hungerford, berichtet Lytton. Er zögere noch, der Preis scheine ihm etwas zu hoch zu sein, aber insgesamt sei das Haus wundervoll. Fließendes Wasser gebe es zwar nicht, auch keine Abwasserleitungen, doch das ließe sich ja jetzt, wo er Geld habe, alles ändern. In Tidmarsh jedenfalls könne er nicht bleiben.

»Es ist wegen der Feuchtigkeit«, erklärt er. »Mein Arzt sagt, diese schimmeligen, feuchten Wände werden mich über kurz oder lang umbringen. Also, wenn ich noch ein bisschen leben will, muss ich umziehen. Meinst du, ich soll dieses alte Haus kaufen, Virginia? Es heißt übrigens Ham Spray House, liegt etwas außerhalb eines Dorfes namens Ham, abgelegen, wunderschön, unterhalb der Berkshire Downs.«

»Für mich hört es sich so an, als könnte das die richtige Entscheidung sein.«

Als sie die Uferpromenade erreichen, setzen sie sich auf eine Bank und blicken eine Weile schweigend auf die Themse. Schließlich zieht Lytton ein kleines Buch aus der Innentasche seiner Jacke und überreicht es Virginia feierlich als Geschenk.

»Für dich, Virginia. Es ist die französische Ausgabe von *Königin Victoria*.«

»Hast du mir etwas hineingeschrieben?«

»Nein. Das Buch ist dir gewidmet, Virginia. Auch die französische Ausgabe. Ist das nicht genug?«

»Natürlich ist es das. Verzeih mir die Frage. Weißt du übrigens schon, dass Adrian und Karin beschlossen haben, sich zu trennen.«

»Nein. Das wusste ich nicht. Warum haben sie das beschlossen?«

»Adrian sagt, das mit Karin sei nie richtig gut gewesen. Nicht dass sie mehr als sonst gestritten hätten, es sei einfach nie richtig gewesen. Seit 1914 sind sie verheiratet; sie haben zwei Töchter, gestritten haben sie die ganze Zeit, aber jetzt, sagt er, wolle er nicht mehr.«

»Was soll das heißen? Dass sie nie glücklich waren? Warum sollte man jemanden heiraten, mit dem man nie glücklich war? Adrian ist doch kein Idiot!«

»Die Liebe ist etwas Schreckliches, Lytton, nicht wahr? Ich finde, jeder sollte sich trennen!«

»Aber nein! Was für ein Unsinn, Virginia! Sieh mich an. Meine Schläfen sind grau. Der Tod wird uns alle noch früh genug trennen, und bis dahin sollten wir versuchen, glücklich zu sein.«

85

März 1924. Der Mietvertrag für das Haus Nr. 52 Tavistock Square ist unterschrieben. Der Umzug von Richmond nach Bloomsbury steht bevor. Virginia wäre lieber an den Gordon Square gezogen. Vom Gordon Square zum Tavistock Square sei es doch nur ein Fußweg von fünf Minuten, hat sie argumentiert, aber für Leonard ist das Minimum an Distanz, das diese fünf Minuten bedeuten, wichtig. So wichtig, dass ein Unterschreiten dieses Minimums für ihn, symbolisch gesprochen, gleichbedeutend wäre mit dem Überschreiten einer roten Linie.

Virginia plant die Aufteilung der Zimmer, organisiert die Verteilung der Möbel und sieht sich Teppiche an. Sie bestellt Holzpaneele für die Wände und beauftragt Nessa und Duncan damit, diese zu bemalen. Ungeahnte Energien strömen ihr zu. London, das bedeutet Musik, Theater, Museen, Freundschaft, Gespräche, Unterhaltung, Konzerte, Amüsement, Bücher, Verlage – all das wird nun wieder zu ihrem Leben gehören, oder anders gesagt: Das Leben wird nun wieder zu ihrem Leben gehören. Für die Einweihungsparty kauft sie sich im Schwung des Augenblicks trotz Leonards Spott einen Lippenstift und ein rotes Kleid, und bereits am folgenden Tag stürzt sie sich in die Arbeit. Die Schreibblockade ist überwunden. Plötzlich wird ihr bewusst, dass alles schon da ist. Das Buch existiert. Sie muss es nur noch schreiben. Sie muss es nur noch zu Papier bringen. Tag für Tag stolpert sie den eigenen Worten hinterher. So entsteht *Mrs. Dalloway*, ein Roman, den sie in Richmond niemals hätte schreiben können. Nicht nur sie selbst, auch Leonard ist erfüllt von einer Stimmung von Euphorie und Neuanfang. Kurz nach dem Umzug ist Lyttons Bruder James vorbeigekommen. Die *Britische Psychoanalytische Gesellschaft*, hat er ausgerichtet, wünsche sich die *Hogarth Press* als Verlag für ihre Publikationen. Vor allem für die Gesamtausgabe von Freuds Werken in englischer Sprache, für die er, James, von Freud persönlich als Herausgeber und Übersetzer autorisiert worden sei. Ob Leonard sich das vorstellen könne?

86

Herbst 1924. Lytton hat sein neues Haus in Wiltshire bezogen, und im Oktober lädt er Virginia und Leonard ein, ihn dort zu besuchen. Als sie ankommen, ist alles in dichten Nebel gehüllt. Schemenhaft erkennen sie ein schlichtes viktorianisches Farmhaus mit Schiebefenstern, an dessen Südseite sich eine Veranda über die ganze Länge des Hauses erstreckt; auf der großen Wiese hinter dem Haus steht ein mächtiger Ilex-Baum; ein Drahtzaun trennt die Wiese von einer weitläufigen Koppel mit grasenden Pferden. Das Haus ist voll mit Besuchern. Bunny ist da, der mit Ralph um Lyttons Aufmerksamkeit konkurriert. In der Scheune hat Ralph eine Tischtennisplatte aufgebaut. Ralph, Bunny und zwei junge Männer, die Virginia unbekannt sind, spielen Ping Pong mit der Begeisterung von Kindern, rennen um den Tisch herum und bücken sich nach den Bällen. Lytton, laut lachend, glücklich, die Hände in enormen Handschuhen, sieht ihnen zu. Saxon, in einem eleganten blauen Mantel, versucht jemanden zu finden, dem er seine neue Kollektion von Fotos finnischer Fichten zeigen kann, wird aber überall abgewiesen. Carrington erscheint auf einem weißen Pony. Sie reitet ohne Sattel, ruft einen Gruß und galoppiert davon. In Lyttons Auftrag hat sie eine Zentralheizung einbauen lassen und im Wohnzimmer zusätzlich einen riesigen Kamin. Lytton hat das Haus gekauft, erfahren sie, aber Ralph als Eigentümer eintragen lassen.

»Warum hast du Ham Spray House Ralph überschrieben?«, fragt Virginia, als Lytton sie und Leonard herumführt.

»Ich bin ein alter Mann, Virginia, sieh mich an«, antwortet er. »Ich habe ziemlich viele Gebrechen. Mein Leben lang bin ich auf Ärzte angewiesen gewesen, auch wenn sie nie so richtig herausfinden konnten, was mir fehlt. Wer weiß, wie lange ich noch zu leben habe, und dies ist eine Möglichkeit, dafür zu sorgen, dass Carrington und Ralph abgesichert sind, egal, was mit mir passiert. Denn eins ist ja wohl sicher: Sie werden mich um viele Jahre überleben.«

»Aber warum hast du das Haus nicht Carrington überschrieben? Sie hat es gefunden, sie hat es eingerichtet. Warum Ralph?«

»Er ist der Ehemann. Und er ist da sehr konservativ. Er würde es nicht dulden, von einer Frau abhängig zu sein.«

»Aber so wird Carrington abhängig von ihm sein. Ralph mag geholfen haben, aber ist es nicht vor allem ihr Werk, dass dieses Haus so, wie es ist, existiert?«

»Du hast in allem recht, aber ich wollte es trotzdem so«, sagt Lytton. »Ralph würde irgendwann gehen ohne das Haus.«

»Darf ich dir meinen ersten Essayband widmen, Lytton?«, fragt Virginia, einem plötzlichen Impuls folgend, zusammenhanglos. »*Der Gewöhnliche Leser* wird der Titel sein.«

Lytton nimmt ihren Arm. »Es wäre mir eine Ehre«, sagt er lächelnd.

87

12. Juli 1925. Es ist ein spätsommerlicher Sonntagabend, als Virginia und Leonard im *Scala Theatre* in der Charlotte Street auf ihren Parkettplätzen darauf warten, dass der Vorhang hoch geht. Gegeben wird Lyttons Theaterstück *Ein Sohn des Himmels*. Zwölf Jahre nach seiner Entstehung wird das Stück im Rahmen einer Wohltätigkeitsveranstaltung uraufgeführt. Die Einnahmen gehen an die *Londoner Gesellschaft für Fraueninteressen*, deren Mitbegründerin und Sekretärin ohne Gehalt Lyttons Schwester Pippa ist. Das Stück spielt in China um 1900. Die Hauptfigur ist eine dämonische Kaiserin namens Cixi, deren Machtwille stark genug gewesen ist, um dem schwachen *Sohn des Himmels* den Thron zu entreißen. Gespielt wird die Rolle von der berühmten Schauspielerin Gertrude Kingston. Das Publikum reagiert mit lautem Gelächter, als Kaiserin Cixi sich in einer Szene nach der *barbarischen* englischen Königin Victoria erkundigt. Die ganze Sache ist ein Bloomsbury-Projekt, sozusagen ein Familienunternehmen, und als solches ein großer Spaß. Die meisten Rollen werden von Bloomsburyanern und Cambrigianern verkörpert. Vanessa hat den Umschlag für das Programmheft entworfen. Die *Hogarth Press* hat Anzeigen geschaltet. Duncan hat sich um die Kostüme und das Bühnenbild gekümmert. Als der Vorhang fällt, reagiert das Publikum mit endlosem, tumultartigem Beifall. Es ist eine Stimmung wie auf einer Schulparty. Hauptdarstellerin, Bühnenbildner und Komponist (ein Mann namens Walton, offenbar Wagnerianer) werden mehrmals vor den Vorhang

gerufen. Nur der Autor fehlt. Lytton ist kurz vor Beginn der Vorstellung in einen Zug gestiegen, um auf den Kontinent zu reisen. Zusammen mit einem Freund möchte er in den Dolomiten wandern gehen.

88

Nach Lyttons Rückkehr im August treffen sich alle in Charleston im Garten. Nessa, in einem blumenbedruckten roten Kleid, läuft summend und geschäftig herum, deckt die Tische, arrangiert Blumen und hängt Lampions in die Obstbäume. »Nur ein paar Lampions«, sagt sie, und dann sind da plötzlich diese Lichter und der wunderbar schimmernde Teich. Clive, vergnügt, rosig und wohlgenährt, in jeder Hand eine Champagnerflasche, ganz der Mann von Welt, der aus allem sein Vergnügen zieht, lässt sich auf die Knie fallen und küsst die Hand des *goldenen Nichts*, wie Virginia seine Dauerfreundin Mary nennt. Mary Hutchinson, Kurzgeschichtenautorin, Malermodell und eine von Lyttons zahlreichen Cousinen, ist mit dem Rechtsanwalt St. John Hutchinson verheiratet. Zahlreiche Affären werden ihr nachgesagt, darunter eine mit der Schriftstellerin Vita Sackville-West. Henri Matisse hat einmal eine Porträtzeichnung von ihr gemacht, und von Leuten, die sich nicht auskennen, wird sie in der Regel für ein Bloomsbury-Mitglied gehalten. Duncans aktueller Liebhaber George steht betrunken vor dem Goldregen. David-Bunny redet alle am Tisch mit *Darling* an und zieht Angelica auf seinen Schoß: »Ich werde dich heiraten, mein kleiner Liebling«, ruft er laut und sieht dabei zu Duncan herüber, »du wirst schon sehen, und daran wird mich niemand hindern«, woraufhin Angelica weinend von seinem Schoß flüchtet. Auf den im Schatten der Obstbäume aneinandergereihten Tischen zittern Lichtflecken. Lytton hat Ralph und Carrington mitgebracht und ist bei einer Temperatur von 27 Grad im Schatten von oben bis unten in warme Wolle gekleidet. Er betrinkt sich mit Whisky und Pfefferminzlikör und wirkt irgendwie unzufrieden und empfindlich.

»Ich habe gehört, was du eben zu Leonard über *Ein Sohn des Himmels* gesagt hast«, fährt er unverhofft Clive an. »Alle finden das Stück gut. Die Aufführung war ein voller Erfolg. Aber meine alten Freunde vermissen die hohe Kunst und reden verächtlich von billiger Unterhaltung. Was soll das, Clive? Gerade du, würde ich sagen, hast auf einem hohen Ross nun überhaupt nichts zu suchen.« Dann wendet er sich an Leonard: »Und auch du, Brutus-Leonard, kannst dir deine hochgezogenen Augenbrauen sparen«, nur um gleich darauf fortzufahren: »Aber ihr habt ja recht. Ich habe vergessen, wie man schreibt.«

Ralph bedenkt Leonard mit giftigen Blicken und spricht weder mit ihm noch mit Virginia ein Wort. Duncan läuft, ein Glas in der Hand, in seinem Malerkittel von Tisch zu Tisch, wenig greifbar, ewig unverwandelt durch alles, was um ihn herum geschieht, schillernd in allen möglichen Farben. Saxon hat sein Strickzeug mitgebracht, sitzt vor einem Glas Whisky und arbeitet konzentriert an einem schwarzen Schal. Als Duncan an seinen Tisch kommt, gelingt es Saxon, Duncan für seine neueste Sammlung von Fotografien finnischer Fichten zu interessieren. Die Abzüge befinden sich in einer großen Pappschachtel, die er mitgebracht und vor sich auf den Tisch gestellt hat. Jetzt holt er sie nacheinander heraus und gibt sie Duncan in die Hand, der sie geduldig betrachtet. Maynard ist ohne Lydia erschienen, in kurzen Hosen und in einem zeltartig an ihm herunterhängenden, weit aufgeknöpften Seidenhemd. Leonard setzt sich zu Carrington, deren hastiges Whisky-Trinken niemanden zu einer Reaktion veranlasst, und beginnt ein Gespräch über immer blühende Jahreszeiten-Gärten. Nessa bringt Obstkuchen, Scones, Kaffee, Tee, Honig, Zucker, Milch, selbst gemachte Limonade und schottischen Whisky. Später geraten, mitten in einem Federballspiel, Julian und Quentin plötzlich in Streit, weil Julian seinen Bruder *Schweinchen* genannt hat. Quentin wirft seinen Schläger nach Julian, und Julian wirft ein herumliegendes Brett nach Quentin – ein Brett, aus dem ein langer rostiger Nagel stakt, der in Quentins Unterarm stecken bleibt. Ralph und Lytton stecken die Köpfe zusammen. Virginia geht von Tisch zu Tisch und versucht vergeblich, das Gespräch auf das Bloomsbury-Memoiren-Projekt zu bringen, das ihr am Herzen liegt. Plötzlich fühlt sie sich einsam. Sie entfernt sich von den anderen und geht langsam Richtung Haus. Nessa und Duncan haben ein neues Studio anbauen lassen. Es ist gerade fertig geworden und hat eine kleine Tür zum Garten. Die Tür steht offen, und sie tritt ein in einen dämmrigen Raum mit bunt bemalten Wänden. Ein goldener Spiegel hängt über einer Chaiselonge, und der Raum ist angefüllt mit einer verwirrenden Fülle von Atelierutensilien, Fotos, Keramiken und allen möglichen kleinen Gegenständen. Auf Nessas Staffelei steht eine fast fertige Wohnzimmerszene mit Clive und Duncan, auf der Duncan in unglaublicher Weise seinen in einem roten Pantoffel steckenden Fuß abspreizt und Clive aus allen Nähten platzt. An einer Wand lehnt ein weiteres Bild, auf dem Lytton, der den ganzen Nachmittag über kein persönliches Wort mit ihr gesprochen hat, sich auflöst in bunten Farben, kindlich, spielerisch, unernst, arrogant.

89

In den folgenden Wochen scheint der Kontakt zu Lytton abgebrochen zu sein. Er ruft nicht an, kommt nicht vorbei, schickt keine Einladungen, schreibt nicht und beantwortet keine Briefe. Dafür erscheint Mrs. Nicolson, die sich als Schriftstellerin Vita Sackville-West nennt, den Arm voller Blumen, uneingeladen am Tavistock Square, wo Virginia in ihrem Zimmer mit Kopfschmerzen auf dem Sofa liegt. Vita lässt sich von Leonard nicht abweisen, legt ihre Hand auf Virginias Unterarm, küsst sie auf den Mund, macht ihr Komplimente und schenkt ihr einen Cocker-Welpen aus eigener Zucht. Sie wünsche sich immer noch, Virginia als Freundin zu gewinnen, sagt sie, und da Virginia sich nie bei ihr gemeldet habe und sie eine Absage nicht ertragen hätte, habe sie die Idee gehabt, sich durch einen spontanen Besuch in Erinnerung zu bringen. Vita bringt Abwechslung, Unterhaltung, Aufregung, Abenteuer, Blumen und Geschenke an den Tavistock Square. Sie bringt Virginia dazu, sich schön zu fühlen, wunderbar, brillant, genial, charmant. Nach drei Stunden ist Vita wieder weg. Aber an den Dingen, die sie berührt hat, ist ein Glanz haften geblieben – und auch an Virginia selbst, ein Glanz, der sie ermutigt, einen Brief an Lytton zu schreiben: *Lieber Lytton, die eine Sache, sagt der Doktor, die ich brauche und die mich wieder gesund machen wird, ist ein Brief des großen Meisters der Kunst der*

Biografie. Schon am nächsten Tag erreicht sie überraschend ein Antwortbrief von Lytton: *Du bist ein hoffnungsvoller Fall, Virginia*, schreibt er, *wenn deine Gesundheit von den Briefen deiner Freunde abhängt. Wie kann irgendjemand dir schreiben? Ich jedenfalls kann es nicht.*

90

Ende September 1925. Sie sitzen im Garten von Monk's House in ihren Liegestühlen und trinken selbst gemachte Himbeerlimonade. Leonard und Lytton stopfen ihre Pfeifen und Lytton beginnt die Konversation mit: »Also, was *Mrs. Dalloway* betrifft, Virginia ...«

Es ist vier Monate her, dass Virginia Lytton ihr letztes Buch *Mrs. Dalloway* geschickt hat. So lange hat er ihr keine Rückmeldung gegeben. Und jetzt fürchtet sie sich davor, wie Lyttons Satz weitergehen könnte.

»Deine Sprache, Virginia«, sagt er und zieht an seiner Pfeife, »ist natürlich von großer Schönheit. Ich glaube, dafür gibt es wirklich kein anderes Wort als *Genie*, und insofern ist *Mrs. D.* natürlich genialer als alles, was du bisher geschrieben hast. Aber die Handlung, wenn man hier überhaupt von Handlung sprechen kann, ist – entschuldige bitte – extrem langweilig, trivial und banal. Und deine Heldin Clarissa ist in meinen Augen eine unsympathische, beschränkte Person. Wie soll ich mich für so eine Figur interessieren? Und du als Autorin weißt das natürlich, und deshalb bist du gezwungen, deine Figur wieder und wieder zu verraten, indem du dich über sie lustig machst. Aber schon einen Moment später versuchst du wieder, sie zu beschützen, stellst dich vor sie und stattest sie aus mit Teilen deiner selbst. Und so geht das immer hin und her.«

»Sie war mir nie ganz sympathisch, das stimmt«, gibt Virginia zu. Lyttons Worte haben sie in einen Alarmzustand versetzt, gleichzeitig spürt sie eine leise Enttäuschung: »Sie ist eine Frau, die nicht liebt, die das aber von sich selbst nicht weiß. Aber warum sollte ich mich als Romanautorin auf Figuren beschränken, die mir sympathisch sind? Das wäre eine unglaubliche Einengung. Clarissa als Figur hat es mir ermöglicht, über die Themen zu schreiben, die mich interessieren: Selbstmord, Krieg, Einsamkeit, verratene Liebe, das Verrücktwerden, die Unmöglichkeit, weiterzuleben. Mir persönlich ist Clarissa als Figur sehr fern, aber genau das hat mir die Distanz und Objektivität ermöglicht, die ich benötigte, um dieses Buch schreiben zu können. Du schreibst doch auch über Charaktere, die dir nicht sympathisch sind, Lytton, die du vielleicht sogar hasst. Du verrätst sie, machst dich über sie lustig, und dann beschützt du sie wieder.«

»Das ist etwas anderes, weil ich keine Romane schreibe.« Lyttons Stimme klingt gereizt. »Ich jedenfalls finde, du solltest dir andere Themen suchen, dir andere Hauptfiguren und andere Handlungen ausdenken, wildere, fantastischere, und einen Rahmen, der dir alles erlaubt. Der Himmel weiß, wie du das machen wirst. Aber du wirst es tun, daran besteht kein Zweifel. Du bist erst am Anfang. – Wir hatten übrigens ein Feuer in Ham Spray. Aber zum Glück wurden meine Bücher verschont.«

»Welches Feuer würde es übers Herz bringen, das nicht zu tun«, sagt Virginia, sofort wieder froh. Sie lachen zusammen über das freundliche Schicksal, das Lyttons Bücher verschont hat, und plötzlich weiß Virginia, dass sie eines

Tages in der Lage sein wird, das wilde, fantastische Buch zu schreiben, das Lytton sich von ihr wünscht. Schluss mit *Revolutionierung des Romans* und ähnlich anstrengendem Zeug. *Leicht, amüsant* würden die Kritiker über ihr nächstes Buch schreiben – oder: *Es macht Freude, dieses Buch zu lesen.* Sie würde Briefe erhalten mit Sätzen wie: *Unsere Ehe war am Ende, Mrs. Woolf. Doch dann haben mein Mann und ich Ihr Buch gelesen – und wir haben den Scheidungsantrag zurückgezogen.* Oder: *Nachdem wir dieses Buch gelesen hatten, konnten wir uns zu einem Waffengang nicht mehr entschließen.* Nun vielleicht nicht Friede auf Erden, aber möglicherweise keine Einteilung der Menschen mehr in Männer und Frauen. Ja, sie ist sich fast sicher, dass sie die Kraft haben wird, eine solche Welt in ihrem nächsten Buch zu erschaffen.

91

April 1926. Die Verkaufszahlen von *Mrs. Dalloway* ermöglichen es Virginia, in Monk's House eine Innentoilette und ein Badezimmer einbauen zu lassen. Die große, emaillierte Badewanne mit den Löwenfüßen wurde schon geliefert. Kein Baden mehr in der Küche hinter dem Vorhang. Keine nächtlichen Wanderungen mehr durch den Garten zur Trockentoilette. Leonard hätte das Geld gerne für die Anstellung eines Vollzeitgärtners ausgegeben. Aber Virginia hat sich durchgesetzt. Auch in einem anderen Punkt: Die Zeit der routinemäßigen Absagen aller Einladungen ist vorbei.

Lady B empfängt ihre Gäste vor einem mannshohen hölzernen Globus in einem mit goldenen Wandleuchtern ausgestatteten Terrassenzimmer. Sie trägt ein weißes Kleid, das von einem breiten dunklen Gürtel zusammengehalten wird, und auf dem Kopf einen kleinen Hut mit hochgebogener Krempe. Die eine Hand auf die Hüfte gestützt, die andere auf dem Hals ihrer weißen Araberstute (die eben durch die offene Terrassentür hereinspaziert ist), posiert sie reglos, wie eine Statue, für den Fotografen. Sie begrüßt Virginia, ohne die Hand vom Hals des Pferdes zu nehmen, und fordert dann mit einem Kopfnicken einen Bediensteten auf, das Tier hinauszuführen.

Sobald alle am Teetisch Platz genommen haben und von der Gastgeberin einander vorgestellt worden sind, wendet sich Lady B an ihren Mann: »Nun, vermutlich hat Asquith tatsächlich ein unglückliches Leben, Lieber, da hast du sicher recht, aber denk' erstmal an Lytton Strachey. Wollen wir ihn nicht wieder einmal einladen? Was denkst du? Es wird auf jeden Fall unterhaltsam sein.«

Während Lady B weiter laut über mögliche Gäste für zukünftige Tee- oder Abendgesellschaften nachdenkt, wird Virginia plötzlich überfallen von der Vision, dass Lytton unverhofft sterben könnte. *Plötzlich und unerwartet.* Menschen konnten sterben. Jung sterben. *Vor ihrer Zeit*, wie es in manchen Traueranzeigen hieß. An Krankheiten zum Beispiel oder durch Unfälle. Durch Morde oder durch Selbstmord. Die vielen Toten in ihrer Familie waren keine Einbildung. Aber dass Lytton sterben könnte, vor ihr, vor seiner Zeit, daran hat sie bis zu diesem Moment nie ernsthaft gedacht. Seit sie ihn kennt, ist er kränklich gewesen, nie ganz gesund, immer körperlich schwach. Aber trotzdem hat sie immer eine so große Kraft in ihm gespürt, eine so große Energie.

92

Freitag, 17. Juni 1927. Sie solle den Nachmittag über ruhen, hat Leonard gesagt, aber sie sieht sich Fotoalben an. Da ist dieses Foto, das zeigt, wie Nessa Lytton in Charleston die Haare schneidet. Alle ihre Männer stehen um sie herum, die Hände in den Hosentaschen – Clive, Roger, Duncan. Lytton sitzt auf einem Stuhl, mitten auf einer Wiese, seine Schultern sind bedeckt von einem weißen Handtuch, und Nessa, die ihr Haar hochgesteckt hat, eine Königin mit ihrem Gefolge, blickt in die Kamera und hält die Schere in die Luft. Regen prasselt aufs Dach, trommelt gegen die Fensterscheiben. Am Nachmittag hat Adrian angerufen, um zu berichten, dass seine Lehranalyse sich dem Ende nähere. Mit 43 Jahren sei er nun endlich auf dem Weg in eine berufliche Existenz als Psychoanalytiker.

Auf der Treppe sind langsame, schwere Schritte zu hören. Ein kurzes Klopfen – und im Zimmer steht Clive. Umstandslos lässt er sich in den großen Sessel fallen, den Virginia erst kürzlich mit einem von Vanessa entworfenen Stoff hat neu beziehen lassen, und murmelt: »Du bist die Einzige, die mir jetzt noch helfen kann. Nein, keinen Tee, bitte, schwarzen Kaffee – und Whisky. Ich hoffe, du wirst mir das nicht übel nehmen, Virginia, aber ich habe Nellie schon Bescheid gesagt. Sie wird gleich hier sein.«

»Was ist los, Clive?«

Clive fährt sich mit der Hand über die Augen, schabt mit den Schuhen über den Teppich und zündet sich ohne zu fragen eine Zigarette an.

»Ich bin ein schäbiger Mann in den mittleren Jahren, Virginia«, legt er los, wird aber von Nellie gleich wieder unterbrochen, die Kaffee und Whisky bringt und für Virginia eine neue Kanne Tee.

»Was ist mit dir, Clive?«

»Meine liebe Virginia, wir sind beide 45 Jahre alt. Ist dir klar, was das bedeutet? Vermutlich nicht, denn die Fähigkeit, logisch zu denken, geht dir vollkommen ab. Du lebst dein Leben mit abgewandtem Gesicht. Für dich ist das Leben nichts weiter als ein Opiumtraum. Aber für mich ist es anders, zumindest ist es bisher anders für mich gewesen. Ich habe gelebt und nicht nur geträumt. Ich habe mich amüsiert. Doch jetzt habe ich diese Fähigkeit vollkommen verloren. Ich langweile mich. Ich kenne mich, meine Gedanken, meine Reaktionen. Ich kann alles vorhersagen. Es gibt für mich keine Überraschungen mehr. Bilder langweilen mich. Gemälde? Pah! Ich nehme mir ein Buch und lege es zurück. Ich interessiere mich für nichts mehr, und niemand interessiert sich mehr für mich. Was ich denke, ist den anderen vollkommen egal – und ich denke jeden Tag über Selbstmord nach. Weißt du, ich hätte das nie von mir gedacht, aber ich glaube, ich werde verrückt. Ich führe ein sinnloses Leben. In allen wichtigen Dingen habe ich versagt, als Vater, als Ehemann, als Autor. Es ist nichts übrig geblieben von meinem Leben. Nichts bedeutet mir noch etwas, und du bist die Einzige, die mich in dieser Hinsicht verstehen kann. Ich hätte damals dich heiraten sollen, Virginia. Warum habe ich das nicht getan?« Clive knetet seine Hände, streicht sich über die Beine, zupft an seinem Hemdkragen, den er durch den Halsausschnitt seines Pullovers gezogen hat.

»Weil du in Vanessa verliebt warst, Clive, und nicht in

mich. So wie alle. Alle waren in Vanessa verliebt. Auch Leonard. Sogar Lytton.«

»Aber nein, aber nein. Du irrst dich. Das ist nicht wahr. Und selbst wenn es einmal wahr gewesen sein sollte, so ist es jetzt bestimmt nicht mehr wahr. Weißt du denn nicht, wie sehr ich dich beneide, wie sehr ich dich bewundere? Wenn jemand mich retten kann, dann bist du es. Aber wahrscheinlich ist es auch dafür schon zu spät.«

»Du bewunderst mich?«

»Ja, ich bewundere dich – weil du mutig bist! Ich beneide dich um deinen Mut.«

»Um meinen Mut?«

»Ja, Mut! Du hattest den Mut, Selbstmord zu begehen. Zumindest hast du es versucht. Ich habe diesen Mut nicht. Sonst hätte ich es schon längst getan. Oh, ich habe das Gefühl, dass ich wahnsinnig werde. Vielleicht bin ich es schon. Sag, bin ich es? Du musst es doch wissen. Du sagst nichts? Dann ist es also wahr: Ich bin verrückt, und ich werde es bleiben.«

Clive trinkt seinen Whisky aus, erhebt sich mühsam und verlässt ohne ein weiteres Wort den Raum. Etwas Dunkles, Erstickendes bleibt von ihm zurück, das Virginia zwingt, trotz der Kälte das Fenster zu öffnen. Der Wind jagt den Regen ins Zimmer; ihre Haare und ihre Bluse werden feucht; aber sie bleibt am offenen Fenster stehen, verwirrt, laut atmend, die Finger an den Schläfen; mit kleinen kreisenden Bewegungen versucht sie, den metallenen Reifen wegzumassieren, der sich um ihren Kopf gelegt hat.

93

An einem Nachmittag wenige Tage später kommt Lytton unangemeldet zur Teezeit vorbei. Er hält sich komisch und stützt sich auf einen Stock.

»Hast du Schmerzen?«

Für einen Moment nimmt Lytton die Brille ab, lehnt sich an den Türrahmen und schließt die Augen.

»Ich habe ständig Schmerzen, Virginia. Sie sind wie Lebewesen und wandern auf meinem Körper herum. Mal treten sie hier auf, mal da, ganz wie es ihnen beliebt. Ich könnte auch sagen, sie sind wie Ralph. Deprimierenderweise gewinnen sie trotz ihrer Unzuverlässigkeit aktuell immer mehr an Terrain. Wir werden alt, Virginia, und es ist absolut schockierend, dass es schon so offensichtlich ist. Aber was soll ich tun? Der Körper macht, was er will. Er hat mir den Krieg erklärt, und ich habe keine Möglichkeit, mich dazwischenzuwerfen.«

»Möchtest du Tee?«

Lytton humpelt zu dem grünen Sessel mit der leicht erhöhten Sitzfläche, setzt sich vorsichtig hin und stützt sich dabei mit beiden Händen an den Armlehnen ab.

»Geben die Ärzte dir nichts gegen die Schmerzen?«

»Es gibt kein Mittel gegen wandernde Schmerzen, Virginia. Wenn ein Mittel für den Rücken wirkt, wandern die Schmerzen weiter in die Beine. Wenn ein Mittel gegen Kopfschmerzen wirkt, wandern sie weiter in den Magen oder in die Zähne. Sie sind sehr erfindungsreich. Du kannst dich natürlich dauerhaft in einen Dämmerzustand versetzen lassen, aber wer will das schon.«

Virginia lässt eine dritte Tasse bringen und gießt Lytton von dem Tee ein, den Nellie vor wenigen Minuten gebracht hat. Als Lytton seine Tasse nimmt, zittert seine Hand.

»Da siehst du es, Virginia, schon die einfachsten Dinge funktionieren nicht mehr. Alles ist so schwierig geworden, so unendlich schwierig … Vielleicht – oder ziemlich sicher – bist du für solche Geständnisse nicht die Richtige, aber du wirst mir verzeihen, das weiß ich, denn es ist so: Ich muss einfach mit jemandem reden, und Ralph, Carrington, James, Vanessa und Clive sind alle mit ihren eigenen Problemen beschäftigt. Und Leonard – nun, du kennst Leonard. Ein Invalide der Liebe sollte mit seinen Geständnissen nicht zu einem Priester gehen.«

»Ich weiß nicht, ob ich verstehe, was du mir sagen willst?«

»Nun, es ist so: Ralph lebt jetzt mit einer Frau namens Frances zusammen, schon seit einem Jahr. Er kommt nur noch am Wochenende nach Ham Spray, und dann bringt er immer Frances mit. Er kommt einfach nie mehr allein. Sie verlangt das von ihm, und er tut, was sie will. Und so ist alles eben nicht mehr, wie es einmal war. Ich wünschte, es wäre anders. Vielleicht war es ein Fehler, Ralph Ham Spray zu überschreiben. Ich weiß es nicht. Auch für Carrington ist die ganze Situation nicht einfach. Unsere kleine Dreiergemeinschaft gibt es jedenfalls nicht mehr, und ich fühle mich in meinem eigenen Haus nicht mehr wohl.«

»Das tut mir leid.«

»Ja, aber das ist noch nicht das Ende. Ich hatte schon mit allem abgeschlossen und glaubte, für mich werde es in diesem Leben keine Liebe mehr geben. – Ich bin alt, Virginia. Und nicht nur das. Ich bin auch hässlich. Glaub mir, ich würde alles geben für körperliche Schönheit. Meinen ganzen Ruhm. Mein ganzes Geld. – Aber dann war plötzlich

Roger da, und ich hatte den Eindruck, dass er mich mochte. Wir waren zusammen in Rom, und es war sehr romantisch. Ich schrieb Gedichte für ihn, weißt du, und ich hatte schon eine Wohnung für uns gemietet am Gordon Square, weil Roger sich in Ham Spray – mit den ganzen Verwicklungen – nicht wohl fühlt. Es war also alles wieder gut, doch dann sagt er plötzlich, er wolle mich nicht verletzen, aber ihm sei das alles zu viel. Die Stärke meiner Gefühle mache ihm Angst. Er befürchte, ich könne verrückt werden. Dafür wolle er nicht die Verantwortung übernehmen, und deshalb werde er nicht mit mir zusammen an den Gordon Square ziehen. Kurz: Ich dachte an Liebe, und er zieht sich zurück.«

In diesem Moment kommt Leonard herein und setzt sich neben Virginia auf das Sofa.

»Wer zieht sich zurück?«, fragt er, mäßig interessiert.

»Wir sprechen über einen jungen Mann, mit dem Lytton in Rom war.«

»Über Roger Senhouse?«, fragt Leonard. »Ganz Bloomsbury spricht ja von dieser Affäre.«

»Was hast du denn gehört, Leonard?«

»Nun, gehört habe ich, dass Senhouse ein sehr junger, sehr gut aussehender junger Mann mit dunkelgrauen Augen sein soll.«

»Und weiter?«

»Es heißt, er habe ein Faible für die guten alten Zeiten und halte es für höchst romantisch, mit einem Butler zu leben. Sein Butler begleitet ihn auf allen seinen Reisen, aber ob es sich hier um eine weitergehende Romanze handelt, weiß ich nicht.«

»Was soll das heißen, *weitergehende Romanze*?«

»Nun, auch der Butler soll ziemlich gut aussehend sein. Aber ich frage mich gerade, was du in diesem jungen Mann siehst, Lytton? Hast du nicht immer gesagt, Mangel an Intelligenz sei der größte Makel und das größte Hindernis zwischen zwei Menschen?«

»Aber Roger ist ein Oxford-Mann!«

»Nun, dann will ich nichts gesagt haben.«

94

Traum: Lytton allein an einer Bushaltestelle, vertieft in die »Times«. Sie selbst befindet sich auf der anderen Straßenseite. Sie will zu ihm laufen, aber aus irgendeinem Grund ist das nicht möglich. Ein Bus von unbestimmbarer Farbe biegt um die Ecke. Lytton blickt auf, hebt die Hand zum Gruß und sagt leise: »Good bye, Virginia!« Der Bus stoppt. Als er wieder anfährt, ist die Haltestelle leer.

Clive sieht aus, als habe er geweint. Leonard und Virginia treffen ihn zufällig vor dem Haus Nr. 50 Gordon Square, zusammen mit Nessa und Duncan. Als Clive Virginia bemerkt, stellt er sich ihr mit ausgebreiteten Armen in den Weg: »Du redest mit dir selbst, Virginia, bist du dir dessen bewusst? Glaub mir, du wirst wieder wahnsinnig werden, auch wenn du im Moment dem Wahnsinn entkommen bist.« Seine Stimme klingt verwaschen.

»Nicht«, sagt Nessa mit einem sanften, nachsichtigen Lächeln und legt Clive eine Hand auf den Arm. Aber Clive schüttelt sie ab wie ein lästiges Insekt. Sein Gesicht ist geschwollen und überzogen von einer durchsichtigen Röte

»Wer bist du«, fragt Virginia Clive, »dass du glaubst, meine Zukunft zu kennen? Bist du Gott?«

»Man muss dazu nicht Gott sein. Man benötigt nicht mehr als ein bisschen Beobachtungsgabe und gesunden Menschenverstand, um zu wissen, wie deine Zukunft aussehen wird, Virginia. Du wirst wieder wahnsinnig werden, und weder du noch Leonard noch irgendein Arzt werden das verhindern können.«

»Nun, das mag so sein – oder auch nicht. Wer kann das wissen?«

»Ich weiß es, glaube mir. Ich kenne dich. Die Augen der Liebe sehen die Wahrheit.«

»Du liebst mich?«

»Nimm einmal an, dass es wahr ist.«

»Selbst wenn es wahr sein sollte, was ich bezweifele, dann können trotzdem weder du noch ich wissen, was die Zukunft bringen wird.«

»Aber ich weiß es einfach.«

»Du glaubst, etwas zu wissen, was du nicht wissen kannst, weil es die Zukunft betrifft. Was du aber wissen könntest und was ich weiß, weil du es mir selbst gesagt hast, betrifft die Gegenwart.«

»Und was ist das?«

»Nun, wenn einer von uns beiden jetzt, in der Gegenwart, wahnsinnig ist, dann bist du es, Clive. Du hast mir selbst gesagt, dass du glaubst, verrückt zu sein oder wahnsinnig zu werden und dass du Selbstmord begehen willst.«

Plötzlich ist es für einen Moment ganz still. Es ist eine seltsame Stille, wie nach einer Explosion, und während Virginias Worte noch in der Luft hängen, Worte, die, wie ihr plötzlich bewusst wird, den größtmöglichen Verrat darstellen, stehen sie alle reglos da, wie eingefroren, wie unter einem eben ausgesprochenen Bann. Doch dann, als Virginia versucht, an Clive vorbeizukommen, erwacht dieser unverhofft aus seiner Erstarrung und schlägt ihr ins Gesicht. Leonard sieht aus, als würde er gleich einen Mord begehen. Weiß im Gesicht macht er einen Schritt auf Clive zu, packt ihn an den Schultern und drückt ihn gegen einen Laternenpfahl.

»Lass ihn!«, sagt Nessa und zieht Clive mit sich fort. »Er ist heute nicht er selbst. Wieso musstest du ihn verletzen, Ginia?«

95

16. Januar 1928. Unter einer tief hängenden schwarzen Wolkendecke erhebt sich eine verwirrende Vielzahl spitzer Türme, Giebel und Dächer. Die von einer steinernen Marienstatue geteilte Kirchentür ist geschlossen. Die große Rosette über dem Nordtor leuchtet blau. Trotz des kalten Winterregens haben sich Hunderte versammelt und in den immer noch lawinenhaft anschwellenden Menschenstrom vor der Abtei eingereiht, um dem verstorbenen Nationaldichter an seinem offenen Grab die letzte Ehre zu erweisen. Einige haben weiße Tauben mitgebracht und öffnen jetzt die Käfige. Wildes Flügelschlagen. Eine Wolke aus gefiederten Körpern kämpft sich dem Regen zum Trotz empor. Der Verstorbene galt als sanftmütig. Ein Mann mit Schirm springt auf einen Stuhl und zitiert einen Vers, den in ganz England jedes Schulkind kennt:

Es war sein Bestreben, dass der
unschuldigen Kreatur kein Leid geschieht.
Aber viel konnte er nicht tun.
Und nun ist er von uns gegangen.

»Die Abtei«, sagt Lytton, »ist ein Friedhof. Mehr als 3000 Menschen sind hier begraben. Und die sogenannte *Poets' Corner* ist eigentlich eine Dichtergruft.«

Herren mit Zylindern, begleitet von Damen in Pelzmänteln, verschwinden in dem dämmrigen Licht, lösen sich auf in dem überwältigenden Eindruck von schierer Höhe, von Bögen, Säulen und Altären, von Licht und Stein, von Blau, Weiß und Gold. Der Rektor des Cambridger Magdalenen-College und der Prorektor des Oxforder Queens-College (beide Colleges hatten den Verstorbenen zum Ehrenmitglied ihres Lehrkörpers ernannt) sind ebenso anwesend wie Premierminister Stanley Baldwin, Oppositionsführer Ramsay MacDonald, der Herausgeber der *Times* Geoffrey Dawson und die verfeindeten Schriftsteller George Bernhard Shaw und Rudyard Kipling. Der überdimensionale, mit einem weißen Satintuch bedeckte Sarg wird von zehn älteren Herren getragen, was einen theaterhaften Eindruck vermittelt. Jeder der hier Anwesenden weiß, dass das getragene Behältnis nur die Asche des Toten enthält, nicht seinen Leichnam. Die Asche, ohne sein Herz. Der Bischof, mit Tiara und Mantel, ganz in Weiß und Gold, an der Spitze der Prozession, trägt das schwere Kreuz. Die Priester und Diakone folgen. Die königliche Familie ist mit keinem Mitglied vertreten. In Sichtweite von Shakespeares Denkmal, direkt neben der Gedenkplatte für Charles Dickens, wird das Gefäß mit der Asche des Verstorbenen versenkt. Der Dekan von Westminster Abbey streut einige Krümel Dorset-Heimaterde in das Grab des Dichters, dessen Wunsch, auf dem Kirchhof St. Michael in dem Dorf Stinsford, neben dem Grab seiner Eltern und im Grab seiner ersten Frau Emma, beigesetzt zu werden, aus nationalem Interesse ignoriert worden ist. Der Dichter hatte den Grabstein seiner ersten Frau selbst entworfen und dort Platz eingeplant für seinen eigenen Namen, seine Geburts- und Sterbedaten: Thomas Hardy. Geboren am 2. Juni 1840 in Higher Bockhampton bei Dorchester, Dorset. Gestorben am 11. Januar 1928 in Dorchester, Dorset. Jetzt findet die Beerdigung in Stinsford zwar statt, gleichzeitig mit der Beerdigung in der Londoner Abtei, aber beerdigt wird in Stinsford nur das vor der Kremierung von der Leiche getrennte Herz. In der Westminster Abbey wird jetzt der Hoffnung auf Unsterblichkeit Ausdruck verliehen:

Ich weiß, dass mein Erlöser lebt.

Der Bischof hält mit erhobenen Armen das Kreuz in die Höhe. Der Dekan betet den 23. Psalm:

Der Herr ist mein Hirte;
Mir wird nichts mangeln.

Altertümliche Posaunen. Eine überdimensionale Kesselpauke. Der Trauermarsch aus Händels Saul-Oratorium wird gespielt. C-Dur. Statisch. Mächtig. Der Dirigent im schwarzen Priesterrock. Die Trauergäste werden gebeten, sitzen zu bleiben, bis Chor und Klerus die Abtei verlassen haben.

Danach lädt Clive zum Dinner an den Gordon Square ein. Es gibt Roastbeef, Whisky und französischen Wein – und der allgemeine Tenor der Unterhaltung ist, dass Thomas Hardy zwar am 11. Januar gestorben, aber durch seine Bücher unsterblich geworden sei.

Später, als sie am Kamin zusammen sitzen, die Füße auf dem grasgrünen Teppich mit dem knöchelhohen Flor, protestiert Lytton, verspätet, während er mit ausgestreckten Beinen und halb geschlossenen Augen in einem riesigen, grün bezogenen Ohrensessel liegt: »Hardys Romane? Ich bitte euch, das ist armseliges Zeug. Ich jedenfalls kann so etwas nicht lesen.« Seine Stimme klingt müde und verächtlich. »Ein Viktorianer, der griechische Tragödie spielt – und zwar auf dem englischen Dorf. Er erfindet Kaskaden von Schicksalsschlägen, von denen seine durch und durch langweiligen Protagonisten zermalmt werden oder sich zumindest nie wieder erholen. Völlig unglaubwürdig und uninteressant. Nehmt dagegen Virginias Romane. *Die Fahrt zum Leuchtturm* zum Beispiel. Ein wirklich außergewöhnliches Werk, Virginia, und es gefällt mir zehnmal besser als *Dalloway*. Allerdings ist mir die Symbolik des Leuchtturms rätselhaft geblieben. Bei jedem anderen Autor hätte ich mit Freud gesagt ... Aber in diesem Fall muss es einfach etwas anderes sein. Nur komme ich nicht darauf, was.«

Virginia sitzt in einem harten Armsessel aus elisabethanischer Zeit, den Clive kürzlich für eine horrende Summe auf einer Auktion erworben hat. Sie sammelt im Geist Sätze für ihren Artikel über Hardys Romane, der in den nächsten Tagen im *Times Literary Supplement* erscheinen wird, und hört Lytton nur mit halbem Ohr zu. Außerdem hat sie von Lyttons älterer Schwester Pernel, die das Girton-Frauen-College in Cambridge leitet, eine Vortragsanfrage bekommen, die sie beschäftigt. Das Thema *weibliches Schreiben* interessiert sie, aber es wird sie Mut kosten, vor Studentinnen zu sprechen und zu vergessen, dass sie selbst nie eine Schule besucht hat, geschweige denn eine Universität. Als Virginia hartnäckig schweigt, rückt Lytton, das Whiskyglas in den Händen drehend, endlich damit heraus, was ihn beschäftigt: Das Sterben seiner Mutter, die inzwischen mit ihm am Gordon Square lebt und ihr

Augenlicht verloren hat. Ein langsames Erlöschen, das sich, wie er sagt, noch Jahre hinziehen kann. Brütende Ängstlichkeit scheint ihn befallen zu haben – und eine enorme Schwäche. Seine Stimme ist sehr, sehr leise.

»Die Zeit ist über mich hinweg gegangen«, sagt er düster. »Das Alter klopft an die Tür. Und das Schlimmste ist: Wenn ich in den Spiegel schaue, kann ich es sehen. Meine Schläfen sind grau. Und die Einladungen zu Beerdigungen häufen sich.«

Clive spricht mit einem Mädchen, schmal, jung, mit Perlen behangen, die gelbe Hosen zu einer zitronenfarbenen Bluse trägt und aussieht wie ein Kanarienvogel. Jemand fragt nach Lawrence von Arabien, der ein enger Freund des Dichters war, aber in der Abtei nicht gesehen wurde.

»Er ist nicht in England. Er konnte nicht kommen.« Das ist aus der Ecke zu hören, wo die Mitglieder des Unterhauses sitzen.

Clive kniet sich neben Virginias Sessel.

»Sie sagt, sie liebt mich«, flüstert er. »Soll ich ihr glauben? Sie will mit mir nach Italien fahren. Soll ich das tun? Ich bin ein schäbiger, alter Mann. Ein Mann mit Falten und verlorenen Hoffnungen. Wie kann es sein, dass ein junges Mädchen mich liebt? Soll ich mich noch einmal komplett lächerlich machen und vielleicht eine kurze Weile glücklich sein? Ich brauche wirklich deinen Rat, Virginia.«

»Was haltet ihr davon, dass Hardy heute zweimal begraben wurde?«, fragt jemand in das entstandene Schweigen hinein. »Ein Akt der Barbarei würde ich sagen.«

Ein Gedanke streift Virginia: Was ist mit ihrem eigenen Ruhm? Es liegt keine Frau in der *Poets' Corner*.

Plötzlich steht Leonard neben ihr: »Es wird Zeit, Virginia! Lass uns gehen!«

Sie lässt es zu, dass er ihre Hand nimmt und sie aus dem Raum führt wie ein Kind.

»Ich mochte immer Hardys *Tess von den D'Urbervilles*«, sagt Leonard ohne Überleitung, als die Haustür sich hinter ihnen geschlossen hat. »Ein großartiger Roman – in meinen Augen. Lyttons Urteil kann ich nicht nachvollziehen. Vielleicht ist es verfälscht von Neid. Denn, so berühmt er auch ist, in der Westminster Abbey wird er nicht begraben werden.«

Virginia schweigt. Sie ist mit ihren Gedanken nicht bei dem Verstorbenen. Aber dann spricht sie doch und sagt: »Es gibt nicht nur den realen Tod, Leonard. Es sterben auch Freundschaften. Unsere Freundschaft mit Lytton siecht dahin. Er verschwindet aus unserem Leben. In den letzten Monaten war er an keinem der üblichen Orte anzutreffen. Er ist zu einem Geist geworden. Auch das ist eine Art Tod.«

»Wir haben ihn heute getroffen.«

»Ein zufälliges Treffen auf einer staatlich organisierten Beerdigung.«

Leonard zieht die Augenbrauen hoch. »Du übertreibst, Virginia«, sagt er unwillig. »Das ist nicht der Tod. Das ist das Leben. Menschen entfernen sich voneinander. Menschen verändern sich. Lyttons Kreise sind nicht mehr die unseren, aber Dinge können sich auch wieder ändern. Die Vergangenheit lässt sich nicht auslöschen – und, wer weiß, vielleicht werden wir Lytton irgendwann wieder mehr sehen, meinst du nicht?«

Zuhause angekommen, zieht sie sich in ihr Zimmer zurück und schreibt einen Brief: *Lieber Lytton, Mrs. Smith aus Cheltenham schreibt mir, dass sie den Autor von ›Queen Victoria‹ dafür liebt, dass er dieses Buch Virginia Woolf gewidmet hat. So sind wir auf geheimnisvolle Weise miteinander verbunden. Deine Virginia.*

96

15. Mai 1928. Ein Premierenabend im Prince of Wales Theatre in der Coventry Street. Maynard, der erklärt hat, außerhalb der Arbeit kein *anstrengendes Zeug* mehr lesen zu wollen, hat Logenplätze organisiert. Er lese nur noch Unterhaltungs- und Kriminalromane, verkündet er. Am liebsten Agatha Christie (*Entschuldige bitte, Virginia*) und Edgar Wallace. An diesem Abend geben sie eine dramatische Bearbeitung von Agatha Christies Roman *Alibi*. Charles Laughton, ein etwas ungeschlacht wirkender junger Mann, verkörpert Hercule Poirot, den eindeutig viel älteren, belgischen Flüchtling, Schnurrbart- und Lackschuhträger, Privatdetektiv und Polizisten im Ruhestand, den der Autor des Stückes gegen den Protest der Romanautorin zu einem Franzosen gemacht hat.

»Leonard hält dich knapp mit dem Geld, oder?«, fragt Adrian mit Blick auf ihre Schuhe, und sie empfindet starke Scham.

»Natürlich ist Poirot schwul«, sagt Maynard, als sie auf ihren orange-roten Plüschsitzen Platz genommen haben, »oder vielmehr: Er ist die Karikatur eines Schwulen. Und selbstverständlich sind er und Captain Hastings ein Paar, auch wenn das an keiner Stelle offen gesagt wird, weil die Gesetze eben so sind, wie sie sind.«

Das Theater hat 800 Plätze, eine große Guckkastenbühne mit einem Vorhang aus schwerem rotem Samt und überschwemmt die Besucher förmlich mit Eindrücken von Elfenbeinweiß, venezianischem Rot und Gold, von Marmor,

Säulen, Spiegeln, Bögen, Leuchtern und kostbaren Tapeten. Alle wichtigen Zeitungen sind auf der Pressebank vertreten. Als die Lichter erlöschen und die Unterhaltungen verebben, äußerst Maynard noch schnell im Flüsterton seine Skepsis in Bezug auf den jungen Hauptdarsteller. Ein guter Schauspieler, keine Frage, begabt, vielleicht sogar genial, aber vollkommen unfranzösisch. Auch körperlich und altersmäßig scheine er ihm für die Rolle wenig geeignet. Dann öffnet sich der Vorhang und der junge, tatsächlich vollkommen unfranzösisch wirkende Schauspieler Charles Laughton lässt, als wäre das nichts, Poirots anstrengende, polierte Pedanterie und seine etwas alberne Überkorrektheit untergehen in einer Naturgewalt. Den Kopf geneigt, Daumen und Zeigefinger beider Hände aneinander gelegt, mit einer Blume im Knopfloch, lächerlich, aber auch von hintergründiger Gefährlichkeit, bewegt sich der junge Mann mit der hängenden Unterlippe und dem schweren Körper in dem zierlichen Bühnenbild wie ein Grizzly in einem Schrebergarten. Der unsägliche Text mit den *kleinen grauen Zellen* und der übertriebene Akzent, zu dem sie ihn offenbar gezwungen haben, sind von der ersten Sekunde an ohne jede Bedeutung. Laughton scheint unfähig zu sein, zu chargieren. Er frisst die Bühne mit seiner unglaublichen Präsenz und bringt das Publikum dazu, jedem seiner Sätze mit atemlosem Interesse zuzuhören, ihm alles zu glauben und ihn am Schluss mit Blumen, Bravorufen, Jubel und Applaus zu überschütten.

Ich werde etwas schreiben, das die Menschen erfreut, denkt Virginia, als sie an Leonards Arm das Theater verlässt. Ich werde das Buch schreiben, das Lytton sich von mir gewünscht hat. Ich weiß, dass ich es jetzt schreiben kann. Sehr schnell schreiben kann, wahrscheinlich. Vielleicht sogar in drei Monaten.

97

Traum: Eine Party in einem sehr kleinen Raum in einem sehr kleinen Haus. Sie schlägt eine Wand ein, weil sie den Partyraum in ein Schreibstudio umbauen will. In ihrem Mund zerbricht ein Zahn. Vita rauscht davon, triumphierend, mit einer anderen Frau.

Innerhalb weniger Tage hat sie eine Reihe von Entscheidungen getroffen: Alles wird im 15. Jahrhundert beginnen. Es wird ein Buch werden ohne tiefere Selbsterforschung, ein reines Vergnügen, ein Scherz, ein Abenteuer, eine Satire, ein Buch voller fantastischer Handlungen und Figuren. Sie sieht sie vor sich, während sie über den Tavistock Square spaziert, den Prinzen und die Prinzessin auf der zugefrorenen Themse. Sie hört das Kratzen der Kufen ihrer Schlittschuhe auf dem Eis, hört, was sie miteinander besprechen, weiß spontan, was sie denken und fühlen, und später, in ihrem Arbeitszimmer, muss sie nichts weiter tun, als die in ihren Geist eingebrochenen Sätze aufzuschreiben. Prinz Orlando wird sein Geschlecht wechseln und über mehrere Jahrhunderte leben. Ein Wesen aus einer anderen Zeit. Exotisch. Prinzlich. Blaublütig. In kostbare Gewänder gehüllt. Paläste durchschreitend. Jahrhunderte lebend. Glücklich verliebt in eine russische Prinzessin. Verlassen. Allein. Erfüllt von Kummer. Ein Zwitterwesen. Männlich-weiblich. Mann. Frau. Eine Fantasie. Sie schreibt fast ohne Anstrengung. Alles geht wie von selbst. Diesmal hat ihre Arbeit, so kommt es ihr vor, fast etwas von Urlaub.

Obwohl der Roman das nahelegt, ist nicht allein Vita Sackville-West ihre Orlando-Muse gewesen. Orlando ist eine Fantasie, zu der neben Vita auch Lytton sie inspiriert hat. Sie hat das auch zugegeben und seinen Namen im Vorwort des Buches, im Rahmen der Danksagung, in einer langen Reihe von anderen Namen versteckt, wo er von niemandem beachtet wurde. Natürlich ist Vita in einem Schloss aufgewachsen und Lytton nicht. Natürlich hat Vita all diese illustren Vorfahren und Lytton nicht. Und Orlando auf dem Foto, umlagert von ihren Hunden, das ist unzweifelhaft Vita. Aber der menschenscheue Junge, der sich gerne verbirgt, der seine Gefühle in antiken Versformen ausdrückt und mit seinen Versen jeden Tag viele Seiten füllt, der Junge, dem das Grün der Natur die Sprache verschlägt und das Versmaß zerreißt, das ist ihre Vision von Lytton. Der Junge, der sagt: *Ich bin allein*; der Junge, dessen Hand sich blau, rot und gelb verfärbt, als er ein Schlossfenster aufstößt, während die Sonne durch das farbige Glas, das sich zu einem riesigen Wappen zusammensetzt, ins Zimmer fällt; der Junge, der mitten im Leib eines heraldischen Leoparden steht, sein Gesicht von der Sonne beleuchtet; der körperlich ungeschickte, stolpernde, einsame Junge, der hingebungsvoll vor einer alten Königin kniet, die ihn liebt, und dieser die Hand küsst, das ist ihre Vision von Lytton. Der junge Mann, der mit seinem Freund durch die Kneipen zieht, um sich dort mit den einfachen Leuten zu unterhalten; der ein wenig ungeschickt und zerstreut tanzt und dabei schnell ermüdet; der den Eisvogel grüßt und *Ekstase, Ekstase* ruft; der zur Frau gewordene junge Mann, der laut sagt: *Es ist die Ekstase, worauf es ankommt*, dann aber von plötzlicher Schwermut überfallen wird, das ist ihre Vision von Lytton. Vitas Interesse an Königinnen ist äußerst gering. Vita ermüdet nicht, und sie tanzt auch nicht ungeschickt. Niemals hätte Vita mit der russischen Prinzessin Sascha in dieser Weise über das Eis laufen können, dazu ist sie viel zu schwer; aber wie leicht hat sie sich Lyttons lange, dünne Beine in den Samthosen des Prinzen Orlando vorstellen können; sie hat ihn vor sich gesehen, auf der zugefrorenen Themse, wie er mit der Prinzessin tanzt, von der er zuerst geglaubt hat, dass sie ein Knabe sei oder ein Fuchs im Schnee oder ein Smaragd. Orlando, der unter der Treulosigkeit seiner Geliebten leidet, der verlassen wird, der die Oberlippe hochzieht, als wolle er zubeißen, und sie dann wieder schließt, als habe er zugebissen, das ist ihre Vision von Lytton. Der junge Mann, der heimlich jemanden heiratet, der weit unter seinem Stand ist, der einschläft und als Frau erwacht, der mann-weibliche Mensch, der Mann, der die Wahrheit sucht, die Wahrheit fordert, nichts als die Wahrheit, das ist ihre Vision von Lytton. Und die Frage der Erzählerin, ob Orlando eines jener Ungeheuer sei, die nicht liebten, das ist ihre Frage an Lytton. Und dann soll das Buch natürlich Lytton gefallen, ihn amüsieren, leicht sein, witzig, ironisch, ein bisschen oberflächlich, spielerisch, vergnüglich.

Sie kann das Buch tatsächlich sehr schnell schreiben. Nicht in drei Monaten, aber doch schneller als jeden anderen Roman, den sie bisher geschrieben hat. Und zum ersten Mal erwartet sie das Urteil der anderen ohne Angst. Leonard sagt, *Orlando* sei in mancher Hinsicht besser als ihr letztes Buch, *Die Fahrt zum Leuchtturm*, in dem sie über ihre Eltern geschrieben hat. *Orlando* handele von *interessanteren* Dingen, von *interessanteren* Menschen, sei nicht *so lebensfern*. Der Roman erscheint am 11. Oktober 1928. Die Rezensionen sind enthusiastisch, die Verkaufszahlen enorm. Die Zeitungen schreiben, die Autorin habe der Welt etwas gegeben, das die Menschen erfreue. Aber die eine Rückmeldung, auf die sie wartet, bleibt aus. Kein Brief von Lytton.

Und dann passiert etwas Merkwürdiges. Plötzlich sieht sie ihr Werk in einem anderen Licht. Ein oberflächliches Buch, sagt die Stimme in ihrem Kopf. Ein auf Papier gedruckter lebender Leichnam. Keine Taten, keine Liebe, kein Tod, keine wirkliche Biografie. Dafür Unernst, vielleicht Amüsement, aber ohne jeden Tiefgang. Nichts als Gedanken und Fantasien. Sie ist im Zweifel, ob sie der Stimme glauben soll. Ich habe getan, was ich wollte, denkt sie, das ist wahr, und ich habe das gemacht, was Lytton von mir wollte, das ist auch wahr. Warum kommt es mir jetzt vor wie Verrat?

98

Den ganzen Tag schon ist der Himmel bedeckt mit dicken Schneewolken. Jetzt hat es angefangen zu schneien. Virginia steht am Fenster und sieht hinaus auf den verschneiten Park. Die Nachricht hat sie mit der Morgenpost erreicht. Lady Strachey ist am 14. Dezember 1928 im Kreis ihrer Kinder am Gordon Square Nr. 51 gestorben. Eine Einladung an das Ehepaar Woolf zur Kremierung ist der Todesanzeige beigefügt. In einem weiteren, nur an Mrs. Woolf gerichteten Brief, bittet Lytton Virginia, den Nachruf für seine Mutter zu schreiben, den außer ihr niemand schreiben könne.

Die Trauerfeier findet im Golders Green Krematorium in

der Hoop Lane statt. Eine Reihe roter Backsteinbauten, verbunden durch einen von Gedenktafeln übersäten einstöckigen langen Bogengang. Ein roter Turm, in dem sich der Schornstein befindet. Rosensträucher. Wasserbecken. Ein Gebäude in Tempelarchitektur. In der Kapelle ein Rosettenfenster aus weißem Glas. Kübel mit Lorbeerbäumchen. Ein roter Samtvorhang. Alle Kreuze wurden entfernt. Sie legt Lady Strachey einen Bund roter und weißer Nelken in den Sarg, die die Verstorbene ins Feuer begleiten. Beerdigt werden wird die Urne auf dem Friedhof von St. Andrew in dem Dorf Chew Magna in Somerset, dem traditionellen Friedhof der Strachey-Familie.

Sie empfindet keine Trauer und kann den erbetenen Nachruf sehr schnell schreiben. *Lady Strachey* erscheint kurz vor Weihnachten in *The Nation and Athenäum*, dessen Feuilleton von Leonard verantwortet wird. Es überrascht Virginia, wie sehr Lytton ihre kurze Würdigung seiner Mutter bewegt. In einem Brief nennt er ihren Text *vollkommen*, preist dessen *Schönheit, Wahrhaftigkeit, Aufrichtigkeit* und deutet Gefühle an, für die er keine Worte finde. Briefe gehen hin und her. *Liebster Lytton. Liebstes Geschöpf.*

»Vielleicht ist unsere Freundschaft mit Lytton doch noch nicht tot«, sagt Virginia zu Leonard.

»Natürlich. Wenn er etwas von dir möchte«, antwortet Leonard gleichgültig. Und sie weiß es ja selbst, dass da ein Bruch ist, der Aufrichtigkeit, ohne die es keine Freundschaft geben kann, fast unmöglich macht. Kein Wort von Lytton zu *Orlando*. Seit drei Monaten. Kein Wort aber auch von ihr zu seinem neuen Buch *Elisabeth und Essex*, das Anfang Dezember erschienen ist, noch vor Lady Stracheys Tod. Sie hat es sofort gelesen, fand es oberflächlich, geradezu seicht, und obwohl ihr Verbindlichkeit wichtig ist und sie Lytton gerne sofort begeistert geschrieben hätte, weiß sie diesmal nicht, wie sie ihm eine ehrliche Rückmeldung geben soll.

99

Sie zieht das Bild aus dem Umschlag, das ihr die Fotografin geschickt hat. Ein postkartengroßer Abzug. Er zeigt in großer Tiefenschärfe ihr von grauen Strähnen durchzogenes, kurz geschnittenes Haar; die harten Linien in ihrem Gesicht; den Ausdruck unstillbarer Trauer. Sie hört die Stimme, die sagt: *Hässlich, alt, kinderlos*, steckt die Fotografie zurück in den Umschlag und legt sich wieder auf das Bett, von dem sie eben aufgestanden ist. Bäuchlings, im Unterkleid, eine Hand unter dem Kopf, ein Arm baumelt herunter. Zu ihrer eigenen Überraschung beginnt ihr Geist fast sofort zu arbeiten. Sie schreibt nicht, sie liegt immer noch auf dem Bett, aber das ist unwichtig, denn sie sieht den Text ja vor sich, ihren Vortrag über Frauen und Literatur, Buchstabe für Buchstabe, Wort für Wort, Abschnitt für Abschnitt, Kapitel für Kapitel. Von einem Moment auf den anderen hat sich alles geändert, und sie fühlt sich wieder jung, erfüllt von einer großen Kraft. Der Vortrag soll als Buch erscheinen. In England und in den Vereinigten Staaten. Eine Umarbeitung ist notwendig, zu der sie bisher nicht in der Lage war. Jetzt komponiert sie an einem einzigen Nachmittag alles neu. *Aber* – mit diesem Wort wird das Buch beginnen, mit einem Einwand, mit einem Widerspruch, mit einer Negation. Und enden wird es mit der Dichterin ohne Namen, mit Shakespeares Schwester, deren

Werk bisher in keiner Bibliothek gefunden werden konnte. Der Verlag *Harcourt Brace & Company* hat für die amerikanische Ausgabe den Titel *Ein Zimmer für sich allein* vorgeschlagen. Der Titel gefällt ihr. Sie wird ihn für die englische Ausgabe in der *Hogarth Press* übernehmen. Während sie den Titel meditiert, wird ihr plötzlich bewusst, was ihr in Monk's House bisher gefehlt hat: Privatheit. Abgeschiedenheit. Abgrenzung. Ein Zimmer für sie allein. Vielleicht sogar zwei. Sie sehnt sich nach Alleinsein.

Sie verlässt das Bett, zieht ihr Kleid an, bleibt einen Moment stehen, mit hängenden Armen, fasst einen Entschluss. Sie muss mit Leonard sprechen. Jetzt. Sie ist bereit zu kämpfen. Aber zu ihrer Überraschung ist Leonard sofort einverstanden und schlägt die Firma Philcox in Rodmell vor. Sie gehen gemeinsam hin, von jetzt auf gleich ziehen sie ihre Mäntel an, und Philcox ist auch da und hat Zeit, und sie werden sich schnell einig: Er wird zwei Räume für sie bauen, die nur durch den Garten zu erreichen sind. Einen Schlafraum und einen Arbeitsraum. Der Schlafraum wird neu errichtet und hinten an das Haus angebaut werden. Das alte Gartenhäuschen an der Feuersteinmauer mit der Stiege zum kleinen Apfelspeicher wird zur Schreibstube umgebaut werden. Und das ganze Projekt wird nur zwei Monate dauern und nur 320 Pfund kosten.

100

Traum: Lytton ist fortgegangen. Nessa sagt: »Er ist deiner müde. Er hat genug von dir.«

Juni 1929. Das Haus am Tavistock Square wirkt leer. Kein Paketbote. Kein Verlagsmitarbeiter. Sommerpause. Sie sind auf dem Sprung zu einer Reise auf den Kontinent, nach Südfrankreich, zu Duncan und Nessa in Cassis. Die Koffer sind noch geöffnet, aber im Grunde ist schon alles gepackt. Es ist vier Uhr nachmittags, als die Türglocke geht. Lytton ist spontan vom Gordon Square herübergekommen. Er wisse, dass Leonard und sie morgen wegführen, sagt er, aber es sei ihm wichtig, sie beide vorher noch zu sprechen. Es ist ein warmer, freundlicher Junitag, und Lytton steht da, den Spazierstock in der Hand, den Bowlerhut auf dem Kopf, in einem hellen Frühjahrsmantel und in hellen Schuhen, den Bart frisch gestutzt, das Haar kurz geschnitten. Fremd. Fast ein Unbekannter. Sie weiß sofort, warum er gekommen ist. Bereits vor einem halben Jahr hat er ihnen sein neues Buch *Elisabeth und Essex* geschickt. Jetzt wird sie, um Lytton weiter in die Augen sehen zu können, zugeben müssen, dass ihr das Buch nicht gefällt. Offenheit kann natürlich theoretisch Erleichterung schaffen und Dinge bereinigen. Offenheit kann aber auch dazu führen, dass die Katastrophe eintritt und der dünne Faden, der sie immer noch mit Lytton verbindet, endgültig zerreißt. Sie setzen sich im Wohnzimmer vor den erloschenen Kamin. Virginia bereitet in der Küche den Tee, bringt ein drittes Gedeck und stellt kleine trockene Kekse auf den Tisch. Nach dem Tee holt Leonard eine Flasche französischen Kognak aus dem Mahagonischrank mit der Glastür und eine kleine Blechkiste mit Tabak und Zigarettenpapier.

»Bevor wir in Cassis ankommen, muss ich noch lernen, es so zu machen wie die Maler«, sagt er und dreht drei dünne Zigaretten. Die Männer beginnen ihre Unterhaltung vorsichtig. Leonard mit Zeitungs- und Verlagsgeschichten.

Lytton mit Anekdoten, Lektüreberichten, Klatsch und Tratsch – glänzend, funkelnd, wie eine Serie von kleinen Flammen, die er mit einer permanenten Anstrengung immer wieder neu entzündet. Er habe übrigens ein neues Grammofon angeschafft, berichtet Lytton, und er habe eine Biografie über Kolumbus gelesen. Kolumbus werde darin als ein religiöser Fanatiker beschrieben, der im Buch des Propheten Jesaja eine bestimmte Prophezeiung gefunden habe und daraufhin nach Westen gesegelt sei. Seine Crew habe aus Konvertiten bestanden. Aus entlassenen Gefangenen. In Kuba angekommen, habe er die Einheimischen eine Erklärung unterschreiben lassen, dass dort Indien sei. An einem neuen Buch arbeite er im Moment nicht. Zumindest nicht an einem eigenen. Aktuell bereite er die Herausgabe der Memoiren des Tagebuchschreibers und Kricketspielers Charles Greville vor. Sollte er mit diesem Projekt jemals an ein Ende kommen, trage er sich mit dem Gedanken, sich von seinen bisherigen Themen zu verabschieden und ein Buch über den größten Autor Englands zu schreiben.«

»Über Shakespeare?«

»Du hast es erraten, Virginia.«

»Shakespeare also«, murmelt Leonard, so als könne er das Gehörte nicht recht glauben.

»Ich bin zufrieden mit meinem Leben«, fährt Lytton übergangslos fort. »Ich habe alles zu meiner Bequemlichkeit, kaufe Bücher, arbeite nicht allzu viel, und am kommenden Wochenende werde ich nach Cambridge fahren.«

Virginia beginnt, sich zu entspannen. Von mir aus, denkt sie, können wir jetzt anfangen. Lytton scheint dasselbe zu empfinden.

»Lasst uns einmal offen sprechen«, schlägt er vor, und rührt mit dem Löffel in seiner Teetasse herum. »Es lässt sich ja nicht leugnen, dass die Leute *Elisabeth* mögen, die Kritiker sind entzückt, die Verkaufszahlen himmlisch … aber ihr, als meine alten Freunde, scheint das nicht zu tun. Das ist jedenfalls mein Eindruck, und ich würde gerne wissen, ob das so ist und warum?«

Er nimmt einen Keks, zieht die Oberlippe hoch, als wolle er zubeißen, schließt sie wieder, als habe er zugebissen, und legt den Keks zurück auf seinen Teller. Dann lässt er sich in den durchgesessenen grünen Sessel zurückfallen und wirft in einer gleichzeitig ironisch und hilflos wirkenden Geste die Arme in die Luft.

»Du hast recht, Lytton«, fängt Leonard vorsichtig an, »ich empfinde in der Tat eine gewisse Reserve gegenüber *Elisabeth*, und ich glaube, es hat mit deinem Hauptstilmittel zu tun, also mit dem Stilmittel der Ironie. Und das Problem, das ich sehe, ist: Ironie verführt den Autor in der Regel – und auch hier – dazu, seine eigenen Figuren zu verraten, sie dem Spott preiszugeben, der Lächerlichkeit. Mir scheint, dass du dich von einer Position haushoher Überlegenheit aus über deine Protagonisten lustig machst. Und dann arbeitest mit dieser Methode der Auspolsterung historischer Fakten mit immer neuen Erfindungen, und ich glaube, das tust du, um dem Ganzen die gewünschte obszöne, schlüpfrige Note zu geben, um so etwas zu ermöglichen wie eine lüsterne Schlüssellochperspektive. Aber in meinen Augen ist das weniger amüsant als zerstörerisch. Es ist zu oberflächlich, zu unernst. Ja. Ich glaube, was mir fehlt in diesem Buch, ist so etwas wie der letzte Ernst.«

»Was meinst du, Virginia?«

»Ich glaube, bei einer historischen Biografie müssen die Fakten einfach genau stimmen. Gleichzeitig muss aber auch eine eigene Vision der erzählten Geschichte da sein.«

»Und eine solche Vision fehlt dem Buch deiner Meinung nach? Oder ist es nicht eher so, dass meine Version der erzählten Geschichte dir oder euch einfach nicht gefällt?«

»Ich glaube, das trifft es nicht so ganz, Lytton. Wie soll ich es sagen: Meiner Meinung nach sollten die Charaktere in einem Buch, und das gilt auch für die Charaktere in einer historischen Biografie, ein Innenleben haben. Das Leben besteht nicht nur aus Anekdoten, bei denen sich ältere Herren die Lippen lecken. Du beschreibst zum Beispiel die Vergewaltigung einer 15-Jährigen wie einen großen Spaß.«

»Andere sehen das anders.«

»Diese These vom psychischen Vaginismus finde ich allerdings interessant«, mischt Leonard sich ein, aber sie ignoriert seinen Einwurf und fährt fort: »Oder wenn der Earl über sich selbst in der Er-Form sagt: *Er befriedigte die merkwürdigen Begierden einer 63-jährigen Jungfrau*, dann denke ich, dass Abscheu vor sich selbst kein Grund zum Schmunzeln ist.«

»Warum denn nicht? Scheinbare Selbsterkenntnis, folgenlose ›Selbsterkenntnis‹ in Anführungszeichen, die im Grunde nichts weiter ist als verlogene Sentimentalität, ist doch zumindest beschreibenswert, oder nicht? «

»Ja, nein, ich weiß es einfach nicht. In jedem Fall haben die Figuren in *Elisabeth* keinen Raum für sich selbst. Sie haben nicht das Recht auf ein Eigenleben. Auf innere Momente. Auf ihre eigene Wahrheit. Sie werden einfach beständig vom Autor höhnisch kommentiert.«

»Aber genau dadurch wird ihre Tragik sichtbar. Sie wissen nicht, dass sie ein Spielball ihrer Zeit sind. Dass sie gezwungen sind, durch ihr Leben ihre Zeit auszudrücken. Sie halten sich für Individuen. Sie denken, ihr Glaube oder ihre Überzeugungen spielten eine Rolle. Das ist ihre Tragik. Und diese Tragik mache ich in meinem Buch sichtbar. So zu schreiben, wie ihr es verlangt, das würde bedeuten: Verzicht auf Erfindungen, Vergnügen, boshafte Kommentare, Verzicht darauf, die pompösen Elisabethaner mit ihrer Wichtigtuerei von ihrem Thron herunterzuholen. Es würde bedeuten, den Hass des Autors zu leugnen und seiner stärksten Antriebskraft keine Stimme zu geben. Es würde bedeuten: Tödliche Ernsthaftigkeit. Es würde bedeuten: Schreiben wie Virginia.«

»Wäre das so schlimm?«

»Bitte verzeih mir, Virginia, aber ich interessiere mich einfach nicht für exquisite Arabesken, wunderbare Ornamente oder herrlich formulierte Dekoration. Ich will die Schlüssellochperspektive. Um das Leben einzufangen, ist sie nach meiner Ansicht einfach notwendig. Ich will nicht über tote Abziehbilder schreiben, sondern über lebendige Menschen, die einen Körper haben. Ich kann einfach nicht außer Acht lassen, dass auch historische Figuren ein Sexualleben hatten. Natürlich bin ich kein Romanautor. Ich verfüge nicht über die Sprachgewalt von Virginia. Niemals stolpere ich den Worten, die in meinem Kopf entstehen, hinterher. Ich ringe sie mir mühsam ab. Das gebe ich gerne zu. Aber das, was ich geschrieben habe, ist meine Sicht der Dinge. Es ist sogar noch mehr als das. Ich bin mir nicht sicher, ob ihr das verstanden habt, aber Elisabeth, das bin auch ich.«

»Und der 2. Earl of Essex?«, fragt Leonard spöttisch.

»Der bin ich dann wohl auch«, sagt Lytton kühl. »Vielleicht hast du es noch nicht bemerkt, Leonard, aber ich bin mindestens 20 Menschen.«

Sie bleiben noch sitzen, die leeren Tassen vor sich auf dem Tisch. Virginias und Lyttons Blicke treffen sich. – *Ich weiß, du möchtest glauben, dass ich besser bin als meine Bücher,* versteht sie, *aber das ist eine Illusion. – Und wenn es so ist? Verachtest du mich dafür?* – Später, in Hut und Mantel, in der offenen Haustür stehend, dreht Lytton sich noch einmal um.

»Eine letzte Frage: Die gleichen Vorwürfe hättet ihr mir doch auch in Bezug auf meine anderen Bücher machen können. Oder nicht?« Und im nächsten Moment ist er, ohne eine Antwort abzuwarten, verschwunden.

»Es war immer etwas Kaltes um Lytton«, sagt Leonard. »Was ihm vollkommen fehlt, ist ein kleines bisschen Großherzigkeit.«

»Er hat Ralph Ham Spray House geschenkt.«

»Diesem ›Geschenk‹ liegt nicht Großherzigkeit zugrunde, sondern Berechnung. Was ich meine, ist etwas anderes: Lytton will immer nur gelobt werden! Mehr noch. Er möchte angehimmelt werden! Und er umgibt sich mit Menschen, die genau das tun. Eine unendliche Zahl alberner junger Leute ballt sich um ihn, die ihm heillos unterlegen sind. Aber hat er auch nur einmal etwas Positives, Anerkennendes – oder überhaupt etwas – über meine Bücher gesagt?«

IOI

Traum: Sie liegt wach im Bett, bei geöffnetem Fenster. Wind kommt auf. Ein Rauschen wie von großen Flügeln. Das Fenster schlägt zu. Plötzlich steht Leonard in der Tür. Spontan empfindet sie starke Furcht.

»Was ist denn? Sag es mir. Ich bitte dich.«

»Du bist krank, Virginia. Es ist eine Krankheit des Herzens. Du wirst daran sterben.«

»Wie lange habe ich noch?«

»Sechs Monate.«

»Versprichst du mir, dass du nach meinem Tod wieder heiraten wirst?«

Sie erwacht mit dem Gefühl, ihr Kopf sei eingehüllt in eine dunkle Wolke. Mit unendlicher Anstrengung schafft sie es aufzustehen, sich zu waschen, zum Frühstück zu gehen und die Post durchzusehen. Die Verkaufszahlen von *Ein Zimmer für sich allein* sind weiter gestiegen. Eine ausländische Ministergattin hat sie zum Mittagessen eingeladen. Nichts, was ihr Interesse wecken könnte. 17 Jahre Ehe, denkt sie. Ein Verlag. Mehrere Bücher. Keine Kinder. Sie bittet Leonard, Maynard und Lydia, die sich für den Nachmittag angekündigt haben, abzusagen, aber Leonard weigert sich.

Sie kommen mit dem Auto. Maynards rundes, weißes Gesicht sitzt wie ein leuchtender Mond auf seinem schwer gewordenen, massigen Körper. Lydia, klein, zierlich, springt mit Tänzerinnenschritten aus dem Wagen. Sie gehen in den verschneiten Garten. Eine milde Wintersonne. Die Eistropfen an den überfrorenen Ästen sind durchsichtig von Licht. Er sei sich nicht sicher, wann er Lytton zuletzt gesehen habe, sagt Maynard. Lydia und er hätten bisher alle Einladungen nach Ham Spray ausgeschlagen, weil Lydia Carrington nicht möge. In Lydias Augen seien die Beziehungen in Ham Spray alle heuchlerisch und Carrington eine unmoralische Person.

Virginia zieht das wollene Dreieckstuch fester um ihre Schultern: »Lydia wird Leonard heiraten, wenn du und ich sterben«, sagt sie zu Maynard und beschattet, geblendet vom Schneelicht, ihre Augen mit der Hand. »Sie werden zusammen all diese Hunde haben, und in puncto Moral werden sie sich sehr gut verstehen.«

Für einen Moment sieht Lydia Virginia mit ihren Kinderaugen ausdruckslos an, dann macht sie einige tänzerische Schritte in den Garten hinein. Sie folgt den Bögen des ziegelgepflasterten Wegs und verschwindet hüpfend Richtung Teich.

Später, als sie wieder allein sind, sagt Leonard: »Ich wusste nicht, dass du Lydia nicht magst, Liebes. Was ist der Grund? Es ist doch unbestreitbar, dass sie eine große Künstlerin ist. Sie hat in Paris mit Nijinsky getanzt. Picasso hat sie gezeichnet. Sie ist mit beiden befreundet. Und du behandelst sie wie einen lästigen Niemand, der die Dreistigkeit besitzt, dir deine Zeit zu stehlen. Unglaublich von oben herab.«

»Nun gut, es hat natürlich einen gewissen Mythos, dass sie aus St. Petersburg kommt. Aus der Stadt Raskolnikovs. Und nehmen wir einmal an, sie ist als Tänzerin genial. Aber dann stellt sich doch sofort die Frage: Hat Genie nicht auch etwas mit Lebendigkeit und Überfluss zu tun? Kann eine wahre Künstlerin eine moralisierende Betschwester sein? Kleinlich? Geizig? Erinnerst du dich: Ein winziges Rebhuhn für vier Personen. Und Maynard schwimmt in Geld.«

»Natürlich kann eine Künstlerin kleinlich sein, Virginia. Wie naiv bist du? Wie Lytton immer sagt: *Auch ein Spießer kann den Weg finden zum Parnass.* Wobei ich nicht finde, dass Lydia eine Spießerin ist, nur weil sie keine Lust hat, nach Ham Spray zu fahren. Aber könnte es vielleicht sein, dass ihre Reserve Lytton gegenüber der eigentliche Grund ist für deine Verachtung?«

Später, allein in ihrem Schlafzimmer, schreibt sie, bäuchlings auf dem schmalen Bett liegend, unter dem offenen grünen Fenster, einen Brief: *Lieber Lytton, ich führe das*

Leben einer Witwe von 90, deren Söhne in irgendeinem
Krieg umgekommen sind, in welchem, habe ich vergessen.
Diese ehrwürdige Dame findet ihren Trost hauptsächlich
in den Werken von Shakespeare-Lytton Strachey. Viel-
leicht freut es dich ja, das zu hören. Deine Virginia.

102

Jeden Morgen nach dem Frühstück nimmt sie ein Bad, zieht
sich an und geht in ihr Arbeitszimmer, um drei Stunden
lang zu schreiben oder zu korrigieren. Sie ist überzeugt,
dass allein formale Arbeitsdisziplin jenen unsichtbaren Ka-
nal freilegen kann, der es ihr ermöglichen wird, ihr neues
Buch zu schreiben. Viel hat sie noch nicht. Nur eine formale
Struktur. Handlung und Charaktere fehlen komplett, werden sich aber, glaubt sie, aus der strengen formalen Ordnung irgendwann von selbst ergeben. Um 11 Uhr wird sie
von Leonard unterbrochen, der mit einem Glas Milch in der
Tür steht. Jeden Tag von Neuem wirft diese Unterbrechung
sie aus der mühsam hergestellten Überkonzentration. Jeden
Tag von Neuem empfindet sie Zorn über diese Anmaßung.
Beides, die Unterbrechung und der durch sie hervorgerufene
Zorn kosten sie Kraft und Zeit. Wenn Leonard wieder gegangen ist und sie ihren Zorn niedergerungen hat, schreibt
sie weiter. Unzählige Varianten von jedem einzelnen Satz.
Später gibt es Mittagessen. Danach Lektüre und Zigaretten. Um zwei Uhr zieht sie sich feste Schuhe an, nimmt
die Hundeleine und geht mit einem der Hunde spazieren.
Um vier Uhr gibt es Tee. Danach geht sie wieder in ihr Arbeitszimmer, um Briefe zu schreiben, unterbrochen von der

Nachmittagspost. Später liest sie ein Buch. Wenn die Glocke klingelt, isst sie mit Leonard zu Abend. Anschließend hören sie Musik und sie raucht noch eine Zigarette. Dann lesen sie wieder, Bücher und Zeitungen, und dann gehen sie zu Bett. Sie hat Vorhänge genäht für ihr neues Schlafzimmer in Monk's House, das nur durch den Garten zu erreichen ist. Ein Luxusschlafzimmer mit einem schönen Holzboden – klein, aber mit eigenem Kamin. Das Bett ist schmal. Eine Wandnische dient als Bücherregal. Die Regalbretter und den hölzernen Fensterrahmen hat sie selbst gestrichen: in ihrer Lieblingsfarbe Smaragdgrün. Bilder, Blumen, ein Krug, ein orientalischer Teppich, ein Stuhl, eine Leselampe und ein Tischchen für die Lampe vervollständigen die Einrichtung. Wenn sie das Zimmer betritt, zieht sie ihre Schuhe aus, setzt sich auf das Bett und bleibt dort, den Rücken zum Fenster, die Füße auf dem Boden, so lange sitzen, bis sie das Gefühl hat, angekommen zu sein. Das Bett steht mit dem Kopfende direkt vor dem Bücherregal; mit der Längsseite steht es unter dem grün gestrichenen Fenster. Die Aussicht ist schön. Morgens sieht sie die Sonne über den Bäumen oder die Sturmwolken über der Kirche St. Peter – oder sie sieht Leonard herumlaufen in seinen Gartenschuhen; sie lauscht dem rhythmischen Stechen seines Spatens, hört das Herunterrieseln der Erde, hört die zwitschernden Vögel, hört das leise Knarren der Äste, die sich ganz leicht bewegen in einem sanften Wind.

103

Sie hat begonnen, sich vor dem Schreiben zu fürchten, vor der Vergeblichkeit ihrer Anstrengungen, vor den eigenen Figuren, deren Seele sie geopfert hat für die abstrakte Schönheit einer quasi mathematischen Struktur. Sie ist in der Lage, ihre Figuren zu Tode zu beschreiben, aber es will ihr nicht gelingen, sie lebendig zu schreiben. Und mitten in diese Krise platzt Clive herein mit der Frage, ob sie schon gehört habe, dass er *Ein Zimmer für sich allein* kritisch besprochen habe.

»Nein«, sagt sie zerstreut, »das muss an mir vorbeigegangen sein.«

»Deine Ideen in dem Buch sind zu klein, Virginia«, legt er los, »*Orlando* war das bessere Buch.«

»Aus welchem Grund?«

»Weil du ein geschlechtsloses Wesen bist, Virginia. Ein Fisch. Weil du von Frauen ebenso wenig verstehst wie von Männern. Weil du von Sex nicht die geringste Ahnung hast. Das ganze *rote Licht* lässt du einfach weg. Die Liebe, verstehst du, Sex, Eros, das alles kommt bei dir einfach nicht vor.«

»Redest du von *Ein Zimmer für sich allein*? Oder redest du von allen meinen Büchern, die du doch, soweit ich mich erinnere, bisher immer als *Werke eines Genies* bezeichnet hast?«

»Ich rede von *Ein Zimmer für sich allein*, nicht von deinen Romanen. Du ziehst hier einen Vorhang auf, und das Wesentliche fehlt. Denn eines weiß ich gewiss, und da sind

Lytton und ich völlig einer Meinung: Die Liebe ist alles. Das ist mein Credo, und da bin ich ganz auf der Höhe des Neuen Testaments: Gott ist die Liebe. Und wenn Gott die Liebe ist, darf der Mensch diese Tatsache dann einfach ignorieren? Weißt du, Mary und ich – ich konnte nicht anders handeln, ich musste mich von ihr trennen. Und jetzt ist da dieses Mädchen. Sie sagt, dass sie mich liebt. Ja, und dann ist da noch diese Frau. Sie redet davon, dass sie mich mitnehmen will nach Ägypten. Aber ist es ihr auch wirklich ernst? Wird sie das wirklich tun? Und wenn ja, soll ich dann mit ihr fahren? Würde ich dann das Richtige tun? Gib mir einen Rat.«

»Die Frau, die nach deinen eigenen Worten von der Liebe nichts versteht, soll dir in Liebesdingen raten?«

»Verzeih mir, bitte, was ich über dein Buch gesagt habe, Virginia. In Wahrheit ist es vermutlich umgekehrt, und ich verstehe nichts von den Dingen, über die du in *Ein Zimmer für sich allein* geschrieben hast. Und nachdem ich mich jetzt entschuldigt habe, wirst du mir nun raten?«

Als Clive gegangen ist, wird sie von dem überwältigenden Wunsch überfallen, aufzugeben. Sie fühlt sich elend. Sie will niemanden sehen. Aber da ist diese Frau, die sich nicht abweisen lässt, die immer wieder nachfragt, die sie mit Briefen bombardiert (*Sie können mir nicht schon wieder absagen. Sie müssen mich anhören. Sie müssen mich einfach empfangen, Mrs. Woolf. Alles andere wäre eine Katastrophe. Wenn Sie mir erneut absagen, kann ich für nichts mehr garantieren.*).

104

Donnerstag, 20. Februar 1930. Sie lebt wie eine Schwerkranke oder wie eine uralte Frau. Das Schreiben hat sie aufgegeben. In ihrem Zimmer am Tavistock Square liegt sie auf dem Sofa, eingewickelt in eine grüne Wolldecke, die Füße auf zwei blauen Kissen, und sieht aus dem Fenster. Der Himmel hat an diesem Tag drei Ebenen: Unten die dicken, grauweißen Schäfchenwolken, weiter oben schmale, längliche Wolkenstraßen und noch weiter oben der eigentliche Himmel, sehr fern und in ein eigentümliches Licht getaucht. Ein Licht, das Gefahr suggeriert – wie der Widerschein eines sehr großen Feuers. Sie weiß, dass die Energie, die sie zum Schreiben braucht, da ist, aber nur irgendwie, nur theoretisch, nur wie ein unterirdischer Fluss – ein Fluss, der keine Quelle speist. Sein Wasser kommt nicht an die Oberfläche, bleibt unter der Erde, tritt nicht aus. Kurz: Die Energie ist da, steht ihr aber nicht zur Verfügung. Unten ist die Türglocke zu hören, kurz darauf ein merkwürdiges Stampfen. Jemand kommt die Treppe hoch. Ein lautes Klopfen. Die Tür öffnet sich. Ihr Kater Maxwell kommt herein, gefolgt von einer militärisch aussehenden Frau. Die Besucherin kommt zu früh. Sie ist älter, als Virginia erwartet hat (sie muss mindestens 70 sein), und ihre ganze Erscheinung ist äußerst befremdlich. Unter einem offenen grauen Mantel trägt sie Schneiderkostüm, Schlips und Bluse, auf dem widerspenstigen, drahtigen, hochgetürmten, welligen, grauen Haar einen Napoleon-Dreispitz.

Stampfend durchquert sie den Raum, erreicht mit

wenigen Schritten das Sofa und ruft, vom Treppensteigen noch ein wenig außer Atem: »Lassen Sie sich ansehen, Mrs.! – Virginia! – Woolf!« Die letzten drei Worte spricht sie sehr langsam, sehr betont, mit Pathos, künstlichen Pausen und einem Anklang von dazwischen geschobenen Seufzern, um gleich darauf das Tempo radikal anzuziehen und im Stakkato fortzufahren: »Wie schön Sie sind. ... Sie sind die schönste Frau, die ich je gesehen habe. ... Bitte erzählen Sie mir alles. Ich habe ein Schreibheft mitgebracht. Und einen Stift. Ich werde alles aufschreiben, was sie sagen. ... Wissen Sie, ich habe Ihr Buch gelesen! ... *Ein Zimmer für sich allein!* ... Und ich habe mich sofort in die Verfasserin verliebt. ... Also in Sie, Mrs. Woolf. ... Verstehen Sie? ... Ich musste Sie einfach kennenlernen. ... Und nun erlauben Sie mir bitte, dass ich mich vorstelle: Dame Ethel Smyth, Komponistin. Ich habe Ihnen geschrieben. Und Sie haben mir so oft abgesagt.«

An dieser Stelle unterbricht die Besucherin ihren Redeschwall, sieht sich im Zimmer um und lässt sich dann mit den Worten »Sie erlauben?«, in den nächststehenden Sessel fallen. Maxwell, das einzige Tier im Haus, das zu dem seinen zu machen Leonard nicht gelungen ist, streicht Dame Ethel um die Beine, springt auf ihren Schoß und beginnt laut zu schnurren. Mit einem Lächeln drückt sie ihn an sich und sagt: »Das scheint mir der Beginn einer unsterblichen Freundschaft zu sein, Mrs. Woolf. Was meinen Sie? Bitte sagen Sie Ethel zu mir. Und bitte erlauben Sie mir, Sie Virginia zu nennen.«

Nellie bringt den Tee, und Ethel spricht von ihren Visionen: »Ich möchte, dass Frauen sich großen und schwierigen Aufgaben zuwenden, Virginia, so wie du und ich. Dass sie große, komplexe, beeindruckende Kunstwerke erschaffen, die die weibliche Sicht der Dinge ausdrücken, die die Welt in Erstaunen versetzen, die die Menschen begeistern. Frauen sollten aufhören, an der Küste herumzulungern. Sie sollten keine Angst davor haben, in See zu stechen. Ich selbst habe weder Angst noch bin ich hilfsbedürftig. Ich bin eine Entdeckerin. Ich glaube an Pionierarbeit. Ich träume von Zeiten, in denen die Männer nicht mehr anfangen zu lachen, wenn davon die Rede ist, dass eine Komponistin eine Oper geschrieben hat. Sie nennen mich eine Egoistin, aber ich habe immer kämpfen müssen. Ich bin *Dame Commander of the Order of the British Empire*. Ich bin der einzige weibliche Doktor der Musik in ganz England. Aber was nützt mir das? Sie versprechen mir 15 Musikerinnen im Orchester, und dann komme ich, und es sind nur zwei. Meine Oper *Der Wald*, Staatsoper Berlin, Covent Garden, Metropolitan Opera, New York. Meine Oper *Die Strandräuber*: Bruno Walter dirigierte sie 1910 in London. Oh, wie ich gekämpft habe, gekämpft, gekämpft. Und Brahms weigerte sich, mit mir zu diskutieren. Komponistinnen waren für ihn etwas, das es gar nicht geben sollte, glaube ich. Meine Hausangestellte zeigte mir einen Brief mit einer Absage von dir, Virginia, dann noch einen Brief mit einer Absage, dann einen weiteren Brief mit einer Absage. *Doktor*, sagte sie, sie nennt mich Doktor, Mrs. *Woolf scheint Sie nicht sehen zu wollen*, aber jetzt bin ich da. Und wir haben so vieles gemeinsam. Komponieren ist wie Romaneschreiben. Und wir wissen beide, dass eine Künstlerin auf dem Land leben muss.«

Ethel, so stellt sich heraus, ist in der Lage, eine halbe Stunde am Stück zu reden, ohne auch nur eine einzige Frage zu stellen. Nach fünf Stunden und einem letzten Glas Wermut (ihr Gastgeschenk), macht sie sich auf den Weg zu einem

Makkaroni-Essen mit einem italienischen Pianisten und einem schottischen Tenor.

Virginia ist erschöpft, aber nicht erschöpfter, als sie es ohnehin schon war. Und dann geschieht das Wunder, und am nächsten Morgen ist sie es nicht mehr. Als sie aufwacht, fühlt sie sich inspiriert und voller Energie. Ja, sie braucht die Anregungen durch andere Menschen. Ethel Smyth hat ihr das wieder bewusst gemacht. Aber das ist es nicht allein. Sie hat ihr auch Komplimente gemacht, hat sie *Genie* genannt, die *größte lebende Romanautorin*, *Schwester im Geiste*, *verwandte Seele*, eine *Pionierin*, eine *Künstlerin neuer Art*, welche die moderne Prosa revolutioniert habe. Ethel hat sie dazu gebracht, sich schön zu fühlen, begehrt, brillant, genial. Fünf Stunden lang hat die ältliche, leicht verwirrte, hässliche, inkompetente Virginia, die ihren gutwilligen Mann Tag für Tag in den Wahnsinn treibt, aufgehört zu existieren. Wie zuletzt vor Monaten setzt sie sich nach dem Frühstück an den Schreibtisch. Sie will den Kampf wieder aufnehmen. Aber dann merkt sie, dass sie nicht kämpfen muss. Sie muss nichts weiter tun, als einen Raum zu erschaffen, in dem ihre Figuren lebendig sein können, in dem sie leben können. Plötzlich sieht sie alle vor sich: Bernhard, Susan, Neville, Jinny, Louis, Rhoda. Sie unterhält sich mit ihnen, schreibt wie im Rausch. Sie legt ihr Schreibheft, das mit den vielen Streichungen und Ergänzungen aussieht wie das Traumbuch einer Wahnsinnigen, in die Kältekammer ihres Geistes, bis die Sätze splittern oder ihre Substanz erweisen. Und aus diesem Gefühl des Gelingens heraus, aus diesem Gefühl heraus, plötzlich eingehüllt zu sein in etwas Helles, Lichtes, Fröhliches, das singt, hat sie zum ersten Mal den Gedanken, dass es für sie vielleicht einen Weg geben könnte, auch ohne Kinder glücklich zu sein. Aber dann muss sie an Nessa in Charleston denken, an die offenen Fenster zum Garten hin, die Rufe der Jungen, die inzwischen erwachsen sind, Angelicas helle Kinderstimme – und ein atemberaubender Schmerz belehrt sie darüber, dass die Wunde *Kinder* immer noch offen und immer noch ihre Wahrheit ist.

105

Traum: Eine hügelige Parklandschaft. Ein Picknick wird aufgebaut. Sie sind alle noch jung. Worte fliegen hin und her. Allgemeines Gelächter. Lytton hat sich in den Schatten verzogen und liegt auf einer Decke unter einem Baum. Plötzlich kommt ein hutloser, schmaler, unheimlicher Mann über die Wiese auf sie zu. Als er Lyttons Baum erreicht, hält er an und wirft ein weißes Laken über ihn.

»Virginia! Virginia!«

Ethel, in einem alten, weißen Alpakamantel, auf dem Kopf den Dreispitz, steht vor dem Gartentor von Monk's House und hört nicht auf, laut Virginias Namen zu rufen. Sie ist unangemeldet gekommen und wild entschlossen, keine Zurückweisung zu dulden. Sie muss Virginia sehen. Jetzt. Nicht morgen. Nachdem es Leonard nicht gelungen ist, sie wegzuschicken, setzen sie sich zu dritt in den Garten. Hier, unter freiem Himmel, umgeben von Bäumen, Wasser, Gras und Blumen, ist Ethel in ihrem Element.

»Mein Herz schlägt gegen meine Rippen«, ruft sie und sieht einem kleinen Vogel nach, der eben aufgeflattert ist. »Seht ihr die roten Zinnien dort hinten. Sie leuchten wie kleine Flammenherde zwischen all dem Grün.«

Nellie bringt belegte Brötchen, und Ethel isst mit dem Appetit eines Schulmädchens. Als Leonard nach einer halben Stunde demonstrativ auf seine Uhr blickt, reckt Ethel den Kopf und sieht plötzlich aus wie ein hochmütiger Stelzvogel. Sie hat etwas zu sagen, und hier ist der eine Mensch, dem sie das, was sie zu sagen hat, sagen muss – es gibt keinen anderen. Würde sie sich von auf die Uhr sehenden Männern beeindrucken lassen, wäre auf keiner Bühne dieser Welt je eine ihrer Opern aufgeführt worden. Gestern hat die Post zwei Briefe von Ethel gebracht, auch vorgestern – und an jedem Tag, an dem sie Virginia nicht gesehen hat. Sie hat in ihrem Leben so viele Erfahrungen gemacht, so viele Beobachtungen, die sie Virginia alle mitteilen muss. Wie Brahms damals – wie die Herzogenbergs – wie Bruno Walter und Gustav Mahler. Wie ihr Vater, ein Generalmajor der britischen Armee, das Klavier wegsperrte, um sie daran zu hindern, Komponistin zu werden. Wie er sagte, seine Tochter solle lieber unter der Erde ruhen als unter Künstlern leben. Wie sie sich daraufhin in ihrem Zimmer eingeschlossen habe. Wie sie in den Hungerstreik getreten sei. Wie ihr Vater schließlich nachgegeben habe, vermutlich aus Angst vor dem Gerede der Leute. Wenn er sie unter die Erde bringen wolle, könne er das haben, habe sie damals zu ihm gesagt. Und Virginia sei *das Lied ihres Lebens*, eine *einzigartige Stimme im Geschwätz dieser Zeit*. Und dann geht Ethel, um sich mit einer Sopranistin zu treffen, und lässt eine Einladung da zu einem kleinen Fest.

»Diese Frau tötet mir den letzten Nerv«, sagt Leonard, kaum dass Ethel das hölzerne Gartentor hinter sich geschlossen hat. »Es ist unglaublich, wie viel sie redet. 20 Minuten am Stück. Ich habe auf die Uhr gesehen. Ununterbrechbar. Vom Hölzchen aufs Stöckchen. Und sie kommt andauernd unangemeldet vorbei. Eine aufdringliche Person. Und wie sie sich kleidet, mit diesen militärischen Elementen, und dazu diese völlig unpassende Kette. Das ist einfach grauenhaft.«

»Aber findest du ihre Vitalität nicht bewundernswert?«

»Ganz ehrlich? Nein! Und ich wünschte, du hättest nicht darauf bestanden, dass wir diese Einladung annehmen. Das ist doch alles vollkommen absurd.«

»Du findest meine Freundschaft mit Ethel absurd?«

»Absurd und anstrengend.«

»Wieso absurd? Nun ja, es stimmt, Ethel glaubt an ein lebendiges jenseitiges Wesen, und wenn sie anfängt zu predigen, geht sie mir auf die Nerven. Aber solange sie das nicht tut, ist es doch ihre Sache, oder nicht?«

»Aber sie tut es, oder? Sie hält sich für den Nabel der Welt. Und ihre Bücher sind einfach grauenhaft.«

»Nun, ich habe ihr schon gesagt, dass dieses ewige *Ich, Ich, Ich* nicht der Gipfel der Schreibkunst ist. Daraufhin hat sie dieses *Ich* konsequent durch *Man* ersetzt. Sie hat sich selbst gegenüber keine Objektivität und sieht auch nicht ein, dass dies, zumindest beim Schreiben, erstrebenswert sein könnte.«

»Das alles ist einfach lächerlich. Genau wie die ganze Erscheinung dieser Frau.«

»Aber Ethel ist eine geniale Künstlerin. Sie inspiriert mich. Sie ermutigt mich. Sie bringt mich zum Lachen. Sie liebt mich. Und ihre Liebe ist mir willkommen. Soll ich das alles unterbinden aus Angst, mich lächerlich zu machen?«

»Wenn du mich fragst, dann solltest du genau das tun.«

106

*Traum: Victoria Station. Lytton steht auf dem gegenüber-
liegenden Bahnsteig. Als sie zu ihm laufen will, wird sie
durch einen Schlagbaum aufgehalten. Ein Beamter verlangt ihre Papiere, die, wie sich herausstellt, ungültig sind.*

»Ich hätte allein fahren können. Wie du weißt, bin ich im
Besitz einer Fahrerlaubnis.«

»Es sollte dir klar sein, dass ich das niemals zulassen würde, Liebes. Plötzlich fällt dir etwas ein, du bist abgelenkt,
schaust nach innen statt auf die Straße und landest in einer
Hecke.«

Sie sitzt auf dem Beifahrersitz und sieht Leonard an. Auf
seiner Stirn und unter seinen Augen haben sich tiefe Falten
eingegraben, zwei besonders scharfe Linien umrahmen von
der Nase abwärts bis zum Kinn seinen Mund. Seine Fürsorge rührt sie, nervt sie, erstickt sie. Aber in einem Punkt
hat sie sich diesmal durchgesetzt: Sie sind Ethels Einladung
gefolgt. Mit dem Auto fahren sie nach Surrey, von Rodmell
über Lewes, Crawley, Guildford nach Working, insgesamt
fast 70 Meilen, in das Dorf Hook Heath, wo Ethel sich vor
beinahe 20 Jahren mit dem Geld einer amerikanischen Mä-
zenin ein kleines weißes Haus gebaut hat, direkt neben dem
örtlichen Golfklub. Das heißt, eigentlich sind es zwei Häuser, ein Haus mit Spitzdach und ein darangeklebter Anbau,
was zusammen mit dem überdachten Eingang und den sehr
kleinen Fenstern den merkwürdigen Eindruck eines völlig
verwinkelten Gebäudes mit drei Dächern hervorruft. Eine

Hausangestellte öffnet ihnen die Tür und führt sie in das im ersten Stock gelegene Wohnzimmer, wo Musikerinnen, Musiker, Nachbarn, Mitglieder des Golfklubs und Angehörige des örtlichen Landadels friedlich vereint am Fenster stehen, um irgendetwas zu betrachten, was draußen vor sich geht, vielleicht aber auch nur, um Platz zu machen, weil Ethel, die ein sackartiges Gewand trägt, gerade ihrem großen, zotteligen altenglischen Schäferhund hinterherrennt, der wie alle seine Vorgänger Pan heißt. Leonard und Virginia, die niemand beachtet, sehen sich um. In Ethels Wohnzimmer scheint es kein Möbelstück zu geben, das mehr als ein oder zwei Pfund gekostet hat, registriert Virginia. Vieles scheint altes Schulmobiliar zu sein. Trotzdem ist die Inneneinrichtung schöner, als sie es erwartet hat.

Jetzt kommt Ethel zurück, den Hund am Halsband, und bietet eine Hausführung an. Jedes einzelne Möbelstück, so stellt es sich heraus, hat hier seine Geschichte: »In diesem Stuhl hat Y gesessen, als sie 1909 ... Das ist das alte Eisenbett, in dem X damals geschlafen hat. Du kannst darin schlafen, wenn du einmal kommen solltest, Virginia. Du wirst doch kommen, oder? Auf diesen Fotos seht ihr meine Eltern. Meine Mutter war eine Künstlerin.«

Später kümmert sich Ethel wieder um ihre anderen Gäste und um den Tee, und nach dem Tee setzt sie sich an das alte, schwarze Klavier mit Messing-Kerzenleuchtern und Muschelaufsatz, tritt das ausgeleierte Pedal und trägt eigene Liedkompositionen nach deutschen Gedichten vor:

Mein ist das beste Pferd /
Weißt du, wie's Fenster klirrt /
Spring ich beim Liebsten ein.

Ethels Stimme ist tief, unschön und klingt nach zu vielen Zigaretten. Aber ihr Vortrag ist so wild und leidenschaftlich, so innig, ausdrucksvoll und voller Musikalität, dass ihr Gesang Virginia tief berührt. Sie singt ein Tanzlied, ein Schlaflied und dann noch ein Lied über ein wildes Reitermädchen namens Schön-Rotraud. Und als sie aufhört zu singen, setzt sie ihr Jägerhütchen auf und sagt, der Hund müsse raus, es sei Zeit für einen Spaziergang. Sie müsse sich immer bewegen, ruft sie, während sie dem bellenden Hund hinterher die Treppe herunterrennt, immer in Bewegung bleiben, reisen, tanzen, wandern, Sport treiben, reiten (*Ich liebe Pferde, Virginia*), Fahrrad fahren, Golf spielen. Sie müsse immer etwas tun, immer von etwas begeistert sein, für etwas kämpfen – für das Frauenwahlrecht zum Beispiel, immer etwas erschaffen, Opern komponieren, Klaviersonaten schreiben oder eine Messe, sie müsse auch immer jemanden lieben. Sie arbeite übrigens gerade an einem Stück für Chor und Orchester mit dem Titel *Das Gefängnis – The Prison*. Ein Gefangener, kurz vor seiner Hinrichtung stehend, begegne in seiner Zelle der eigenen Seele. Sie selbst habe auch im Gefängnis gesessen, in Holloway, um genau zu sein, wegen Sachbeschädigung, Zerstörung öffentlichen Eigentums und Aufruhr, also, weil sie am 1. März 1912 aus Protest gegen die Verweigerung des Frauenstimmrechts durch *sogenannte Volksvertreter* in der Regent Street Steine in Schaufensterscheiben geworfen und am 4. März am Berkley Square, ebenfalls mit einem Stein, ein Fenster des Wohnhauses von Kolonialminister Lewis Vernon Harcourt zertrümmert habe. Ihre Haft habe zwei Monate gedauert. Beim Hofgang hätten die Frauen ihre Hymne *Frauenmarsch – March of the Women* gesungen – und sie habe von ihrem Zellenfenster aus mit einer Zahnbürste dirigiert.

Virginia müsse ihr verzeihen, dass sie so viel rede, aber sie hätten sich so spät kennengelernt und Virginia solle alles von ihr wissen. Wie sich herausstellt, ist Ethel auch eine Jägerin – und dann hat sie noch ihren christlichen Glauben. Virginia müsse die Bibel lesen, befindet sie, das größte Prosawerk in der Geschichte der Menschheit. Allein das Johannesevangelium: *Am Anfang war das Wort*, wie könne Virginia leben, ohne das zu kennen. Die Geschichte von der Jungfrau, die auf der Mondsichel steht, aus der Apokalypse. Die Geschichte von dem roten Drachen, der das Kind der Mondsichel-Jungfrau bedroht. Die sieben Siegel. Die apokalyptischen Reiter. Paulus' Briefe an die Korinther. Die Schöpfungsgeschichte. Das Buch der Könige. Die Geschichte von Hiskias Gebetserhörung und Genesung. Das Buch Hiob. Das Buch Hesekiel. Das Buch Jona.

Und dann tippt sie, während sie über die Heide stolpert, plötzlich an ihre Schläfen, weil ihr gerade ein neuer Einfall gekommen ist, und sagt: »Ich kann mir gar nicht vorstellen, Virginia, wie das passieren konnte, wie ich erschaffen werden konnte, jemanden wie mich kann es doch eigentlich gar nicht geben, oder?«, um übergangslos fortzufahren: »Mut, Virginia, ich bewundere diese Eigenschaft, und ich habe sie selbst. Eine sehr mutige Sache, die ich manchmal gemacht habe, ist es, den Leuten mein wahres Alter zu sagen. Wegen meiner Lebhaftigkeit werde ich oft für 20 bis 30 Jahre jünger gehalten. Wenn ich nun aber jemandem klarmachen will, wie lange ich schon darauf gewartet habe, als Musikerin von der Welt wahrgenommen zu werden, als Komponistin anerkannt zu werden – wirkliche Anerkennung wird mir ja bis heute verweigert –, also dann sage ich diesem Jemand mein wahres Alter. Ich hasse es, das zu tun, aber es gibt nun mal keinen anderen Weg.« Sie unterbricht sich, läuft wieder ihrem Bobtail hinterher, hakt sich bei einer Freundin vom Golfklub ein, wechselt ein paar Worte mit ihr, kommt zurückgelaufen, tippt sich an die Stirn und sagt: »Da drin, Virginia, ist meine Musik. Die Presse ist gegen mich, die ganze Musikwelt hat sich gegen mich verschworen, nur weil ich eine Frau bin, verstehst du, aber das hier können sie mir nicht nehmen, das hier drin: Meine Musik. Und so ist es auch bei dir, Virginia: Dein Schreiben können sie dir nicht nehmen. Niemand kann das. Wir beide, Virginia, wir müssen so viel nachholen, wir haben uns so spät kennengelernt, und die Zeit ist so kurz. Ich möchte noch einmal Italien sehen, bevor ich sterbe. Und dann musst du wissen, dass ich es nicht mag, wenn andere Frauen dich gern haben. Zum Beispiel diese adelige Schriftstellerin, die dir den Hund geschenkt hat und die andauernd bei dir hereinschneit.«

»Dann musst du in mich verliebt sein, Ethel.«

»Wie kannst du daran zweifeln. Nie habe ich jemanden mehr geliebt.«

Eine Woche später sitzt Vita, in ihrer Samtjacke und ihrer rot gestreiften Bluse, neben ihr auf dem Fußboden und lehnt den Kopf an die Wand.

»Natürlich ist Dame Ethel Smyth eine großartige Komponistin«, sagt sie bitter. »Aber das ändert nichts daran, dass sie dich vollkommen in Beschlag nimmt, Virginia. Andauernd rauscht sie herein, während ich mich in vornehmer Zurückhaltung übe und darauf warte, dass du wieder einmal Zeit für mich hast.«

»Bist du eifersüchtig auf Ethel, Vita?«

»Natürlich bin ich eifersüchtig auf Ethel, Virginia. Wie sollte ich nicht?«

107

Traum: Sie befindet sich auf einem Schiff, steht auf dem Oberdeck, an der Reling. Ein Unwetter zieht auf. Eine Frau in einem grünen Kostüm kommt angelaufen und ruft: »Es ist ernst!« Erst jetzt bemerkt sie, dass das Schiff schon begonnen hat, zu sinken. Das Heck ist bereits halb unter Wasser, die Schräglage des Schiffes wird mit jeder Sekunde dramatischer. Sie blickt auf die unruhige, graue, schmutzige See. Imaginiert die Kälte des Wassers. Fürchtet sich. Aber es gibt keine andere Möglichkeit, um zu überleben. Der Sprung ist ihre einzige Option.

Lytton ist zum Dinner an den Tavistock Square gekommen und hat ungefragt Clive mitgebracht. Clive, in Cordjacke und rotem Hemd (an dem ein Knopf fehlt), platzt aus allen Nähten. Lytton, blass, ausgemergelt, gedämpft, in allem Clives Gegenteil, scheint kaum noch die Kraft zu haben zu gehen. Die Zeit, in der Lytton auf Clive herabsah, ihn als intellektuell zweitrangig abtat, ist lange vorbei. Inzwischen scheinen die beiden geradezu unzertrennlich zu sein. Wie Schuljungen prahlen sie mit den vielen Partys, auf denen sie sich in den letzten Wochen herumgetrieben haben.

»Du hättest Ottoline sehen sollen«, kichert Lytton. »Völlig heruntergekommen. Ihr grellweißes, von einer dicken Schicht Puder bedecktes Gesicht …«

»Ich habe übrigens mein letztes Abendkleid in unserem Gasfeuer verbrannt«, unterbricht ihn Virginia, »und ich habe mir geschworen, nie wieder auszugehen.«

Clive, eben noch lebhaft, lachend, funkelnd, mit rot leuchtendem Gesicht, sieht plötzlich aus wie ein Mann, dem jemand in seinem Zimmer ohne Vorwarnung das Licht ausgeknipst hat.

»Es mag ja sein, Virginia«, sagt er düster, »dass Partys reine Zeitverschwendung sind, wie wahrscheinlich jedes Vergnügen, aber, du musst entschuldigen, mir drängt sich trotzdem der Eindruck auf – und ich glaube, Lytton wird mir da zustimmen –, dass ihr beide, Leonard und du, mit eurem ewigen Zuhausehocken, in der letzten Zeit irgendwie provinziell geworden seid.«

Wie ein Buddha sitzt Lytton entspannt lächelnd im Dämmerlicht des großen, holzgetäfelten Raums mit den hohen Decken. Den Blick auf die Lampe gerichtet, streicht er sich über den Bart, spießt ein Stück Fleisch auf, führt seine Gabel zum Mund und macht keine Anstalten, Virginia oder Leonard zu verteidigen.

»Was sagst du dazu, Lytton?«, fragt Leonard unwillig und legt das Besteck aus der Hand.

Aber bevor Lytton antworten kann, klingelt es an der Tür. Ethel, unangemeldet, uneingeladen und, zumindest was Leonard angeht, unwillkommen, steht draußen und lässt sich nicht abwimmeln. Sie ignoriert sowohl Nellie als auch Leonard, drängelt sich an beiden vorbei, eine Gestalt wie aus einer ihrer Opern, auf dem Kopf eine Perücke, an den Füßen weiße Schuhe, eingewickelt in einen blauen Kimono, der von zahlreichen Sicherheitsnadeln zusammengehalten wird. Sie müsse noch etwas mit Virginia besprechen, ruft sie, ins Zimmer stürmend. Sie beide würden doch am nächsten Tag vor der *National Society for Women's Service* sprechen, das sei wichtig, so etwas ließe sich nicht am Telefon besprechen, das müsse Leonard einsehen. Wie sich herausstellt, geht es allein darum, dass sie bei dem morgigen Vortrag nun doch die erste Rednerin sein möchte, so, wie es ursprünglich auch geplant war, was sie dann selbst geändert hatte, aber jetzt habe sie eingesehen, dass das ein Fehler war. All dies hätte in einer Minute am Telefon geklärt werden können, findet Virginia, aber so, wie es ist, sitzt Ethel nun in dem dämmrigen Esszimmer von Nr. 52 Tavistock Square, und mit ihrem Eintreffen ist jedes andere Gespräch unmöglich geworden. Nellie bringt ein weiteres Gedeck, Clive und Lytton verabschieden sich direkt nach dem Nachtisch, und Ethel fragt verwundert, warum der dünne Mann mit dem Apostelbart und sein dicker, rotgesichtiger Freund so plötzlich verschwunden seien.

108

Lytton ist ihrer Einladung ins Monk's House gefolgt und am Nachmittag von London herübergekommen, bleich, hohläugig, in einem maßgeschneiderten, hellen Anzug, mit glänzenden Schuhen und frisch geschnittenen Haaren. Sein Hals scheint noch dünner geworden zu sein. Die um den engen Hemdkragen gebundene Krawatte sieht aus wie ein Strick. An der Wand hängt eine neue Zeichnung von Nessa; er bleibt davor stehen und betrachtet sie mit hochgezogenen Augenbrauen. Die Zeichnung zeigt Leonard am Schreibtisch sitzend, den Stift in der Hand, in einem lachsfarbenen Hemd, aber sonst ganz in Eisblau, mit eisblauen Haaren und einer eisblauen Cockerhündin an seiner Seite. Auf einem kleinen Tisch steht eine Vase mit einer roten Nelke – und mit einer weißen, die den Kopf hängen lässt. Virginia schließt die Augen. Lichtblitze zucken hinter ihren Lidern, und sie fragt sich plötzlich, ob sie Lytton je wiedersehen wird. Nach dem Tee laufen sie durch einen warmen Sommerregen. Nur um einmal draußen gewesen zu sein. Das Plattern der Regentropfen auf den Schirmen. Die rauschenden Kronen der Kastanien. Schweigend, mit nassen Füßen, rutschen sie über den glitschigen Weg. Lytton stützt sich auf seinen Stock. Eine große Schwäche scheint ihn befallen zu haben. Langsam und vorsichtig, wie ein gebrechlicher alter Mann, setzt er einen Fuß vor den anderen. Als sie die Ouse erreichen, sehen sie einen schwarzen Schwan, der lautlos und majestätisch auf dem Fluss seine Bahn zieht. Lytton verhält seinen Schritt, folgt dem Schwan mit den Augen, und als dieser hinter der nächsten Biegung verschwindet, bittet er darum, umzukehren.

109

Traum: Eine altertümliche, aus Brettern gezimmerte Guckkastenbühne mitten in der Natur. Lytton sitzt vorne, in der ersten Reihe. Sie selbst hat einen Platz weiter hinten, auf der anderen Seite des Mittelgangs. Plötzlich bekommt Lytton einen Lachkrampf, dreht sich nach ihr um, und sie stimmt in sein Lachen ein. Im selben Moment schießt, von einer geheimnisvollen Kraft angetrieben, ein altertümlicher Bauernwagen an ihr vorbei Richtung Bühne. Lytton wird auf den Wagen gezogen, der Wagen rast zurück durch den Mittelgang und verschwindet Richtung Wald.

110

Oktober 1931. *Die Wellen* sind erschienen. *Das jüngste Werk der führenden Romanautorin Englands*, heißt es in den Zeitungen. Clive erzählt überall herum, seine Schwägerin habe einen *Klassiker* geschrieben. Nessa sagt, die Schönheit der Sprache sei *überwältigend*. Leonard spricht von einem *Meisterwerk*. Aber kein Wort von Lytton. Lyttons fehlende Stimme ist als Leerstelle die ganze Zeit in ihrem Kopf, umkreist von jagenden Gedanken: Hat Lytton ihr *Die Wellen* übel genommen? So wie sie ihm *Elisabeth* übel genommen hat? Ist er von ihr enttäuscht? Wird er ihr von nun an vielleicht sogar feindlich gesinnt sein? Wird sie Lytton ausgerechnet durch dieses Buch verlieren, in dem sie endlich ihre eigene Stimme gefunden hat? Das Telefon klingelt. Sie zögert, nimmt dann doch den Hörer ab. Aber es ist nicht Lytton, und sie beendet das Gespräch unhöflich schnell. Plötzlich kommt ihr der Gedanke, dass sie Lytton schreiben könnte. Sie geht in ihr Arbeitszimmer, setzt sich an den Schreibtisch, legt sich Feder und Papier zurecht. Schon bei der Anrede ... *Liebster Lytton* ... hat sie das merkwürdige und beängstigende Gefühl, ins Leere zu schreiben. Sie ignoriert diese Empfindung, beendet den Brief, schickt ihn ab und beginnt zu warten. Aber Lytton antwortet nicht, ruft nicht an und kommt auch nicht vorbei.

III. Teil

1

Es hat keine Beerdigung gegeben, keine Beerdigungsfeier, keine Gedenkfeier. Sie weiß, dass Lyttons Leichnam verbrannt worden ist. Aber wann und wo, das wurde ihr nicht mitgeteilt. Es gibt kein Grab. Sie weiß nicht, wo Lyttons Asche begraben liegt, wo sie verstreut wurde oder wo sie aufbewahrt wird, und niemand ist bereit, es ihr zu sagen. Es gibt keinen Ort der Erinnerung und auch keine Erklärung dafür, warum das so ist. James wollte niemanden bei der Einäscherung seines Bruders dabei haben, und alle akzeptierten das, bis auf Saxon, der James gezwungen hat, seine Anwesenheit zu dulden. Sie bedauert unendlich, dass sie nicht den Mut hatte, das auch zu tun.

2

Adrian ist zum Abendessen an den Tavistock Square gekommen, zusammen mit Lyttons Geschwistern Marjorie, James und Oliver. Als Vorspeise gibt es eine leichte Gemüsesuppe. Dazu wird geröstetes Brot gereicht. Auf dem von Nessa bemalten ovalen Tisch stehen zwei Flaschen Beaujolais. Ein Gespräch kommt nur stockend in Gang.

»Ich weiß, für dich ist es schlimmer als für mich«, flüstert Adrian, während Nellie die Suppenteller abräumt, und berührt ihren Arm, »für dich ist es schlimmer, weil dir nur sehr wenige Menschen etwas bedeuten.«

Sie erwidert seine Berührung, drückt seine Hand und lächelt ihren kleinen Bruder an, der immer noch mit der Frau zusammenlebt, mit der er nie glücklich war.

Das Hauptgericht wird aufgetragen: Rebhuhn mit Speck, zusammen mit getrockneten Wacholderbeeren, Gemüse, Kräutern und kleinen Frühjahrskartoffeln. Für den Nachtisch steht in der Küche ein Soufflee bereit. Sie stochert auf ihrem Teller herum. Wie kann sie essen, wenn Lytton tot ist. Aber sie muss etwas zu sich nehmen oder wenigstens so tun, als ob sie das täte, um nicht Leonards Misstrauen zu erregen. James schiebt sorgfältig Besteck, Glas und Teller hin und her, korrigiert Abstände, lehnt sich prüfend zurück, so lange, bis an seinem Platz eine bestimmte, millimetergenaue Symmetrie entstanden ist. Das Gespräch wendet sich der Tagespolitik zu. Die Männer diskutieren Leonards letzten Artikel zur Gewerkschaftsfrage. Die Unterhaltung plätschert einigermaßen munter dahin, aber sie kann nicht zuhören. Sie langweilt sich, fühlt sich ausgeschlossen. Nein, das richtige Wort ist nicht *ausgeschlossen*, sie fühlt sich *einsam*.

»Es wird ein Gewitter geben«, sagt sie, aber niemand antwortet darauf. »Warum hat Lytton nicht mehr geschrieben?«, fragt sie in die Runde.

»Iss, Liebes«, sagt Leonard, »du musst essen.«

»Oh, er hat, Virginia«, antwortet James, dem sie ins Wort gefallen ist, nimmt die Brille ab, haucht auf seine Brillengläser und reibt sie mit einem blütenweißen Taschentuch. »Er hat viel mehr geschrieben, als er veröffentlicht hat. Als Lyttons literarischer Nachlassverwalter weiß ich das ziemlich genau. Da gibt es Hunderte von Gedichten, etliche Theaterstücke, Notizen für Essays und Buchprojekte. Aber soweit ich das bisher übersehe, taugt das alles nicht viel.

Wenn du mich fragst, hat er diese Sachen zu Recht unter Verschluss gehalten.«

Sie sieht ihn an, den kleinen Strachey, wie der schöne James Beaumont damals in Cambridge genannt wurde, der kleine Bruder des großen Lytton, des großen Strachey; Schüler und Analysand von Sigmund Freud; Übersetzer und autorisierter Herausgeber der englischen Standardausgabe von Freuds Werken; wichtiges Mitglied der britischen psychoanalytischen Vereinigung und der internationalen Psychoanalyse-Szene, der schon seit einiger Zeit angefangen hat, sein Äußeres seinem Lehrer anzugleichen: Von der Freud-Brille, über Frisur, Spazierstock und Zigarre bis hin zum Bart; und dieser von seiner eigenen Bedeutung so sehr überzeugte, penible, kleine Mann, der von Literatur nichts versteht, fällt unberufen sein Urteil über Lyttons nachgelassene Manuskripte und sagt: *Das taugt alles nicht viel.*

»Ja, und dann gibt es natürlich noch die endlosen Kästchen mit Briefen«, mischt Oliver sich ein, Lyttons großer Bruder, der einmal Pianist werden wollte; der jeden Abend Bach spielt; der auf ergreifende Weise Händel-Arien singen kann; der sich während einer Unterhaltung gerne auf den Teppich legt; der über die indisch-britische Eisenbahn zum Außenministerium gekommen ist und seit dem Krieg als Kryptoanalytiker für den Nachrichtendienst arbeitet. An diesem Abend ist Oliver in einem graugrünen dreiteiligen Anzug aus dünner Wolle erschienen, der auf unnachahmliche Weise seine kultivierte Extravaganz und gleichzeitige Unsichtbarkeit modisch zum Ausdruck bringt.

»Seine Briefe können natürlich in den nächsten 50 Jahren – und das ist in meinen Augen ein Minimum – nicht veröffentlicht werden.« James mit einem seiner Ex-Cathedra-Sätze.

»Was sollen wir machen, Virginia? Du weißt, Lytton sagte

abscheuliche Dinge über jedermann«, springt Lyttons Lieblingsschwester Majorie ihrem Bruder zur Seite. Es ist noch kein Jahr her, da haben Majorie und Lytton im Garten von Monk's House in Liegestühlen gesessen und Schach auf einem Tablett-Tisch gespielt. Lytton, ganz leger, in Hemd und Hose und ohne Hut, hat beim Spiel als Schutz gegen die Sonne Majories gestreiften Damensonnenschirm über seinen Kopf gehalten. Majorie wiederum hat sich das ganze Spiel über sehr weit vorgebeugt, weil sie trotz ihrer starken Brille so schlecht sieht.

»Was ist mit meinen Briefen?«, fragt Virginia.

»Im Moment noch unauffindbar«, antwortet James. Der Tonfall, in dem er das sagt, ist merkwürdig, findet sie, irgendwie herablassend, und sie fragt sich, ob James möglicherweise ihre Briefe sehr wohl bereits gefunden hat (mit Sicherheit hat er sich bereits einen Überblick verschafft), sie aber erst lesen will, um dann zu entscheiden, ob er sie herausgeben wird. Sie schließt die Augen. Der Gedanke verursacht ihr Übelkeit. Aber was kann sie tun? Sie kann nur hoffen, dass James geistig zu behäbig und zu festgelegt ist, um hinter die Fassade des spielerisch-ironischen Tonfalls ihrer Korrespondenz mit Lytton zu sehen; dass er zu wenig Fantasie hat, um die wahre Natur dieser Briefe, die alle Liebesbriefe sind, zu erkennen. Eine zugegebenermaßen äußerst vage Hoffnung, vor allem im Hinblick auf James' Beruf als Analytiker. In ihrem letzten Brief hat sie eine Zeile aus einem Liebesgedicht von Shelley zitiert. Die Wahrscheinlichkeit, dass James dieses Gedicht kennt, ist nicht gering. Sie stellt sich Lytton vor, als unsichtbaren Gast dieser Runde, wie er ihren Gesprächen zuhört, wie er ihre Gedanken liest, wie er sich amüsiert.

»Antigone hatte recht, als sie sich gegen Kreon und das

Gesetz stellte«, sagt sie, von ihren eigenen Worten überrascht, »und Erde auf ihren toten Bruder Polyneikes streute, um ihn symbolisch zu beerdigen. Was ich damit sagen will: Eine Beerdigung ... die Verweigerung einer Beerdigung ... ist keine Kleinigkeit. Es drückt etwas aus.«

»Virginia!« Leonard legt ihr die Hand auf den Arm. »Nicht! Du musst dich beruhigen!«

Virginia zieht ihren Arm weg.

»Und in den Zeitungen«, fährt sie fort, »gehen sie jetzt auf Lytton los und sagen, dass er die Menschheit nicht liebte. Aber Lytton hatte mehr Liebe in seinem kleinen Finger als alle seine Kritiker. Was wissen sie schon – und wie können sie es wagen. Für mich sind sie alle«, sie sucht nach Worten, »... kastrierte ... Katzen ... in räudigen ... missgebildeten ... dürren ... kraftlosen ... schwanzlosen Körpern ... blind ... verblendet ... anmaßend ... grenzenlos dumm.«

»Komm, Virginia, es wird Zeit!«

Leonard steht auf und fasst sie am Oberarm. Virginia versucht, ihn abzuschütteln, ruckt mit der Schulter. Leonard lässt nicht los. Aber sie bleibt sitzen. »Komm!« Er sagt das mit dieser endgültigen Stimme, die in ihr Furcht erzeugt. Aber diesmal will sie standhalten. Sich nicht einschüchtern lassen. Sich nicht an der Hand nehmen und wie ein Kind aus dem Zimmer führen lassen. Heute nicht. Sie bleibt sitzen, versucht weiter, seine Hand abzuschütteln, bewegt heftig den Arm, ruckt mit der Schulter. Leonard nennt ihre Trauer um Lytton *Trübsinn*. Ein krankhafter Zustand in seinen Augen, ein möglicher *Vorbote des Wahnsinns*. Er weiß, dass es anders ist, davon ist sie überzeugt. Er weiß, dass der Ursprung ihrer Trauer Liebe ist, nicht Krankheit. Aber aus irgendeinem Grund zieht er es vor, diese Wahrheit zu leugnen.

»Warum soll es wichtig sein, über jemanden zu sagen, dass er die Menschheit liebte?«, fragt Oliver, Virginias Ausbruch und ihren Konflikt mit Leonard ignorierend. »Niemand hier würde doch behaupten wollen, dass Lytton ein warmherziger Mensch war. Er wurde auf englischen Privatinternaten erzogen und hat in Cambridge studiert. Warmherzigkeit ist keine Eigenschaft, die dort besonders hochgehalten wird. Aber wie auch immer, jedenfalls ist es für uns, die wir Lytton liebten, völlig unwichtig, was in den Zeitungen steht.«

»Mir ist es nicht gleich, Oliver«, widerspricht ihm James und richtet das Besteck auf seiner Servierte. »Ich schließe mich Virginia an.«

Plötzlich empfindet sie Mitleid. Hatte James wirklich geglaubt, Lytton schützen zu müssen vor ihr? Hatte er geglaubt, Lytton würde wieder gesund werden, wenn er, James, Lyttons alten Freunden nicht erlaubte, Abschied zu nehmen und Lytton ein letztes Mal zu sehen?

»Im Grunde kann ich es nicht glauben, dass Lytton tot ist«, unterbricht Majorie ihre Gedanken. »Es kommt mir so vor, als könne das nicht stimmen. Es scheint mir viel wahrscheinlicher zu sein, dass er jeden Moment zur Tür hereinkommt. Wenn ich aus dem Fenster blicke, erwarte ich, ihn draußen auf der Straße stehen zu sehen.«

»Wir nennen das eine Wunschpsychose«, bemerkt James gleichgültig. »Festhalten des verlorenen Objekts durch eine halluzinatorische Wunschfantasie.«

»Wir müssen uns damit abfinden«, sagt Leonard. »Wir werden Lytton nie wieder sehen.«

»Wisst ihr, dass Lytton geplant hatte, ein Buch über George Washington zu schreiben?«, fragt Majorie, James' Kommentar ignorierend, in die Runde. »Nur des Geldes wegen, eine reine Brotarbeit. Danach wollte er seine Zelte in England abbrechen, sich erklären und außer Landes gehen.«

»Und wo wollte er hin?«, fragt Leonard, der inzwischen Virginia losgelassen und sich wieder hingesetzt hat, offenbar wenig überzeugt.

»Vielleicht nach Italien«, vermutet Majorie.

»Oder nach Frankreich«, wirft Oliver ein. »Aber wahrscheinlich nach Übersee.«

Der Lytton, den ich kannte, denkt sie, wollte sein nächstes Buch über Shakespeare schreiben. Der Lytton, den ich kannte, hätte Ham Spray niemals zurückgelassen. Der Lytton, den ich kannte, hätte keine Erklärung abgegeben. Wie hätte die auch lauten sollen? *Als ein Mann, der Männer liebt, stehe ich in England immer mit einem Fuß im Gefängnis und mit dem anderen in der Psychiatrie – und deshalb werde ich jetzt das Land verlassen?* Und selbst wenn: Wer hätte das gedruckt?

In diese Gedanken platzt Majorie mit einer Frage an die ganze Runde: »Was fehlte ihm denn? Er war doch glücklich, oder nicht? Mein Gott, was hat ihn denn innerlich so zerfressen?«

»Nichts«, antwortet James ungehalten, »die Antwort ist: Nichts. Es gibt nicht für alles eine Erklärung, Majorie. Es gibt Sinnlosigkeit. Schicksal. Leid. Tod. Aber das Leben muss weitergehen!«

»Es gibt aber auch Fragen, die zu stellen erlaubt sein muss«, beharrt seine Schwester. »Es ist menschlich, zu fragen, James. Es ist menschlich, nach Antworten zu suchen. Es ist menschlich, sich zu erinnern. Lytton hat doch gelebt. Wir erinnern uns an ihn. Wir sehen uns Bilder an. Wir sprechen über ihn. Was ich damit sagen will: Ich finde,

Virginia sollte Lyttons Biografie schreiben. Würdest du das tun, Virginia? Ich bitte dich, sag *Ja*. Du kanntest Lytton so gut. Und du liebtest ihn. Du bist die Einzige, die das tun könnte.«

»Du musst«, ergänzt Oliver.

»Auch meiner Meinung nach wäre es das Richtige«, unterstützt ihn James in seiner bedächtigen Art, und Adrian nickt ihr lächelnd zu.

»Es ist der falsche Zeitpunkt, um darüber zu reden«, wendet Leonard ein. »Virginia ist noch zu mitgenommen. Ich kann nur davor warnen, sie in der gegenwärtigen Situation mit einem solchen Projekt zu sehr unter Spannung zu setzen. Komm jetzt, Liebes. Es wird Zeit für dich.«

»Virginia wird einen Weg finden«, widerspricht Majorie, Leonard ignorierend. »Wir werden einen Weg finden. Wir müssen den Schatz der Erinnerung an Lytton hüten. Das wird etwas sein, woran wir uns halten können.«

»Lyttons Biografie schreiben? Natürlich würde ich das machen«, ruft sie, für einen Moment plötzlich wieder froh, und zu Leonard gewandt: »Lass mich jetzt! – Ich würde das sogar sehr gerne tun. Also, wenn es ginge. Wenn es möglich wäre. Ich weiß nur im Moment noch nicht, wie ich es machen könnte. Denn es ist ja wohl undenkbar, die Wahrheit zu sagen, oder nicht?«

3

Die Glocken von St. Pancras schlagen drei Uhr. Sie liegt auf dem Sofa, gehüllt in eine blaue Wolldecke. Auf einem bemalten runden kleinen Holztablett liegt die Nachmittagspost. Ottoline Morrell, die sie einmal zu einer Romanfigur inspiriert hat, keine Freundin, aber doch ein vertrauter Mensch, mit der sie sich in der Trauer um Lytton verbunden fühlt, hat Fotografien geschickt. Wie lebendig Lytton auf diesen Aufnahmen wirkt – sie kann ihn sprechen hören. Und schweigen. So viele Dinge wurden nie gesagt.

Es sind drei Fotografien, ungefähr zehn Jahre alt; aufgenommen im Park von Ottolines Landsitz Garsington Manor. Alle Bilder haben dasselbe Motiv: Lytton und sie selbst auf einer Parkbank im Garten von Garsington. Lytton, ernst, fast schüchtern, mit fest zusammengedrückten, schräg zur Seite gestellten Beinen und ordentlich gescheiteltem langem Haar, in der Haltung einer züchtigen Dame mit Patriarchenbart; daneben sie selbst, wild gestikulierend, die Beine übereinandergeschlagen wie ein Mann, die Zigarette in der Hand, einen großen Federhut auf dem Kopf, laut lachend, glücklich, gehüllt in einen Umhang aus bräutlicher, weißer Spitze über einem weißen Kleid. Auf den ersten beiden Fotografien wendet sich Lytton von ihr ab, umklammert die Armlehne der Bank. Aber auf dem dritten Bild sitzen sie Knie an Knie, einander zugewandt, in dieser innigen Vertrautheit, die sie nie mit einem anderen Menschen haben konnte.

Wenn ich Lytton geheiratet hätte, denkt sie, hätte ich das immer haben können. – *Wenn du ihn geheiratet hättest*, sagt die vertraute Stimme in ihr, *hättest du vermutlich keine einzige Zeile geschrieben*.

4

Sie nimmt das Buch aus dem Regal. *Geschichten aus dem Orient* von Leonard Woolf. Das Cover zeigt einen Holzschnitt von Carrington: einen umherstreifenden Tiger mit geöffnetem Maul und sichtbaren Fangzähnen zwischen zwei Palmen, umgeben von Blumen. Einmal hat Carrington ihr eine Zeichnung geschenkt: Lytton und sie selbst auf dem Eis, die Köpfe innig beieinander, von der Hüfte abwärts auseinanderstrebend. Carrington hat Lytton nur um sieben Wochen überlebt. Sie hat sich am 11. März 1932 mit einem Gewehr aus dem Leben geschossen, keine 40 Jahre alt, und die Polizei hat einen Unfall protokolliert. Carrington selbst, die den Schuss noch einige Stunden überlebte, hat es Ralph gegenüber als Unfall dargestellt. Sie habe Kaninchen schießen wollen. Sie sei ausgerutscht. Ralph war dabei, als Carrington sich das Gewehr auslieh. Er wusste, dass sie ohne Lytton nicht mehr weiterleben wollte; er wusste, dass sie bereits einmal versucht hatte, sich mit Autoabgasen zu töten. *Niemand hätte sie an ihrem Vorhaben hindern können*, sagte er später, um zu begründen, warum er nicht verhindert hatte, dass sie in ihrem verzweifelten Zustand ein Gewehr in die Hand bekam.

Früher ist Carrington allein herumgelaufen; sie hatte Pläne als Künstlerin; sie hatte eigene Freundinnen und Freunde. Aber dann ist sie nicht mehr so oft zum Malen gekommen, hat renoviert, geputzt, Möbel besorgt, Handwerker beaufsichtigt, hat stundenlang in der Küche gestanden, ein Essen für zehn bis 15 Gäste, Künstler, Intellektuelle, Freunde, Freunde von Freunden, junge Männer, Studenten. Erst wenn der Abend fortgeschritten war, verrieten manchmal ein nervöses Zucken, ein Stolpern, ein plötzliches Verlegen-Sein oder das hastige Whisky-Trinken, dass etwas nicht stimmte.

Im letzten Jahr, hat Nessa erzählt, sei Carrington schwanger gewesen, aber sie habe das Kind nicht behalten wollen. Sie habe Angst gehabt, Lytton könne sich durch ein Baby gestört fühlen.

5

Die grüne Mappe liegt vor ihr auf dem Schreibtisch. *Giles Lytton Strachey* steht auf dem einzigen Blatt, das sie enthält, *geboren in London am 1. März 1880, gestorben in Ham, Wiltshire, am 21. Januar 1932, 51 Jahre alt, um 14:30 Uhr im Schlaf.* Um 14:30 Uhr, denkt sie, ist Lytton von dem einem in den anderen Zustand hinüber gewechselt, von lebendig zu tot. Sie weiß nicht, ob er allein war, als er starb. Ob er Angst empfunden hat. Ob er versucht hat, Widerstand zu leisten. Ob er Schmerzen hatte. Ob er einverstanden war. Ob er vielleicht einfach friedlich eingeschlafen ist.

Nach Lyttons Tod hat die Strachey-Familie seinen Leichnam obduzieren lassen. Der Befund: Ein von Krebszellen zerfressener, vollständig zerstörter Darm. Fazit des Obduktionsberichts: Einen Zeitpunkt, an dem eine Genesung des Patienten noch möglich gewesen wäre, hat es nicht gegeben.

Sie nimmt den blau-silbernen Federhalter in die Hand, den sie sich letzte Woche gekauft hat, rollt ihn zwischen den Fingern hin und her, blinzelt, legt ihn wieder auf den Tisch. Leonard hat ihr das Schreiben – *bis auf Weiteres* – verboten. Sie darf es nicht wagen, schreibend vorgefunden zu werden, wenn Leonard kommt. Wenn er sie ertappt, wirft er einen Schatten über sie, streift sie mit einem bedauernden Blick. Es ist dann, als habe er sie mit einem weißen Laken abgedeckt. Noch einmal nimmt sie den Federhalter in die Hand, zögert, legt ihn wieder auf den Tisch.

Als sie Schritte hört, schlägt sie die grüne Mappe zu und legt sie hastig zurück in die Tischschublade. Sie hat überlegt, wie sie es machen kann. Aber ein Versteck, das sicher ist, gibt es nicht. Während sie in großer Anspannung lauschend den Kopf hebt, fällt ihr plötzlich Tolstoi ein oder vielmehr Lyttons Geschichte von Tolstois Tagebüchern, eine richtige Lytton-Geschichte, die mit der wilden Behauptung begann, der große Lew Tolstoi habe jahrzehntelang die Auffassung vertreten, verheiratete Menschen dürften keine Geheimnisse voreinander haben. Aber irgendwann, in höherem Alter, so ging die Geschichte weiter, sei der Tag gekommen, von dem an er so etwas wie Privatsphäre haben wollte (»Privatsphäre, Virginia, verstehst du? Pri...vat...sphä...re! In einer Ehe!«). Danach habe Tolstoi zwei Tagebücher geführt. Das eine habe er offen herumliegen lassen, und seine Frau Sofja Andrejewna Tolstaja habe darin lesen können, wenn sie das wollte. Das andere habe er vor ihr versteckt. Erst in einem Sofabezug, später in seinem Stiefelschaft. Als auch das zweite Versteck aufgeflogen sei, habe Tolstoi keinen anderen Ausweg mehr gesehen als die Flucht aus seinem eigenen Haus, um wenig später auf einer kleinen Station der Uraler Eisenbahn im Haus eines Bahnhofsvorstehers zu sterben. Sie schiebt die Schublade zu. Die Schritte entfernen sich.

6

»Wenn er nicht da ist, vermisse ich ihn kein bisschen«, sagt sie und schaut auf Leonards ausgetretene Gartenschuhe in Größe 46, die ordentlich nebeneinander in der Diele stehen. Ethel legt ihre Hand so leicht auf den Ärmel von Virginias Mantel, als seien dieser Ärmel und der darunterliegende Arm zerbrechlich wie dünnes Porzellan. Sie verlassen das Haus, das den Teil der Welt bedeutet, in dem Bedrückung und Geborgenheit, Schutz und Einsamkeit untrennbar miteinander verbunden sind. Virginia lässt die Gartenpforte hinter sich zufallen. Trotz Temperaturen um den Gefrierpunkt trägt Ethel ihren alten Alpakamantel offen. Um den Hals hat sie ein riesiges wollenes Tuch geschlungen, mit Goldfäden, orientalischen Stickereien und Fransen. Die grauen Haare trägt sie lose hochgesteckt und auf dem Kopf ihren ewigen Dreispitz. Sie nehmen den schmalen, von schneebeladenen Bäumen gesäumten Pfad, der zum Fluss führt.

»Ich überlege, den Auftrag für eine Oper abzulehnen, Virginia.«

»Warum überlegst du das, Ethel?«

»Der Titel des Librettos ist *Blaubart*. Kennst du das Märchen?«

»Nein. Ich habe nur einmal von einer Frau mit blauen Haaren geträumt. Aber das ist schon lange her.«

»Also, das Libretto geht so: Ein reicher Mann möchte die schöne Tochter seiner Nachbarin heiraten. Die Tochter lehnt den Heiratsantrag ab. Sie hat dafür sehr gute Gründe:

Blaubart ist erstens hässlich, zweitens viel zu alt für sie, drittens macht sein blauer Bart ihn unheimlich, viertens weiß jeder, dass Blaubart schon mehrfach verheiratet war, und fünftens weiß niemand, was mit seinen bisherigen Ehefrauen geschehen ist, die alle kurz nach der Heirat verschwunden sind. Doch nach einem von der Mutter organisierten Fest lässt die Tochter sich ihre Bedenken ausreden und heiratet Blaubart. Schon bald nach der Hochzeit begibt sich Blaubart auf eine mehrwöchige Reise. Er übergibt seiner Frau alle Schlüssel für sein Haus, verbietet ihr aber, einen bestimmten Schlüssel zu benutzen. Sie tut es trotzdem, findet in einer Kammer die Leichen ihrer Vorgängerinnen und weiß nun, dass sie einen Mörder geheiratet hat. Entsetzt lässt sie den Schlüssel fallen, der Schlüssel fällt in eine Blutlache, und das Blut lässt sich nicht mehr abwaschen. Wie du siehst, spielen die Naturgesetze hier keine Rolle. Blut trocknet nicht in diesem Märchen, von einem Schlüssel lässt es sich nicht abwaschen, es ist offenbar Magie im Spiel. Jedenfalls: Blaubart kommt zurück, erkennt, dass sein Verbot übertreten wurde, und sagt seiner Frau, dass sie nun ebenfalls sterben müsse. Wobei ich glaube, dass ein Weiterleben für die Frau in dieser Geschichte sowieso keine Option gewesen ist, egal, wie sie sich verhalten hätte. Die junge Frau möchte natürlich nicht sterben, und es gelingt ihr, einen Aufschub ihrer Hinrichtung zu erwirken. Sie nutzt die geschenkte Zeit, um ihre Brüder zu benachrichtigen, und ihre Brüder töten am Ende der Geschichte Blaubart, bevor dieser ihre Schwester ermorden kann.«

»Und warum hast du dieses Libretto abgelehnt?«

»Weil Blaubart der titelgebende Held dieser Oper ist. Er hat die meisten Arien. Es geht in der ganzen Oper um die Psychologie dieser Figur. Aber mich interessiert diese Figur nicht. In meinen Augen ist Blaubart einer von diesen Froschkältemenschen, die der Liebe nicht fähig sind. Er ist einer dieser Mörder, von denen das Strafgesetzbuch nichts weiß. Und weil ihm der Mut zur Selbsterkenntnis fehlt, soll seine Frau stellvertretend für ihn die Kammer betreten, in der aufbewahrt ist, was er getan hat. Aber dann erträgt er die Zeugenschaft nicht, und deshalb muss die Zeugin ebenfalls sterben. Eine Oper, Virginia, braucht Leidenschaft und große Gefühle. Und hier gibt es nichts davon. Seelische Kälte ist kein Opernstoff. Der Stoff der Oper ist Liebe.«

»Ich glaube, Liebe beutetet, dass in einem Menschen ein Persönlichkeitsteil entsteht, der, für andere unsichtbar, sich unauflöslich verbindet mit der geliebten Person. Und in diesem unsichtbaren Persönlichkeitsteil lebt die geliebte Person immer weiter, auch wenn sie schon gestorben ist.«

»Sprichst du von einem bestimmten Menschen, Virginia? Verzeih mir die Frage, aber warst du jemals verliebt?«

»Ja, das war ich wohl, Ethel. Einmal, ein einziges Mal, auch wenn ich es damals nicht zugeben wollte, hat es in meinem Leben einen Mann gegeben, der mich körperlich angezogen hat – während er nichts dergleichen für mich empfand. Unsere Beziehung ist nicht einfach gewesen. Das hat mein Leben zerstört.«

»Und Bloomsbury?«

»Bloomsbury. Ja. Natürlich waren wir damals sexuell alle sehr frei, das heißt, ich war es nicht. Ich bin sexuell immer ein Feigling gewesen. Ich bin nie mit Grafen über Berge gewandert, habe nie jemandem meine Liebe erklärt, nie die Blumen des Lebens gepflückt, so wie du es getan hast, Ethel. Meine Angst vor dem wirklichen Leben hat mich immer in ein Kloster gesperrt. Darum nennt Clive mich immer einen Fisch. Auch Vita nennt mich einen Fisch.«

»Und deine Ehe?«

»1912 heiratete ich Leonard Woolf, glaube ich, und fast sofort wurde ich wahnsinnig und blieb es drei Jahre lang.«

»Und wie ist es jetzt?«

»Leonard ist meine Mutter. Er umzingelt mich mit Geborgenheit.«

Sie erreichen den Fluss. Wie eine glitzernde, grausilberne Schlange schlängelt sich die Ouse in immer neuen Bögen durch die Landschaft. Der Wind jagt zerfetzte Wolken über den Himmel. Weiße Flocken von Pappelwolle treiben durch die Luft. In Ufernähe schwimmt ein einzelner schwarzer Schwan, vielleicht derselbe, den sie damals bei ihrem letzten Spaziergang mit Lytton gesehen haben. Plötzlich richtet er sich auf, reckt den Kopf und beginnt, wild mit den Flügeln zu schlagen. Dann biegt er den Hals, senkt den Schnabel ins Wasser, taucht und ist im nächsten Moment verschwunden. Virginia rutscht die von Schneematsch bedeckte Böschung hinunter. Ethel folgt ihr und legt ihr die Hand auf den Arm.

»Nicht!«, sagt sie. »Ich weiß, der Tod lässt uns denken, jetzt sei alles vergeblich. Aber wir müssen auch das Vergebliche tun.«

Note der Autorin

Lunatics ist ein Werk der Fiktion. Die wichtigsten Quellen sind die Werke, Briefe und Tagebücher von Virginia Woolf, insbesondere der Briefband: Virginia Woolf & Lytton Strachey, Letters, herausgegeben von Leonard Woolf und James Strachey, London 1956 (deutsche Übersetzung: Christiane Henke).

Weitere Nachweise

Dostojewskij, Fjodor Michailowitsch: Raskolnikoff. Schuld und Sühne, ins Deutsche übertragen von Hans Moser, bearbeitet von L. Winter, München (Goldmanns Gelbe Taschenbücher 435/436) o. J.

Hardy, Thomas: Afterwards, in: Thomas Hardy: Poems (Everyman's Library Pocket Poets Series), London et al. 1995 (deutsche Übersetzung: Christiane Henke)

Shelley, Percy Bysshe: The Indian Serenade, in: Ders.: Poems, Everyman's Library, London 1993 (deutsche Übersetzung: Christiane Henke)

Smyth, Ethel: Nachtreiter, in: Dies.: Lieder für mittlere Stimme und Klavier, opus 4, Leipzig (C. F. Peters) 1886; Frankfurt 2013

Sophokles: König Ödipus, übersetzt von Ernst Buschor, Stuttgart o. J. (Reclam Universal Bibliothek Nr. 630)

Wordsworth, William: I wandered lonly as a cloud, in: Ders.: Selected Poems (Everyman's Library Classics), London 2000 (deutsche Übersetzung: Christiane Henke)

Danksagung

Für Unterstützung und Ermutigung während des Schreibprozesses danke ich meinen Kindern Günther Berneike und Miriam Herbold-Berneike, meiner Schwester Uta Henke, meinem Bruder Friedemann Henke, meiner Freundin Dr. Heike Bretschneider sowie Ralf Willershäuser und Dr. Wolfgang Giegerich, ohne dessen Erkundungen über die Seele und den Traum dieses Buch, so wie es ist, nicht hätte geschrieben werden können.

Meiner Verlegerin und Lektorin Sascha Nicoletta Simon, die den Titel für dieses Buch gefunden hat, danke ich herzlich für die wunderbare Zusammenarbeit und für ihr Vertrauen in meine Buchidee.

Berlin, Juni 2024
Christiane Henke

Zum Weiterlesen ...

Alexandra Lavizzari

Frauen in Cornwall
Von Daphne du Maurier
bis Virginia Woolf

blue notes 112, 144 Seiten
Abb., Halbleinen
Fadenheftung
ISBN 978-3-86915-295-0

Alexandra Lavizzari lädt zu einer literarischen Reise nach Cornwall ein – auf den Spuren berühmter Künstlerinnen, die ihre Faszination für die englische Grafschaft besonders intensiv und aus unterschiedlichen Blickwinkeln verarbeitet haben: Neben den beiden legendären Autorinnen Daphne du Maurier und Virginia Woolf begegnen wir der Bildhauerin Barbara Hepworth und der Komponistin Ethel Smyth, deren Werk zur Zeit wiederentdeckt wird. Ob lebenslange Liebe oder kurzer ›coup de foudre‹: Im Fokus steht stets die besondere Art und Weise, in der Cornwall sich in den Werken dieser vier herausragenden Künstlerinnen widerspiegelt.

– www.ebersbach-simon.de –

Alexandra Lavizzari

Vita & Virgina

blue notes 100, 144 Seiten
Abb., Halbleinen
Fadenheftung
ISBN 978-3-86915-259-2

Dezember 1922: Virginia Woolf und Vita Sackville-West treffen sich auf einer Dinner-Party in Bloomsbury – eine folgenschwere Begegnung und der Beginn einer leidenschaftlichen Liebe, die vielfältige Spuren in der Weltliteratur hinterlassen hat. Alexandra Lavizzari nähert sich dieser legendären Beziehung anhand von Virginia Woolfs meisterhaftem Roman *Orlando*, dem wohl längsten Liebesbrief der Literaturgeschichte.

– www.ebersbach-simon.de –

Ethel Smyth
Paukenschläge aus dem Paradies
Erinnerungen

Herausgegeben und übersetzt
von Heddi Feilhauer

240 Seiten
gebunden mit Schutzumschlag
ISBN 978-3-86915-286-8

Komponistin, Pionierin, Freigeist und Frauenrechtlerin –
Ethel Smyth hatte viele Gesichter. Mit wilder Entschlossen-
heit überwand sie alle gesellschaftlichen Hürden auf dem
Weg zur professionellen Komponistin. Sie verkehrte mit
Clara Schumann, Edvard Grieg und Johannes Brahms, war
offen lesbisch, eng befreundet mit Emmeline Pankhurst und
Virginia Woolf und komponierte die Suffragetten-Hymne
The March of the Women. In ihren Erinnerungen lässt sie
ihr außergewöhnliches Leben mit viel Witz, Charme und
Selbstironie Revue passieren.

– www.ebersbach-simon.de –

Unda Hörner

1939 – Exil der Frauen

256 Seiten
gebunden mit Schutzumschlag
ISBN 978-3-86915-268-4

Unda Hörner folgt den Spuren berühmter Frauen in zwölf lebendig erzählten Kapiteln durch das Jahr 1939 und verknüpft deren Lebenswege kunstvoll mit den politischen und gesellschaftlichen Ereignissen zu einem lebendigen Panorama. Wir durchleben das Jahr mit Hannah Arendt, Simone de Beauvoir, Peggy Guggenheim, Anna Freud, Milena Jesenská, Frida Kahlo, Erika Mann, Else Lasker-Schüler, Annemarie Schwarzenbach, Helene Weigel, Virginia Woolf u. v. m. Ein spannender Blick auf das Schicksalsjahr 1939 aus weiblicher Perspektive zwischen Friedenshoffnung und flackerndem Weltenbrand.

– www.ebersbach-simon.de –

1. Auflage 2024
© ebersbach & simon, Berlin | Köln
Alle Rechte vorbehalten

Umschlaggestaltung: Lisa Neuhalfen, moretypes, Berlin
Covermotiv: John Cimon Warburg, ›Margate Sands‹, ca. 1910
© Victoria & Albert Museum, London
Titelei-Illustration: Dora Carrington, *Virginia Woolf und Lytton Strachey*
Satz: Birgit Cirksena · Satzfein, Berlin
Druck und Bindung: GGP Media GmbH, Pößneck
ISBN 978-3-86915-304-9
www.ebersbach-simon.de

Gedruckt auf Papier aus nachhaltiger Forstwirtschaft
Printed in Germany